权威·前沿·原创

皮书系列为

“十二五”“十三五”国家重点图书出版规划项目

世界智慧城市发展报告（2016~2017）

ANNUAL REPORT ON WORLD SMART CITY (2016-2017)

主　编／尹丽波
国家工业信息安全发展研究中心

社会科学文献出版社
SOCIAL SCIENCES ACADEMIC PRESS (CHINA)

图书在版编目（CIP）数据

世界智慧城市发展报告．2016－2017／尹丽波主编．－－北京：社会科学文献出版社，2017．6
（工业和信息化蓝皮书）
ISBN 978－7－5201－0486－9

Ⅰ．①世…　Ⅱ．①尹…　Ⅲ．①现代化城市－研究报告－世界－2016－2017　Ⅳ．①C912．81

中国版本图书馆 CIP 数据核字（2017）第 047265 号

工业和信息化蓝皮书
世界智慧城市发展报告（2016～2017）

主　　编／尹丽波

出 版 人／谢寿光
项目统筹／吴　敏
责任编辑／张　超　吴　敏

出　　版／社会科学文献出版社·皮书出版分社（010）59367127
　　　　　地址：北京市北三环中路甲 29 号院华龙大厦　邮编：100029
　　　　　网址：www．ssap．com．cn
发　　行／市场营销中心（010）59367081　59367018
印　　装／北京季蜂印刷有限公司

规　　格／开　本：787mm×1092mm　1/16
　　　　　印　张：18．5　字　数：277 千字
版　　次／2017 年 6 月第 1 版　2017 年 6 月第 1 次印刷
书　　号／ISBN 978－7－5201－0486－9
定　　价／89．00 元

皮书序列号／PSN B－2017－625－6/6

本书如有印装质量问题，请与读者服务中心（010－59367028）联系

工业和信息化蓝皮书
编　委　会

《世界智慧城市发展报告（2016～2017）》
课　题　组

课题编写　国家工业信息安全发展研究中心
对外合作研究中心

指　　导　高新民　张伯旭　徐海苹　于学强　陈金祥
单志广　蔡大鹏　李如培　田启家　周益散

组　　长　李新社

副 组 长　汪礼俊

编写人员　李　强　孙倩文　褚玉妍　徐　杰　张　宇
王宇弘　高　焕　莫嘉茵　彭静怡　刘丽珊
赵　千　陈星霓　罗安宁　殷宁佳　孔　雪

主编简介

尹丽波　国家工业信息安全发展研究中心（工业和信息化部电子第一研究所）主任，高级工程师。国家工业信息安全产业发展联盟理事长、中国两化融合咨询服务联盟副理事长、国家网络安全检查专家委员会秘书长。长期从事网络信息安全和信息化领域的理论与技术研究，先后主持工业转型升级专项、国家发改委信息安全专项、国家242信息安全计划等几十项重要研究课题，作为第一完成人获部级奖励1项。

国家工业信息安全发展研究中心

国家工业信息安全发展研究中心（工业和信息化部电子第一研究所），前身为工业和信息化部电子科学技术情报研究所，成立于1959年，是我国第一批成立的专业科技情报研究机构之一。

围绕工业和信息化部等上级主管部门的重点工作和行业发展需求，国家工业信息安全发展研究中心重点开展国内外信息化、信息安全、信息技术、物联网、软件服务、工业经济政策、知识产权等领域的情报跟踪、分析研究与开发利用，为政府部门及特定用户编制战略规划、制定政策法规、进行宏观调控及相关决策提供软科学研究与支撑服务，形成了情报研究与决策咨询、知识产权研究与咨询、政府服务与管理支撑、信息资源与技术服务、媒体传播与信息服务五大业务体系。同时，国家工业信息安全发展研究中心还是中国语音产业联盟、中国两化融合服务联盟、国家工业信息安全产业发展联盟的发起单位和依托单位。

国家工业信息安全发展研究中心将立足制造强国和网络强国的战略需求，以“支撑政府、服务行业”为宗旨，以保障工业领域信息安全、推进信息化和工业化深度融合为方向，致力于成为工业信息安全和两化融合领域具有国际先进水平的国内一流研究机构，成为国家战略决策的高端智库和服务行业发展的权威机构。

序

新一轮科技革命和产业变革正在兴起，制造业与互联网融合发展，使其数字化、网络化、智能化特征越来越明显。云计算、大数据、物联网等新一代信息技术席卷全球，典型应用层出不穷，人工智能、量子计算、光通信、3D 打印等前沿技术正取得重大突破。以智能制造、信息经济为主要特征的信息化社会将引领我国迈入转型发展新时代。

由国家工业信息安全发展研究中心编写的“工业和信息化蓝皮书”已连续出版三年，在业界形成了一定的影响力。2016～2017 系列蓝皮书在深入研究和综合分析的基础上，密切跟踪全球工业、网络安全、人工智能、智慧城市和信息化领域的最新动态，主题覆盖宽广、内容丰富翔实、数据图表完备，前瞻探索颇具深度。

值此系列图书付梓出版之际，谨以此序表示祝贺，并期望本系列蓝皮书能对我国制造强国和网络强国建设有所助益。

工业和信息化部党组成员、副部长

2017 年 5 月 23 日

摘　要

《世界智慧城市发展报告（2016～2017）》是关于国内外智慧城市发展状况的年度综合性研究报告。报告由工信部电子一所会同新华网连续两年公开出版，以独特的视角、翔实的案例、一手的资料及权威的解读，在业界引起广泛关注。

本报告针对世界智慧城市概念、战略、政策、技术、应用、产业、标准、评价等各个领域，借助大量数据分析、典型案例分析与预测分析，对世界智慧城市的发展态势进行归纳、总结、分析和预测，进一步提高了其综合性和权威性。报告分为总报告、重点领域篇和专题研究篇，共 9 篇报告。总报告对世界智慧城市总体发展态势进行整体分析和预测；重点领域篇选取顶层设计、产业发展、城市安全、标准评价、技术发展 5 个年度热点领域进行深入剖析和解读；专题研究篇以全新视角对新型智慧城市的概念、评价等新兴热点问题进行讨论和研究。全书多层面、多角度、系统性阐述智慧城市发展全貌，具有一定指导性和可读性。

目　录

Ⅰ　总报告

Ⅱ　重点领域篇

Ⅲ　专题研究篇

Ⅳ 附录

皮书数据库阅读**使用指南**

总 报 告

General Report

B.1 世界智慧城市发展现状及未来趋势

李 强*

摘　要： 2016年是中国“十三五”规划的开局之年，综观全球，各国智慧城市新战略也纷纷出台，智慧城市已度过了概念兴奋期和快速发展期，世界各国回归理性，通过顶层设计和标准化将智慧城市建设当作常态化工作持续推进，更加突出大数据、互联网的应用，并进一步强调智慧城市的经济、安全、绿色的属性。对于我国来说，信息科技与城市融合的模式和形态已发生变化，新型智慧城市将成为未来新出路。

关键词： 新型智慧城市　大数据　“互联网+”

* 李强，软件工程硕士，国家工业信息安全发展研究中心高级工程师，主要研究智慧城市、智慧社区、未来计算等。

自“智慧城市”提出以来，大量以此为主题的活动便在国内外迅速展开。ISO、IEC、IEEE、Smart Cities Council 等独立的专业机构和各城市建设者纷纷从理论研究与实践经验总结等维度对“智慧城市”概念的确切含义进行探索，不同主体对“智慧城市”概念内涵理解丰富多彩，并无统一定义。一般来说，“智慧城市”是利用物联网、云计算、大数据等新一代信息技术和通信技术对城市整体运行进行感测、分析、整合，进而实现城市智慧式管理和运行的城市发展形态。“智慧城市”概念正在不断丰富和发展中，五年前，云计算、大数据、物联网等信息技术还被称为新一代信息技术备受关注，如今却已经呈燎原之势，遍布全球各地，典型应用、经典案例层出不穷；而一批如量子计算、光通信、3D 打印、人工智能等前沿科技取得了重大突破：“阿尔法狗”（AlphaGo）大胜世界围棋冠军李世石、世界上首台峰值运算速度超过十亿亿次的超级计算机“神威·太湖之光”问世、世界首个量子通信卫星“墨子”升空……层出不穷的新兴技术正在拓展“智慧城市”越来越广阔的发展空间。

当前，随着智慧城市理论与实践探索的不断深入，信息科技与城市融合的模式和形态也已经发生了重大变化，智慧城市进入了一个新的发展阶段，新型智慧城市已经成为引领城市发展的新方向。在这个风起云涌、充满颠覆的时代，处处都是机遇，我们要紧紧握住方向盘，抓好趋势的拐点。通过对中国及全球其他国家智慧城市建设情况的梳理与分析，我们对未来世界智慧城市发展趋势做出预测分析。

一　世界智慧城市发展现状及特点

（一）智慧城市发展回归理性，顶层＋标准“双拳”出击

经过多年发展，“智慧城市”已经度过了概念兴奋期和快速发展期，热度趋于平稳，成为大众化词汇。从 Google 趋势搜索热度来看，2015～2016 年，“smart city”的关注热度变化不大，总体来看，欧美国家整体热度仍高于亚洲国家（见图 1～图 8）。

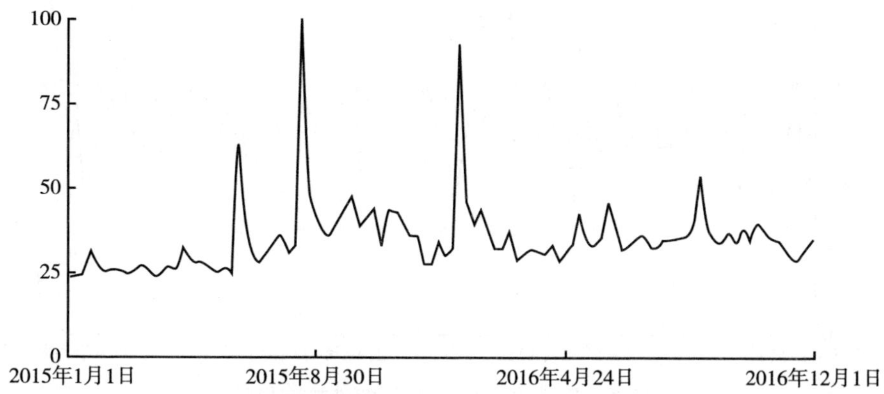

图1 全球"smart city"搜索热度指数

资料来源：Google 趋势，后同。

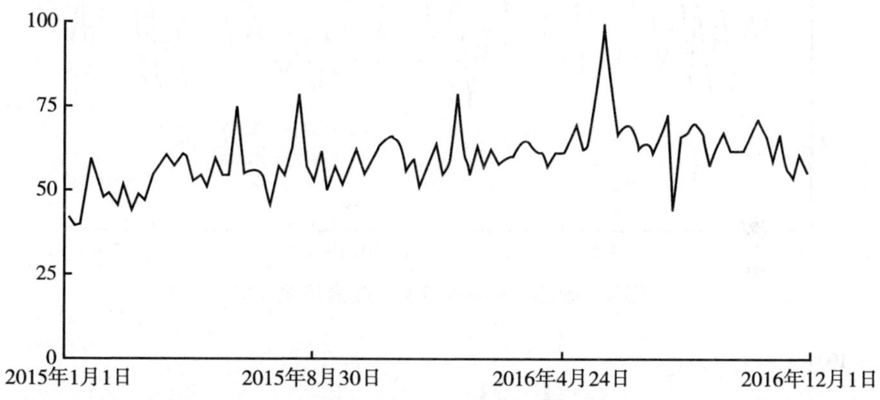

图2 美国"smart city"搜索热度指数

经过五年多的建设探索，智慧城市已经成为中国城市发展的标配，从特大城市到特色小镇，基本上都能看到"智慧"的身影，通过梳理各地政府工作报告和"十三五"规划，截至2016年6月，中国95%的副省级城市、76%的地级城市，总计超过500个城市，均在政府工作报告或"十三五"规划中明确提出，或正在建设智慧城市。从百度趋势也可以看出，近两年中国智慧城市搜索量呈现较为平稳、整体略有下降的趋势（见图9）。

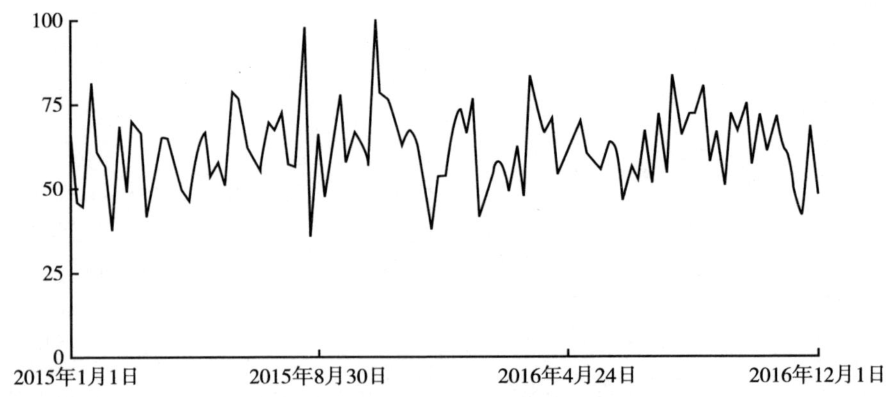

图3　英国"smart city"搜索热度指数

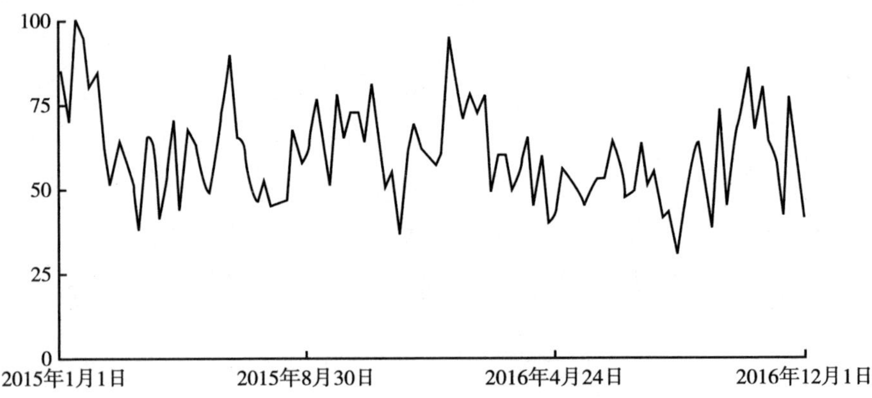

图4　德国"smart city"搜索热度指数

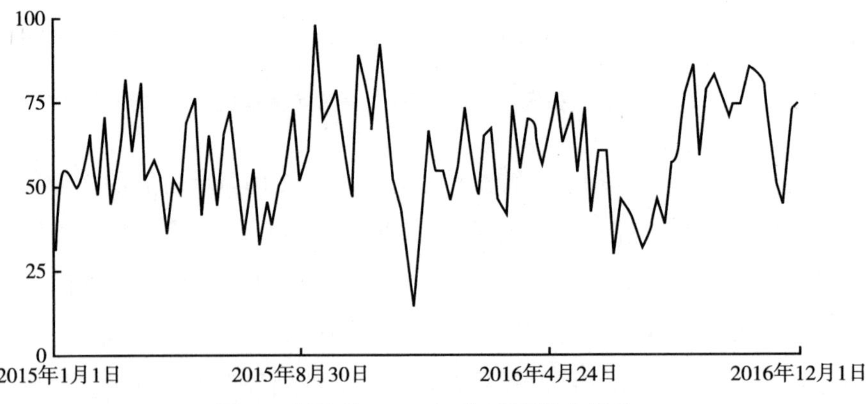

图5　法国"smart city"搜索热度指数

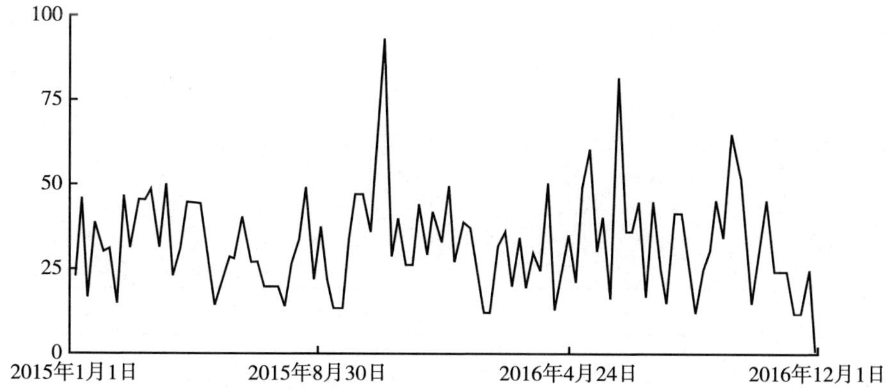

图6　日本“smart city”搜索热度指数

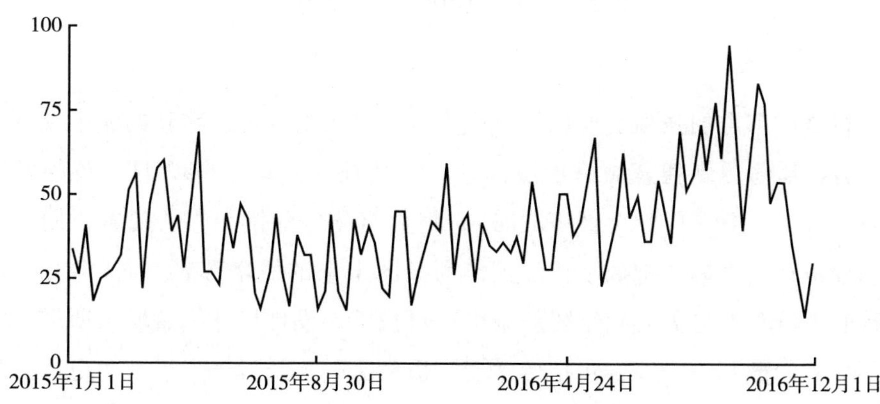

图7　韩国“smart city”搜索热度指数

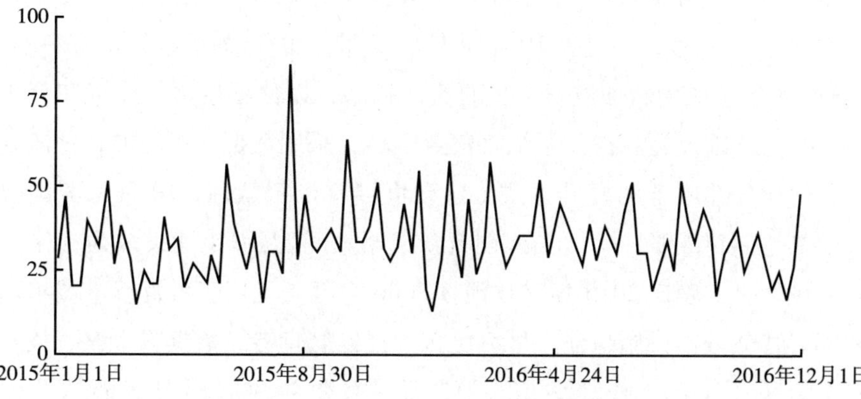

图8　新加坡“smart city”搜索热度指数

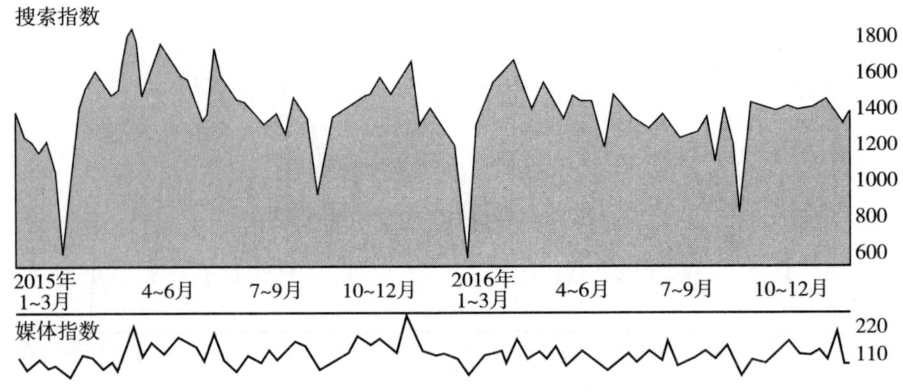

图9 中国"智慧城市"搜索指数

资料来源：百度趋势。

智慧城市需加强顶层设计早已成为世界各国的共识，在新的一个规划周期，各国纷纷更新智慧城市顶层设计，加大投入。2015 年 2 月，英国发布《英国 2015～2018 年数字经济战略》，将数字化创新摆在重要位置，用其来驱动经济社会发展，把数字化强国作为英国未来的战略部署方向；4 月，印度政府部署 2 万亿美元用于智慧城市项目投资，发展构建智慧城市所需的骨干网络和内部网络设施，包括传感器、摄像头、无线设备，以及为电力、供水、卫生、回收和运输等有关部门提供高效服务的数据中心等；8 月，新加坡发布"智慧国家 2025"十年计划，被看作是 2006 年发布的《智能城市 2015 计划》升级版，在过去 10 年通信、宽带、电子政务等发展的基础上，"智慧国平台"成为新加坡下一步的建设核心，以数据搜集、连接和分析技术为支撑的基础设施和操作系统将覆盖全岛，采用数据分析的方式预测公民需求，优化公共服务的提升方式，建设世界首个智慧国；10 月，美国政府发布第二轮创新战略——《美国创新新战略》，智慧城市建设成为未来九大战略领域之一，确定 2016 年财政预算 3000 多万美元用于投资智慧城市新研究和部署智慧城市设施，强力号召更多的社区管理者、数据科学家、技术人员和企业联合建立"智慧城市"；12 月，爱尔兰政府颁布《爱尔兰创新 2020 计划》，大力推动未来网络与通信、数据分析与管理、数字化管理平台、精密医疗设备等领域的研发能力提升，以信息化手段提升企业管理、城市管理和民生服务等领域的发展水平；澳大利亚首相于2016年4月发布国家智慧城市计划，联邦政府将斥资5000万澳元对大型基础设施建设项目进行研究，并建设30分钟城市生活圈；中国香港特别行政区行政长官梁振英在《2016年施政报告》中提到，特区政府将与科研及公私营机构共同研究建设智慧城市，特区政府创新及科技局（创科局）将负责制定智慧城市的数码架构和标准。

自2013年国务院发布的《关于促进信息消费扩大内需的若干意见》开始，中国持续加强智慧城市顶层设计，先后在《国家新型城镇化规划（2014～2020年）》《关于促进智慧城市健康发展的指导意见》等政策文件，以及2015年、2016年政府工作报告中，对智慧城市建设提出了指导。2015年12月20日，时隔37年的中央城市工作会议在北京举行，习近平总书记在会上发表重要讲话，明确做好城市工作的指导思想、总体思路、重点任务，并提出“要提升管理水平，着力打造智慧城市”。2016年4月19日，习近平总书记在网络安全和信息化工作座谈会上指出：“要以信息化推进国家治理体系和治理能力现代化，统筹发展电子政务，构建一体化在线服务平台，分级分类推进新型智慧城市建设。”10月9日，习近平总书记在中共中央政治局第三十六次集体学习时再次强调“以推行电子政务、建设新型智慧城市等为抓手，以数据集中和共享为途径，建设全国一体化的国家大数据中心，推进技术融合、业务融合、数据融合，实现跨层级、跨地域、跨系统、跨部门、跨业务的协同管理和服务”。领导高度重视的同时，各部委持续发力，2016年2月《中共中央国务院关于进一步加强城市规划建设管理工作的若干意见》出台，要求“到2020年，建成一批特色鲜明的智慧城市。通过智慧城市建设和其他一系列城市规划建设管理措施，不断提高城市运行效率”。2016年7月，《国家信息化发展战略纲要》正式发布，提出“提高城市基础设施、运行管理、公共服务和产业发展的信息化水平，分级分类推进新型智慧城市建设”。2016年12月15日国务院发布《“十三五”国家信息化规划》，列出“新型智慧城市建设行动”，到2018年，分级分类建设100个新型示范性智慧城市；到2020年，新型智慧城市建设取得显著成效，形成无处不在的惠民服务、透明高效的在线政府、融合创新的信息经济、精准精细的城市治理、安全可靠的运行体系。

除了进一步加强顶层设计，2016年，全球都将目标聚焦到了智慧城市标准制定上，纷纷抢占话语权。国际标准化组织（ISO）、国际电工委员会（IEC）、国际电信联盟（ITU）、英国标准协会（BSI）、美国国家标准技术研究院已从不同层次启动了智慧城市标准化工作，美国、英国、欧洲地区标准机构也纷纷开始了关于智慧城市标准化的工作（见表1）。2016年，由中国国家发改委、中央网信办、国家标准委联合发布的《关于组织开展新型智慧城市评价工作务实推动新型智慧城市健康快速发展的通知》，标志着我国新型智慧城市评价工作从2016年正式启动。

表1　2016年发布的或有重大进展的智慧城市相关国际标准

标准组织机构	更新/发布时间	标准名称	主要内容
ISO/TC 268/SC1 Smart community infrastructures（智慧社区基础设施）	2016年8月1日	ISO/TR 37152:2016 *Smart community infrastructures—Common framework for development and operation*	主要说明智慧社区基础设施的通用框架，包含从规划、发展、运营、维持的基本方法论，来保证每一项基础设施作为智慧社区的重要组成部分而运行良好
ISO/TC 268 Sustainable cities and communities（可持续发展的城市和社区）	2016年7月11日	ISO 37101:2016 *Sustainable development in communities—Management system for sustainable development—Requirements with guidance for use*	维持城市和社区可持续良好发展的信息系统应该能够管理并提升社区的智慧程度和弹性；能够提升社区对可持续发展成果的贡献程度等
		ISO 37120 *Sustainable development of communities—Indicators for city service and quality of life*	忽略城市的规模和地理位置，该项标准定义了100项指标来衡量城市服务和城市服务质量的高低
		ISO/TS 37150 *Smart community infrastructures—Review of existing activities relevant to metrics*	文件主要关注社区的基础设施，比如能源、水、交通、废弃物以及IT基建技术方面的标准，但关于经济方面和社会方面的标准没有被研究

续表

标准组织机构	更新/发布时间	标准名称	主要内容
ISO/TC 204 Intelligent transport systems（智能交通系统）	2016年5月31日	ISO/TC 204 *Intelligent transport systems*	个人和车辆的导航；ITS与地图数据库的规范合作、紧急疏散、应急响应等超过20个智能交通系统标准领域所包含的子研究领域
IEEE Standard Association-WG802.1-Higher Layer LAN Protocols Working Group	2016年	802.1AB－2016（本地和市区区域网络标准）	文件定义了一个协议和一组托管对象用于发现拓扑网络的邻站

资料来源：国家工业信息安全发展研究中心分析整理自ISO。

（二）大数据从概念走向现实，成为城市智慧化的战略引擎

人类从来没有像今天这样产生这么多数据，从来没有像今天这样依赖数据，也从来没有像今天这样对海量的数据感到无能为力和惴惴不安。如今，全球已经有大约30亿人连入互联网。在Web2.0时代，人们不仅是信息的接受者，也是信息的生产者，每个人都成为数据源，都在用智能终端拍照、录像、发微博、发微信等。全球每天会有2.88万小时的视频上传到Youtube，会有5000万条信息上传到Twitter，会在亚马逊产生630万笔订单。2004年，全球数据总量是30EB，2005年达到50EB，2006年达到161EB，2015年，达到惊人的7900EB。据Gartner预测，到2020年全球数据总量将达到35000EB，相当于80亿块4TB硬盘的容量（见图10）。

智慧城市建设应用极大地加速了数据产生的速度，例如，在平安城市领域，每个高清摄像头每小时数据的产生量是3.6GB，全中国摄像头数目超过2000万个，总数据量将达到PB甚至EB级。在智慧交通领域，民航飞机装有大量传感器，每个引擎每飞行1小时产生20TB数据，伦敦到纽约航线的飞行能够产生640TB数据；北京公共交通卡每天使用量达4000万人次，地铁1000万人次，北京市交通调度中心每天的数据增量为30GB，存储量为

图 10 全球数据总量增长情况

资料来源：Gartner。

20TB。在智能家居领域，国家电网年均产生数据 510TB（不含视频），累计产生数据 5PB；单个病人的 CT 影像往往多达 2000 千幅，数据量已经到了数十 GB 等。

数据驱动城市管理新模式。面对庞大的数据，全球发达城市步入了数据驱动城市运营管理能力提升的新阶段，以数据采集、存储、共享、开放为基础的精准化服务供给与城市运营模式备受青睐。以交通为例，波士顿城市公共服务机构推出交通出行大数据应用，整合现有交通信号灯数据、汽车运行等相关数据，为公众出行提供路线规划、目的地停车位预判等服务，能够帮助公众在出行时及时调整路线、节省时间、节省费用。香港通过地铁大数据平台将八达通刷卡数据、监控视频、地铁内 WiFi 连接数据、社交网络数据等组织起来，将计算出的结果可视化，判断地铁站某个地方的人数是不是到了有可能发生拥挤及踩踏事故的危险点，以达到提前预警和疏散人群的目的。该平台还会根据每个人的位置，通过手机 APP 提醒他应该往哪条路疏散，比纯靠人眼来观察、用经验来处理更加具有准确性和预判性。银川结合了空间地理信息系统和即时交通大数据，综合利用红绿灯实时调控、潮汐车道、绿波带和动态交通诱导等各类技术，通过流量预判和交通仿真，在一定程度上缓解交通拥堵。同样，在金融监管、社会信用体系建设、反腐倡廉、税务稽查、食品药品监管以及预防犯罪等领域，大数据也发挥了重要作用。例如在金融监管方面，沪、深两大交易所借助大数据分析建立了对“老鼠仓”等交易行为的专项核查和定期报告制度，实现了实时监控、专项核查、联动监控和智能监控于一体，成功打压了多起“老鼠仓”交易，有效化解了金融风险。

城市开放数据开始释放红利。“智慧城市”的本质是信息共享，而数据融合是信息共享的前提。数据融合开放让数据价值翻倍，也能让城市管理、城市服务更加精准有效，数据开放先行军的实践证明了这一点。2013 年，欧盟各成员国通过数据开放法案，正式向开发者、企业和成员开放由公共资金资助的数据，公开的数据覆盖数字地图、天气数据、道路拥堵数据，以及公司和法院诉讼信息等。目前，欧洲国家数据的融合开放工作进展顺利，相对完备的数据使用机制基本形成，数据已经体现了其作为城市发展驱动力的重要存在感。

英国政府雇用了开发商与政府一同确定最具开放意义和价值的数据集，开放出通用的开放源代码、协议和标准，建立开放数据平台，向社会和公众提供开放接口，允许和鼓励公共部门、商业企业、社会组织和其他数据捐助者把数据累积到公共数据库（London Datastore），并在开发出的应用中附上所使用的数据集链接。政府将开放数据平台作为城市中控台，采集制定长期基础设施投资规划所需的现状和预测数据；互联网企业利用开放数据平台开发出支撑城市运营服务的 APP，例如健康数据用于在线医疗类软件的开发等；初创企业利用开放数据平台，获取资金、技术、许可资质、税务、授权等各个层面的行业要素资源，例如行业动态信息、顶尖企业列表、行业发展顾问信息等，使行业资源的融合与互动更加便利化。

曼彻斯特制定的数据同步方案将开放数据作为一种珍贵的创新资源，通过对开放数据的使用，更有效地为市民提供公共服务。未来城市技术创新中心和联合数字经济技术创新中心的合作为曼彻斯特市提供了一个数据组织框架，在这个框架下，政府各部门和其他公共机构之间能够按统一的标准进行数据传递，中小企业也能够获取政府开放的数据用来开发商品和服务。

香港推出公共资料入门网站 data. gov. hk，提供超过 6000 个供免费使用的资料集，包括交通、气象、医疗、财经、人口、工商业等，目前，各研究机构、企业在整合这些政府公开的数据，加上社交网络等数据，以实现智慧城市的实体应用。

2016 年 9 月，我国《政务信息资源共享管理暂行办法》开始实施，同时，北京、上海、山东、河北、浙江、海南等十多个省份也陆续出台了政务信息资源共享管理办法，智慧城市建设将迎来新的契机，为加快破解信息资源共享难题、充分发挥政府大数据价值提供重要支撑。

大数据管理体制机制逐渐完善。为了更好地利用大数据开展相关工作，各大城市纷纷建立大数据相关机构，制定大数据政策，以保障在大数据应用领域的领先地位。澳大利亚组建了专门机构——大数据工作组，负责政府大数据事宜的统筹规划和整体协调。在 2014 年 1 月的中共广州市委十届五次全会上，首次出现“大数据管理局”提法，同年 2 月，广东省政府印发《广东省经济与信息化委员会主要职责内设机构和人员编制规定》，其中明确提及成立广东省大数据管理局。之后，各地纷纷借鉴其机构设施方式，成立大数据管理局，广东佛山南海区挂牌成立数据统筹局、广东清远在其经济与信息化局的“三定方案”设置大数据管理科、广州市工信委设立直属行政单位广州市大数据管理局、辽宁沈阳建立了大数据管理局、成都市经济与信息化委员会下设立大数据管理局、银川市大数据管理服务局获批成立……在理顺体制的同时，各城市纷纷出台大数据相关政策（见表 2）。

表 2　部分城市推进大数据发展的政策

城市/地区	政　　策
北京	《北京市大数据和云计算发展行动计划(2016 ~ 2020 年)》
上海	《上海市大数据发展实施意见》
广东	《广东省促进大数据发展行动计划(2016 ~ 2020 年)》
广州	《广州市人民政府办公厅关于促进大数据发展的实施意见》
深圳	《深圳市促进大数据发展行动计划(2016 ~ 2018 年)》

续表

城市/地区	政　　策
武汉	《武汉市大数据产业发展行动计划(2014～2018年)》
成都	《成都市人民政府办公厅关于深入推进政务数据资源整合共享工作的意见》
南京	《南京市促进大数据发展三年行动计划》
贵阳	《贵阳大数据产业行动计划》《贵阳关于加快推进大数据产业发展的若干意见》
贵安新区	《贵安大数据产业基地发展规划》
杭州	《杭州市政务数据共享开放指导意见》
京津冀	国家发改委、工信部和国家网信办已正式批复京津冀大数据综合试验区，京津冀三地将探索建立区域大数据合作发展机制，促进大数据基础设施区域统筹共用，推动大数据产业协调发展

资料来源：国家工业信息安全发展研究中心整理。

（三）“互联网+”拓宽城市服务空间，共享经济释放活力

2015年，全球互联网用户数已超30亿，年增长率为9%，互联网全球渗透率达到42%。全球智能手机用户数比上年增长21%，智能手机出货量增长10%（见图11和图12）。互联网、移动互联网应用的不断深入，创造了政府管理新手段，建立了公共服务新模式，极大地拓展了人类的生活空间。“互联网+城市服务”开辟了智慧城市公共服务新入口，越来越多的互联网运营商将服务范畴拓展到城市基本服务的领域，采用新的交付模式和投递方式提供公共产品和服务。“互联网+”成为智慧城市优化城市公共服务的新方式和新动力。

在教育领域，“云+端”正成为智慧教育重要基础设施。美国肯塔基州派克县与IBM建立合作关系，重复利用过时废弃的1400台计算机资源，基于IBM的数据中心搭建了服务于该学区1万多名学生的教育云服务平台，实现教育服务的云端虚拟化调配。预计未来五年为该县节省超过半数的软、硬件和人员维护支出费用。埃塞俄比亚与微软公司合作，微软公司赞助埃塞俄比亚教师25万台预装微软Azure云平台的笔记本电脑，通过云服务帮助教师设计课程表、记录学生信息和教学情况等，大大减少了学校的信息技术支出成本。互联网应用推动教学方式持续创新。互联网技术与教学的深度融

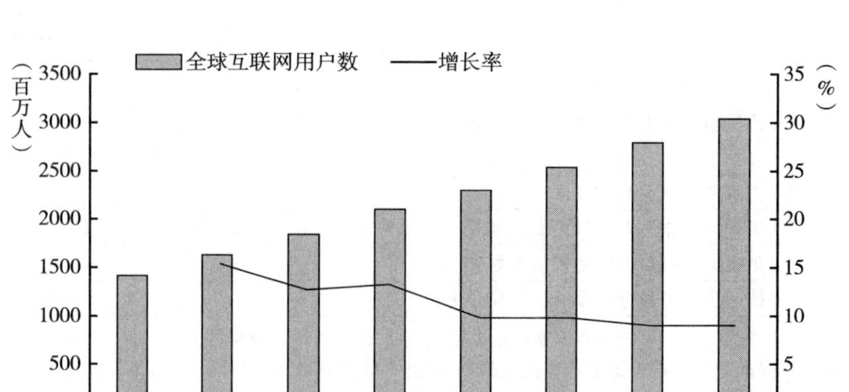

图 11　全球互联网用户数

资料来源：2016 年的互联网趋势报告。

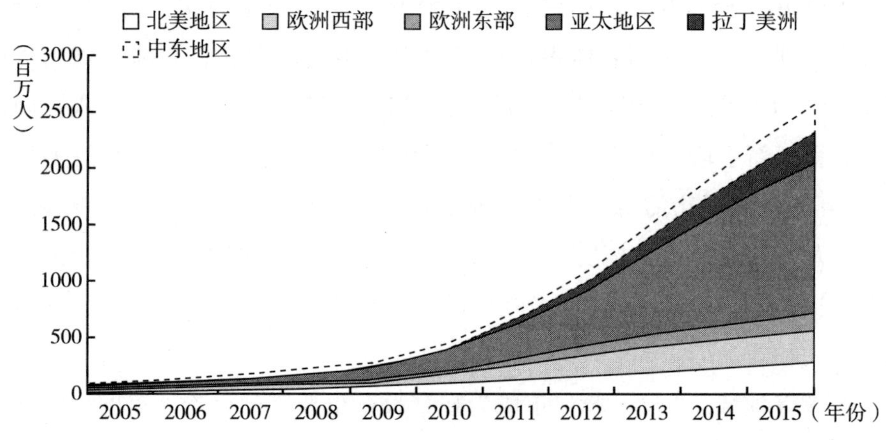

图 12　全球智能手机用户数

资料来源：2016 年的互联网趋势报告。

合，催生了创客教育、游戏教学、“微”课堂等一系列新型教学方式。在美国巴尔的摩市的电子港科技中心（Digital Harbor Tech Center），公立学校的中小学生可以参加中心课程，中心设备也向学生开放以支持他们开展创客课堂研究，同时配套组织各类创客教育培训和研讨会。数字资源呈工具化、服务化趋势。教育领域数字资源建设重心逐步从内容本身向辅助资源应用的智能工具、支撑服务体系方向转移。澳大利亚 SCOOTLE 基础教育资源库不仅向学生和老师提供统一标准的课程资源，还开发了高效快捷的搜索工具，应用 Timeline、Google Map 等可视化软件提高阅读品质，另外还建立了一站式服务机制。德国推出免费在线学习平台 Serlo，提供多类学科领域的学习资料，并配备视频和练习工具，通过图表、动画或视频的方式使问题可视化，帮助学生实现按需学习和自主学习。

在医疗卫生领域，互联网技术为疾病治疗带来了质的飞跃。物联网实现对人员健康特征的持续监测，大数据赋予健康管理即时处理能力，从而颠覆传统医疗以“救治”为主的模式，为健康管理服务方式提供了即时支持和基础平台。美国克利夫兰诊所与电信巨头 Cox Communications 公司共同组建战略性合资公司，重点推动 Cox 宽带服务向医院和医疗保健公司拓展，积极发展个性化数字家庭保健服务；斯坦福大学医疗保健部通过与 GE 公司合作，成立了全新数字医疗有效性评估机构 Evidation Health，继而与奥克斯纳医疗系统建立合作关系。远程医疗逐步改变全球医院的传统医疗系统。托马斯杰斐逊大学医院在其新建的紧急护理中心装备了远程视频访问系统，新增了面向远程患者的医疗服务；克利夫兰诊所也采用了远程视频访问应用 MyCare Online，为患者提供 24 小时紧急护理访问服务。互联网医疗巨头 Teladoc、American Well 和 Doctor on Demand 的远程医疗业务实现了迅猛增长，Teladoc 成为全球首家 IPO 的在线问诊公司，上市首日市值超过 10 亿美元。移动智能终端成为慢性疾病管理关键入口。越来越多的医疗卫生系统开始积极引入旨在帮助患者进行慢性疾病管理的移动智能设备。2015 年 4 月，美国医疗机构 Partners Health Care 与三星开展合作，共同开发了预装管理软件的移动设备。LifeMap Solutions 与纽约西奈山医院、国立犹太医学中心呼吸中心（NJHRI）合作开发一个嵌入了慢性阻塞性肺病管理软件的智能吸入器，计划通过移动应用程序自动调节慢性病患者的氧气吸入量。

在电子政务领域，移动终端、社交媒体成为网上服务新渠道。随着移动互联网的发展，各国纷纷利用移动终端、社交媒体等包容性强的渠道为公众

提供信息服务。瑞典大力兴建移动纳税系统，在瑞典700万纳税人中的9万多人已经完全通过移动设备进行线上纳税；南非政府重点开发了Dokoza项目、Accesshealth项目、BCIT项目、USSD项目和通知系统等，来应对发展中国家所遇到的一系列特殊挑战和困难，以Dokoza项目为例，它创新了南非医疗保健行业的服务，让工作人员可以快速与患者进行业务和数据交流，目前广泛应用于肺结核病和艾滋病的治疗上，并向更多疾病领域推广。中国积极通过微信、微博等移动平台，推进移动政府建设，2015年以来，各地纷纷开始建设"移动办事厅"方便市民办公，如申请办理港澳通行证续签，"上海公安出入境管理"官方公众号、"上海发布"微信公众号、微信"城市服务"平台都具备了相同功能的入口，提供在线办理服务。此外，人们通过手机上的支付宝、微信还可以完成交通违章的查询、路况和公交的查询、生活缴费、水电费、医院挂号等。部分城市还提供一些特色服务，如广州可以支持港澳通行证的续签，上海可以预约结婚登记和图书馆服务等。目前，微信"城市服务"已经与全国31个省区市，319个城市达成战略合作（见表3）。蚂蚁金服集团、阿里巴巴集团与微博共同启动"互联网+城市服务"战略，联合为各地政府提供一站式解决方案，向各地方政府提供"城市服务"平台，涵盖交管、公安、医疗、交通路况等9大类80多项服务。阿里云的云计算和大数据，帮助各地政府进行政务应用整合和流程再造，构建统一的城市服务平台。市民通过支付宝、微博和手机淘宝三个入口均可访问，只需要一部手机就可代替过去的排队、跑腿。

在社会服务领域，共享经济快速发展，释放城市应用活力。移动时代对生活服务领域的最大影响，在于过去难以被信息化的盲点将会最大限度被覆盖，线上数据和线下服务的有效对接，构建了一个包含人的服务、现金流和信息流在内的完整生态圈。在移动互联网时代，人们对于"大而全"的应用兴趣度在不断降低，而对"小而美"的重度垂直服务越加青睐。所以，更为细分的领域与移动互联网相结合成为近些年来的热点，例如，在交通出行领域，像滴滴、Uber等迅速崛起；在工作生活领域，如墨迹天气、万年历、有道词典等；在订餐领域，专注于订餐领域的"饿了么"等应用，都成

表3　微信“城市服务”各省区市覆盖数量

单位：个

省区市	城市覆盖数量	省区市	城市覆盖数量
北　京	1	吉　林	9
安　徽	16	辽　宁	12
重　庆	1	内蒙古	12
福　建	9	宁　夏	5
甘　肃	14	青　海	8
广　东	21	山　东	12
广　西	12	上　海	1
贵　州	9	陕　西	10
海　南	19	山　西	11
河　北	11	四　川	12
黑龙江	12	天　津	1
河　南	12	新　疆	12
湖　北	12	西　藏	7
湖　南	12	云　南	12
江　苏	12	浙　江	11
江　西	11		

资料来源：微信“城市服务”栏目（2016年12月30日）。

为垂直应用市场的排头兵。这种整合线下闲散资源的共享经济模式，让应用变得更具吸引力，带动了智慧城市发展活力。作为全球共享经济的产业龙头，Uber和Airbnb在过去3年迅猛发展，虽然都成立不到10年，但当前估值已经分别达到510亿美元和255亿美元。其中，Uber公司以5年零11个月的纪录成为全球估值达到500亿美元用时最短的公司，同时超过小米成为全球估值最高的非上市科技公司。根据统计，2014年全球共享经济的市场规模达到150亿美元。据预计，到2025年将达到3350亿美元，年复合增长率达到36%。过去的一年里，社区类的O2O服务悄然走入了人们生活。2015年多家企业获得亿元以上规模的融资，包括管家帮获1.2亿元人民币融资、Dmall获1亿美元融资、美到生活获2500万美元融资、爱鲜蜂获2000万美元融资。资本如此青睐该领域的原因不外乎市场空间大，几乎没有天花板，以及终极的社区消费端口尚未出现。目前国内社区O2O大致分类如表4所示。

表 4　国内社区 O2O 分类一览

类　别	内　容	举　例
家政服务类	整合线下家政、家洁资源，提供线上信息查询、预约、支付、投诉等服务	阿姨帮、E 家政家洁、懒人家政、E 袋洗、58 到家
商超配送类	提供周边商铺、超市的在线订购服务，并利用线下店铺的人力资源或专业配送人员，为电商购物解决"最后 1 公里"的配送问题	爱鲜蜂、社区 001、京东快点
代收代寄类	线下开店或利用合作店铺资源，为用户提供货件代收、代寄服务，并以此聚集人气衍生出其他服务	收货宝、嘿客
社区服务类	配合物业公司提升服务品质，或是提供社区便民服务	住这儿、智慧社区、小区无忧、民生小区
社区综合类	社区内部的综合在线论坛，为用户提供在线沟通、经验分享、交友、二手交易等服务，并提供便民信息查询、商户查询等服务	天通苑生活圈、考拉社区、叮咚小区

（四）智慧城市的经济属性凸显，商业模式备受关注

国际金融危机已经过去 6 年多，世界经济由国际金融危机的快速发展期进入低于趋势增长的阶段。全球经济复苏步伐低于预期，产出缺口依然保持高位，一些国家仍然在消化包括高负债、高失业率在内的金融危机的后续影响。智慧城市建设和现代信息技术发展在带动创新、催生产业方面的潜力逐渐显露，越来越多的国家将智慧城市建设重点向引领城市经济发展方向转移。

智慧城市的经济属性愈发强烈。值得关注的是，智慧社区论坛（Intelligent Community Forum）发布的 2016 年全球 7 大智慧城市排行榜（见表 5）向我们展现了全球"智慧城市"的评价重心发生了改变，更为看重对经济发展的提升与促进作用。在上榜的 7 大城市中，大多数传统的"智慧"城市，如伦敦、纽约、东京、墨西哥等并未入选，入选的主要是"宽带经济"快速发展的城市，即智慧城市建设对城市经济发展推动作用最为明显的城市。

表 5　2016 年智慧社区论坛全球 7 大智慧城市排行榜

单位：人

入选城市	所属国家	人口
阿斯塔纳	哈萨克斯坦	877719
嘉义市	中国台湾	269992
埃德蒙顿	加拿大	899447
格雷县	加拿大	92568
伊普斯威奇	澳大利亚	190000
基隆市	中国台湾	371878
诺尔西	英国	12267

资料来源：ICF 网站。

前沿信息技术在城市生产与生活中的应用打通并活化了资源、资金、技术、人才、政策等经济发展的必需要素，使产业创新资源的配置与使用效率大大提升，从而为产业创新注入了新动力。解读全球智慧城市建设与城市经济发展的关系，一方面是其自身发展对经济直接增长贡献巨大，另一方面是智慧城市创造了一个泛在互联、智能可控的发展环境，通过宽带网络、智能应用的部署，加速资源的有效集聚，刺激新的经济增长点。2016 年 5 月 23 日，日本文部科学省发布“人工智能/大数据/物联网/网络安全综合项目”（AIP 项目）。AIP 项目是日本新出台的重要规划，自 2016 年起由文部科学省负责推进，旨在汇聚全球顶尖人才，以革命性人工智能技术为核心，在大数据、物联网和网络安全领域开展研究。

全球信息产业的市场预测分析

Forrester 公司预测，到 2018 年，云计算基础构架和平台的开支将以 30% 的年均增长率增长，到 2020 年全球云计算规模将达 2410 亿美元。

MarketsandMarkets 预测，到 2020 年，全球 3D 打印粉末材料市场的销售将达到 6.369 亿美元，从 2015 年到 2020 年的年复合增长率为 24.4%。

IDC 预测，截至 2020 年，全球将有 295 亿个装置被联结，物联网市场规模将高达1.7万亿美元；其中，通过串接人、流程、事（装置）与资料等，预计能创造6780亿美元的市场商机。

IDC预测，全球数据量在2020年之前会增长50倍。

麦肯锡预测，到2020年，美国的大数据可创造3800亿～6900亿美元的市场价值。

欧盟委员会预测，到2020年欧盟的大数据可创造2069亿欧元的价值。

另外，信息技术与工业的融合发展已成为全球推进制造业转型升级、带动经济增长的重要手段。以美国、德国、法国、日本、韩国为代表的发达国家，纷纷制订了一系列规划和行动计划，实施制造业回归战略。如美国的《美国国家制造创新网络计划》、德国的《保障德国制造业的未来：关于实施“工业4.0”战略的建议（2013～2020）》、法国的《新工业法国Ⅱ》等。美国互联网及信息产业大型企业与传统制造业领导厂商联合成立了工业互联网联盟，其中包括GE、思科、IBM、AT&T、英特尔等80多家企业，致力于重新定义制造业的未来，在《美国创新新战略》中，联邦政府还大力投资先进制造与智能制造，再一次把工业智能化拉动经济增长推向更高战略层面。以中国、印度为代表的发展中国家也紧紧抓住互联网发展契机，实施制造强国战略，如《中国制造2025》战略、《印度制造》计划等。所以，各国在智慧城市建设应用过程中，十分注重为推进产业融合提供网络、基础软件平台等支撑，成立产业联盟，打造优质的服务环境（见表6）。

表6　全球制造强国战略汇总

战　略	远景与目标	核心与本质
《美国国家制造创新网络计划》	以新的革命性的生产方式重塑制造业，巩固国家竞争力	将万物连接（智能设备、人和数据连接起来）
德国“工业4.0”	支持工业领域新一代革命性技术的研发和创新、保持德国的国际竞争力	实体物理系统（CPS）、建设具备“独立思考能力”的“智能工厂”

续表

战　略	远景与目标	核心与本质
日本《机器人新战略》	以机器人增长来助推经济社会发展,巩固制造业领域的领先地位,提升日本国际竞争力	将机器人与 IT 技术、大数据、网络、人工智能深度融合
《中国制造 2025》	实现中国从制造大国向制造强国的转变	智能制造、工业创新
《新工业法国Ⅱ》	实现工业向数字化、智能化转型,以生产工具的转型升级带动商业模式转型	与工业 4.0 平台对接
《印度制造》	使印度成为具有竞争力的全球制造业中心	使 IT 服务能力在全球制造业供应链上发挥作用

资料来源：国家工业信息安全发展研究中心整理。

积极探索创新商业模式，企业参与度逐渐提高。以美国为首的智慧城市发达国家更多地通过企业与政府相互合作的模式提升效率和行政服务，主要通过政府投资运营、企业参与建设，政府与企业合资建设与运营，政府统筹规划、企业投资建设，企业建设运营、政府和公众购买服务，委托民间私营企业协同分工等多种模式并存的态势。美国奥尔巴尼政府与慧谷科技公司建立了政企合作关系，共同提供无线网络服务，奥尔巴尼市民有两种无线网络服务可供选择：收费的 Wink 高速互联网无线宽带服务和免费的 FreeNet 无线网络服务。美国霍布斯新城则完全由私营企业投资兴建，它是未来智慧城市的试验基地，意在打造世界上最大的创新技术和测试中心。美国佐治亚州的沙泉市（SandySprings）借助公私合营方式，将包括市民服务中心、网站经营、公共事业招标、税金征收、公共交通网的规划等行政业务，大量外包给民间企业，市政府仅聘用 5 名职员；通过市民满意度调查机制，掌握外包质量，让市政府运作更有效率。

目前，在推动智慧城市建设过程中，中国政府已逐渐摒弃大包大揽的传统观念，将关注点聚焦在如信息安全、高效治理等核心领域，通过引进更多的社会力量一起参与城市建设，使政策导向从理念走向实践，从无序变为有序，从注重形式变成追求实效，从封闭单一迈向合作共赢。国家大力支持运用 PPP 模式来参与智慧城市基础设施的建设，从国家部委层面和地方政府层面出台了一系列政策法规和实施意见。尤其是国务院于 2015 年 5 月发布的

《关于在公共服务领域推广政府和社会资本合作模式指导意见的通知》，明确提出在13大领域广泛采用政府和社会资本合作模式提供公共服务。次月，财政部发布的《关于进一步做好政府和社会资本合作项目示范工作的通知》，则提出推广使用PPP模式，在公共服务领域广泛征集适宜采用该模式的项目。

在智慧城市建设方面，地方政府投入力度大，资金来源多元化，其中多采用政企合作方式完成基础设施及具体智慧城市应用领域政府建设，如贵阳与英特尔、德阳与浪潮、深圳与腾讯、泉州与中兴通讯、本溪与神州数码等（见表7）。

表7　部分地方政府企业合作动态

序号	城市	合作动态
1	沈阳	沈阳市大数据管理局与中国联合网络通信有限公司沈阳市分公司、中国移动通信集团辽宁有限公司沈阳分公司、中国电信集团公司辽宁省沈阳市分公司、北方联合广播电视网络股份有限公司沈阳分公司、中国铁塔股份有限公司沈阳市分公司等五家企业签署智慧沈阳战略合作协议
2	泰州	围绕城市智慧化建设中生产性服务业的发展签署了10项协议，协议投资额逾25亿元
3	天津	天津市交通运输委与阿里云签约打造"互联网＋"交通系统
4	厦门	厦门市信息协会、厦门信息集团分别与台南市电脑商业公会、高雄市自由软体发展协会签署共建协议书
5	杭州	杭州拱墅区政府与腾讯签订"互联网＋智慧城市"框架协议
6	咸阳	咸阳市与支付宝签署合作框架协议、咸阳市政府与腾讯签署战略合作框架协议
7	成都	中搜网络与成都成华区政府签订战略合作协议共同打造移动智慧城市
8	泉州	泉州市政府与中兴签订智慧城市合作备忘录
9	珠海	珠海市与中兴签署智慧城市战略合作协议
10	合肥	合肥市与中国电信签署"智慧合肥"战略合作框架协议
11	深圳	深圳市与腾讯签署战略合作协议，深圳市与中国铁塔签署战略合作协议
12	祥云	祥云县与云南光电网络签订"智慧城市管理"系统建设项目合作协议
13	贵阳	贵阳市与英特尔签署合作备忘录
14	南通	江苏电信、江苏移动、江苏联通、江苏铁塔分别与南通市签订战略合作协议
15	德阳	德阳市与浪潮集团签订战略合作框架协议
16	西咸新区	GE照明与西咸新区沣东新城正式签署《智慧照明创新中心合作备忘录》
17	阳江	阳江市与中兴签订智慧城市建设合作框架协议
18	崇州	崇州20个项目集中签约总投资83亿元，其中智慧城市项目为热点
19	临沂	中国信息技术有限公司与临沂市政府达成战略合作协议

资料来源：2015年6月"中国智慧城市活力指数"动态评估报告。

（五）智慧与生态文明的互动更加深入，绿色可持续成主流

智慧城市生命力在于与城市规划、生态文明协同创新。2016 年 4 月 22 日，175 个国家正式签署《巴黎协定》。据巴黎气候大会主席国法国提供的数据，截止到 11 月 1 日，共有 92 个缔约方批准了《巴黎协定》，其温室气体排放占全球总量的 65.82%，跨过了协定生效所需的两个门槛。《巴黎协定》提出了将全球平均升温控制在工业革命前的 2 摄氏度以内，争取控制在 1.5 摄氏度；尽快实现全球温室气体排放达到峰值，最重要就是要到 21 世纪下半叶，让全球实现温室气体净零排放；2030 年全球温室气体排放要降到 400 亿吨等目标。欧盟、北美在绿色节能环保领域的智慧城市建设已有诸多实践，随着大量发展中国家智慧城市建设从规划阶段迈向实施阶段，智慧城市采用现代通信技术在能源、建筑、污染处理、资源保护、可再生资源利用方面的重要作用将得到充分认可和挖掘，绿色化将成为全球智慧城市发展的共同战略选择。

澳大利亚阿德莱德市在《阿德莱德市 2016～2020 战略计划》（City of Adelaide 2016－2020 Strategic Plan）中提出“智能、绿色、宜居、创新”，建设世界第一座碳平衡城市和可持续与应对气候变化的国际领导城市的目标。埃及在城市官网（http：//thecapitalcairo. com/smart-city. html）专门开辟“智慧城市”栏目，并强调其智慧城市建设将继承埃及传统的可持续发展的精神，新的首都将利用当今的可持续技术，并适应未来的技术，进一步提高资源效率。2015 年发布的《智慧城市维也纳战略框架》（Smart City Wien Framework Strategy）指出智慧城市是一个面临资源消耗减少，需求不断增加的挑战的城市，也将努力实现高度的社会包容性。智慧城市需要选择资源保护，同时确保高质量的生活并结合所有领域的创新。维也纳智慧城市方法基于节省资源使用，以便大量减少与稀有和有限资源相关的二氧化碳排放和依赖性。同时，维也纳智慧城市意味着维护和进一步提高维也纳的高质量生活和社会参与。《柏林智慧城市战略》（Smart City Strategy Berlin）提出智慧柏林既是一个生活场所，也是通过系统地和多模式地部署创新技术、材料和服务可持续发展的经济区域，柏林智慧城市目标见表 8。

表 8　柏林智慧城市目标

序号	目　　标
1	减少有限资源的使用；使用可再生能源；到 2050 年，实现资源利用效率提高和柏林的气候中和
2	最小化在人口密集的城市环境中生活的负面作用，例如环境污染、与压力有关的疾病或减少的人身安全感
3	进一步提高柏林勃兰登堡首都城市地区的国际竞争力；增加经济实力和创造就业机会
4	创造一个创新应用的领先市场
5	在区域、国家和国际一级进一步建立网络
6	加强城市基础设施的弹性
7	通过公共行政，市政企业和社会团体长期保障和优化公共服务
8	加强公共行政中透明的决策文化
9	提高生活质量
10	增加更多的社会参与机会

资料来源：《柏林智慧城市战略》（Smart City Strategy Berlin）。

雾霾是已经摆在中国各大城市面前的“硬骨头”。2016 年大面积、长时间的雾霾，让“雾霾”的关注度达到上年同期的 2 倍以上，接近 2014 年的 4 倍。为了缓解城市压力，智慧环保应发挥重要作用（见图 13）。

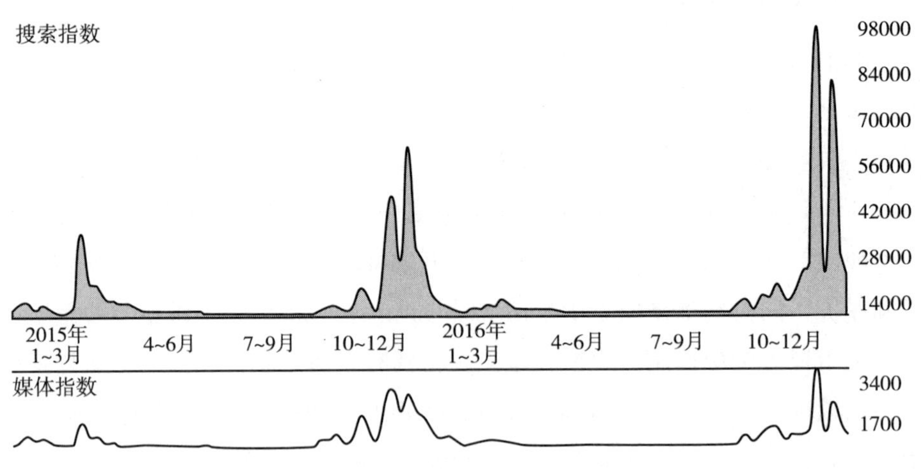

图 13　雾霾百度指数变化

资料来源：百度指数。

深圳市创建的“深圳市环境地理信息平台”，让空气流动、污染物扩散一目了然。该平台通过建立环境地理信息标准，对空间数据进行收集、整理，为移动执法、环境监管、在线监控等业务提供了统一的空间数据服务。此外，深圳“智慧环保”通过统一搭建空间数据集中管理和服务平台，为相关人员提供7大类31个专题图服务。让其可在同一位置展现基础地图、行政区划图、卫星影像图、基本生态控制线等图层信息，足不出户即可快速了解关注区域周围的环境敏感点和环保目标的分布情况，为分析区域污染的相互影响，进行环境质量的实时动态模拟、预报预警提供决策技术支持。

衢州市环境监控信息中心推出了“爱环保”APP，将全市饮用水源质量、交接断面水质情况、出境水质量、环境空气质量指数等8大类30项环境数据整合，向居民实时公开发布。除此之外，还向居民推送环保知识，居民也可以投诉反映身边的环境污染问题。

（六）城市安全事件频发，智慧成为“双刃剑”

近两年，城市安全事件频发，如巴黎恐怖袭击、布鲁塞尔机场爆炸、天津港爆炸、上海外滩踩踏……人们对城市安全保障越发担心，智慧城市建设的主要任务之一就是用智慧的手段感知城市，提升城市安全水平，但随着智慧应用的不断深入，智慧城市自身发展也成为城市安全的一大隐患。

用智慧打造城市安全的仪表盘。数据采集与挖掘在城市运营与治理领域的应用，使城市“大脑”反应速度、资源部署效率和应急处置能力成倍提升。例如，纽约100万栋建筑物中，平均每年大约有3000栋会发生较为严重的火灾，纽约市消防部门将可能导致房屋起火的潜在因素细分为60项，包括是否为贫穷或低收入人群住房、建造年代是否久远、建筑物是否配有电梯等。除去发生火灾概率较低的小型独栋和联排别墅外，消防部门对城市建筑进行实时监测，同时包括学校、图书馆等人口密集度较高的公共场所，目前监测项目达到2400余项。依托分析算法模型，对城市中33万栋待检验的建筑物单独进行评价打分，得出火灾危险指数，划分出重点监测和检查对象。这一手段虽不能保证数据分析与火灾防范措施的正相关关系，但纽约市的火灾数量确实下降了许多。

伦敦市通过气味数据量化城市危险源，制作出了危险源动态地图，为城市安全预警开辟了新的渠道。伦敦市专家在世界各地志愿者的协助下征集了欧洲和美国七大城市（阿姆斯特丹、格拉斯哥、潘普洛纳、爱丁堡、新港、巴黎和纽约）各个类别的气味，纳入独创的气味字典，在地图上用不同颜色标注气味，及时预知气味来源地的动态危险因素，防患于未然。

2015 年，美国通用电气（GE）的智慧城市建设项目启动使用能够检测枪声的路灯，通过感知与数据分析提升城市安全程度。GE 的智慧城市建设对抵制暴力更为重视，在国际警察局长协会大会上，ShotSpotter 公司 CEO 拉尔夫·克拉克更加决绝地要抵制枪支暴力，宣布了与 GE 的新型合作伙伴关系，即把公司的枪响探测器集成到通用电气的智能路灯上。与传统智慧城市专注于利用 IT 技术保护环境和优化物流等不同的是，这一举措为 GE 的智慧城市建设项目添上了法律与抵制暴力的色彩。在新的合作伙伴关系下，两家合作单位将共享硬件设施，GE 的智慧路灯已经配备能识别定位枪声位置的处理器，实现城市潜在危险数据的实时搜集与分析预测。

智慧给城市带来新的安全隐患。随着智慧应用的不断深入，信息安全对网络空间影响向实体空间转移，给城市带来巨大的安全隐患。2015 年 12 月 23 日，乌克兰 Prykarpattyaoblenergo 电力供应商通报了持续三个小时的大面积停电事故，受影响地区涉及伊万诺－弗兰科夫斯克、卡卢什、多利纳等多个乌克兰城市。后经调查发现，停电事故为网络攻击所致。攻击者使用附带有恶意代码的 Excel 邮件附件渗透了某电网工作站人员系统，向电网网络植入了 BlackEnergy 恶意软件，获得对发电系统的远程接入和控制能力。近日，趋势科技公司宣布，其在乌克兰一家矿业公司和铁路运营商的系统上发现了 BlackEnergy 和 KillDisk 样本。趋势科技发现的数个样本变种与当初感染乌克兰电力公司的 BlackEnergy 类似，这个恶意软件使用同样的指挥和控制

（C&C）服务器。

2016 年 3 月 24 日，美国司法部公开指责 7 名伊朗黑客入侵了纽约鲍曼水坝（Bowman Avenue Dam）的一个小型防洪控制系统。2016 年 4 月 24 日，德国 Gundremmingen 核电站计算机系统在常规安全检测中发现了恶意程序，并紧急关闭了发电厂。2016 年底，伊朗发现一个恶意软件，目前，伊朗国家网络空间委员会（National Cyberspace Council）正在调查 Bu Ali Sina 炼油厂失火事件因网络攻击或恶意软件而起的可能性。

ICS CERT 的统计数据显示，能源、关键制造业、供水与废水系统依然是城市安全漏洞分布较广泛的行业。除此之外，城市安全漏洞还遍及粮食和农业、化学药品、商业设施、通信、医疗保健和公共卫生、运输系统、水坝、国防工业设施、政府设施、信息技术、核反应堆、金融服务等行业。如图 14 所示，能源行业高居首位，漏洞数超过 900 个；其次是关键制造业，具有超过 800 个的缺陷；供水与废水系统部门也受到了超过 600 个的漏洞影响；粮食和农业、化学药品、商业设施行业的漏洞数也都超过了 300 个。

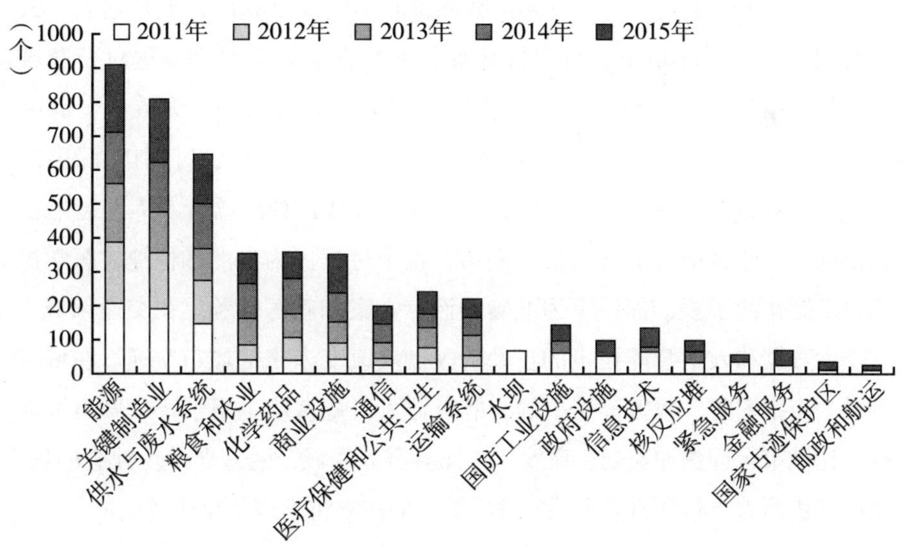

图 14　全球各行业工控安全漏洞数量分布

资料来源：ICS CERT。

二　世界智慧城市发展趋势

（一）人工智能将引发智慧城市深层次变革

2016 年 3 月，人工智能围棋机器人“阿尔法狗”挑战世界围棋冠军李世石，并以 4∶1 的总比分取得压倒性的胜利。2016 年底，其在互联网上又连续打败了柯杰、聂卫平等顶尖棋手，保持着不败的战绩，再次掀起人工智能热潮。百度推出了无人车，搜狗推出了知音交互引擎，腾讯新闻要让人工智能帮助写稿，京东将人工智能应用于物流运输，阿里将人工智能应用在“双 11”购物狂欢节，网易则让人工智能提升客服效率……人工智能作为当前科技领域最为前沿的基础性技术之一，具有显著的产业溢出效应，对人类自身和企业、产业等都将形成智能化重构的冲击，从而推动多个领域，特别是传统行业的颠覆性变革。

经过 60 年的发展，今天的人工智能核心不仅仅是算法，更是学习，人工智能可以在大数据环境下充分发挥碎片化大数据的认知机理，这对智慧城市建设来说意义重大。以生物识别、智能机器人、无人驾驶、无人机、深度学习为代表的人工智能技术将成为智慧城市发展的下一个风口，引发深层次变革。例如，在医疗领域，相比传统的手写病例方式，智能语音及人工智能技术可以协助医生通过语音的方式撰写病历，整个过程更为自然和快捷；医学机器人通过定制化的手段，提供更为准确的诊疗方案和就医体验。在交通领域，通过基于大数据和人工智能技术的自动驾驶彻底改变未来的城市交通。在城市安防领域，包括安防、救援等类型的智能机器人，将直接应用于智慧城市管理和运行，让城市运行更加安全、高效。在社会服务领域，随着老龄化社会的到来，未来服务机器人、陪伴机器人、护理机器人的需求将出现井喷式增长。

（二）个性化定制成为智慧城市应用发展方向

城市是人的城市，没有人的城市只是建筑物的堆积而已，市民才是城市的主人。随着智慧城市建设发展，城市发展理念已经从技术为先向“以人为本”逐渐转变。从全球来看，医疗卫生、文化教育等基本公共服务的供给基本上是以社群为单位，形成体系化、固定化的服务模式。但随着智慧城市建设搜集整合数据资源、服务资源能力转化为实体的服务，各领域服务之间很可能延伸发展出互相结合的新服务，例如共享车辆服务、定制航班服务、远程教育服务等。从个人定制服务的技术支撑环境与市场环境来看，目前可穿戴设备的种类已从智能腕表、智能服装渗透到健身、医疗、娱乐、安全、财务等众多领域，成为智能终端的重要发展方向之一。在信息技术开启更多生活的可能性的同时，消费者对健康管理、精神体验等非物质需求也逐渐重视，智慧城市建设兼顾个体体验和大环境需求的核心理念将进一步凸显，以数据为支撑的“私人定制服务”时代将全面开启。

从国内外智慧城市发展趋势来看，社区（村）的地位越来越高，纷纷强调社群层级智慧应用建设，社区（村）作为最小服务单元，可以直面市（村）民，可以有效解决“最后一公里”问题。例如，整合社区资源，搭建社区 O2O 服务点，集聚医疗、就业、社保、行政办事等各类政府服务，以及家政、养老等市场提供的服务，为居（村）民提供线上和线下相结合的服务。

（三）安全、绿色可持续仍是未来智慧城市发展的主题

随着恐怖主义抬头、自然灾害频发、社会事件不断、互联网隐私泄露层出不穷……城市安全不确定性加剧。智慧城市建设涉及城市公共服务管理、电信、电力、金融、宜居、交通、医疗、教育、环保等方方面面及信息资源整合与共享，其广泛应用了移动互联网、物联网、云计算和大数据等新一代信息技术，人们对智慧城市安全问题越发重视，尤其是大数据的应用已经引起了人们对隐私泄露的担忧。由市场研究公司爱德曼博岚（Edelman Berland）开展、数据储存巨头 EMC 发起的，对 15 个国家的 1.5 万名消费者的一项调查显示，在世界范围内，51% 的受访者表示不愿意以牺牲一些隐私

为代价，换取更多便利与舒适，仅27%表示愿意。同时，随着物联网等在城市建筑、工业生产等领域的深入，信息安全问题对实体城市安全的影响也越来越重要。

保障城市可持续发展，环境问题同样重要。智慧城市通过运用监测等技术，在高速城市化的地区控制好环境污染、资源减少等问题，仍是各城市促进经济可持续发展的重要手段；同时，智慧城市建设的绿色化问题也是大众关注焦点，要加大清洁能源的开发利用，提高云计算中心利用率，降低智慧城市各项目能耗，建设低碳、绿色的智慧城市。

（四）智慧城市领域的国际合作将越发深入

各国智慧城市发展各有侧重，发展水平参差不齐。以美、日、德、英为代表的发达国家遥遥领先，而部分发展中国家尚处于起步阶段。世界各国政府机构、研究机构、行业协会、企业厂商之间合作共建将成为大趋势，各国在达成利益点的基础上推进协同建设，在产能输出的同时也引进所需资源，最大化各国利益。在“2015年美中互联网论坛”和“2015年美国智慧城市技术交流会”上，中美双方政府和企业家两次强调了中美间智慧城市合作的必要性。2015年6月，第十四届东北亚标准合作会议通过了由中国专家提出的智慧城市基础设施数据共享案例分析和建议，中、日、韩三国将在智慧城市基础设施数据共享方面进行深入合作；9月，上海交大与华盛顿大学签署“智慧城市”领域全面合作备忘录，以共建联合实验室、开展学生联合培养、共同开展研究项目、发表论文等方式计划在“智慧城市”方面开展科学研究、文化交流和教育的全面合作；10月，印度与法国达成一致，共同开展昌迪加尔（Chandigarh）的智慧城市建设，法国为印度的智慧城市项目投资20亿欧元，尤其重视在印度昌迪加尔、那格浦尔（Nagpur）和本地治理（Pondicherry）等城市的智慧城市建设；12月，中美高级别网络对话就打击网络犯罪合作、加强机制建设、侦破重点个案、网络反恐、执法培训等方面，达成一系列共识和具体成果。2016年3月，德国宣布与印度联手打造喀拉拉邦的高知、奥里萨邦的哥印拜陀和泰米尔纳德邦的布巴内斯瓦尔三市为智慧城市。2016 年 9 月，法国开发署与昌迪加尔就可持续城市交通领域的技术合作签署备忘录，这预示着国际合作、并肩筹划将成为未来智慧城市建设的重要路径。

（五）新型智慧城市建设加速夯实五大基础能力

智慧城市发展进入新的历史阶段，新型智慧城市建设需求将带动“设施、数据、计算、平台、安全”五大基础能力快速提升。

一是满足产业应用需求的信息基础设施能力。随着“互联网 +”、两化融合不断深入，人工智能、无人驾驶等新技术、新业态的发展，现有设施尚无法满足工业级应用的需求，比如自动驾驶汽车，要求在 20 毫秒做出判断，并给出反应，网络延迟在 90 毫秒的互联网无法满足传输需求。

二是数据互联互通能力。目前，随着物联网、互联网的发展，信息资源的采集、生产、使用已经不成问题，各个城市存在的最大问题就是信息壁垒打不通，越是信息化基础好的城市这个问题越难解决。新型智慧城市建设可以通过以分享促共享的方式，引导数据互联互通。

三是面向未来的计算能力。智能化时代不仅需要计算机科学，更需要的是计算科学。未来一切皆数字化，计算科学会无处不在，它是支撑智能时代的基础。随着信息爆炸，信息资源的处理能力，即计算能力已经成为信息化发展的重要瓶颈，也成为各方竞相争取的战略资源。新型智慧城市建设要具备一定的超前性、引领性，就要提前谋划部署计算能力。第一，提升现有计算效率，提升城市综合计算能力。第二，要让计算更经济，降低单位计算能力的能耗、成本，发展绿色计算。第三，鼓励发展认知计算、泛在计算、感知计算、可穿戴计算、边缘计算、安全计算等面向未来的新型计算理论、算法及其应用的相关产业，创新解决方案，支撑新型智慧城市应用需求。

四是集约化、平台化、系统化能力。在推进城市统一的基础信息和公共服务平台的建设的同时，将城市各业务系统模块化，以高内聚、低耦合的方式统筹整合，带动信息资源的开放共享和政务流程的协同，实现智慧城市内涵式、集约化发展。

五是抵抗安全风险的能力。新型智慧城市建设一方面要加强抵抗数据安全风险的能力，另一方面要强化信息设备、网络、芯片、操作系统等的自主可控。2015 年美国阿拉巴马大学展示了利用无线网络入侵实验用的人工心脏起搏器，通过控制心跳速率就可将实验机器人杀死的实验。

重点领域篇

Key Areas Reports

B.2 世界智慧城市顶层设计发展与展望

褚玉妍　莫嘉茵*

摘　要：　2015～2016年，随着国内外智慧城市建设渐次铺开、不断深入，国家层面统筹协调力度逐步加大，多主体合作协同程度不断加深，科技研发、应用普及、基础环境优化和城市自身需求等方面成为政策投入焦点，相关产业投资出口备受重视，我国特色小镇、城市群规划特色显著，各国对智慧城市认识更加深入，以人为本、绿色可持续等理念持续强化。

关键词：　智慧城市　顶层设计

* 褚玉妍，管理学硕士，国家工业信息安全发展研究中心工程师，主要研究智慧城市、未来计算、产业协同等；莫嘉茵，文学硕士，国家工业信息安全发展研究中心工程师，主要研究“一带一路”、国际产业合作等。

国内外智慧城市建设进入快速发展期，亟须国家层面统筹协调。在此背景下，美国、印度、澳大利亚、欧盟等纷纷发布国家及以上层面智慧城市战略，美国先后出台《白宫智慧城市行动倡议》《美国创新战略》《智慧互联社区框架》三个文件以加强国家层面的统筹和协调力度；印度发布《智慧城市规划》《城市转型升级规划》《全民住宅规划》等智慧城市规划文件；澳大利亚发布《智慧城市计划》；欧盟发布《可持续城市通信和智慧城市》。与此同时，智慧城市的巨大包容性要求国际、国内各部门、城市间进行合作协同推进智慧城市建设，因此国际合作、部际协调、城市协议、政府与产业界协同创新机构、产业联盟、信息共享平台、智慧城市挑战赛等协同创新形式纷纷涌现。各国、各城市根据自身发展阶段，着力在科技研发、应用普及、基础环境优化和城市自身需求等方面加大投入力度。智慧城市自身蕴藏的巨大市场前景与产业价值促使以智慧城市产业为核心的出口投资政策集中出台，东亚、东南亚市场成为焦点。比较特殊的是，我国在智慧城市建设层面从中间向两端延伸，以特色小镇为主导的微型智慧城市与长江城市群、京津冀区域战略规划不断。另外，在概念层面，以人为本、绿色可持续成为各国智慧城市定义中不可或缺的关键词。在不久的将来，各国仍将继续探索政策组合以发展先进技术与创新组织机构，在政策的不断推动下，信息互联互通高潮即将到来。

一　世界智慧城市顶层设计发展现状与特点

（一）国家层面统筹与协调力度加大，多主体合作协同程度加深

1. 国家统筹协调力度加大

与中国采取“自上而下”的智慧城市建设方式不同，国外多采取“自下而上”的思路推进智慧城市建设，美国、德国、印度、澳大利亚等便是其中的典型代表。而随着智慧城市建设在全球逐渐升温，后发推进顶层设计的国家也纷纷将智慧城市升级为国家战略。

在 2015 年之前，美国侧重将技术研发用于产业与经济振兴之上，2009 年奥巴马政府提出的《经济复兴计划进度报告》，提出智能电表与智能电网建设投资计划；2010 年，美国出台加强智慧型基础设施建设与推进智慧应用项目计划，但是并未对智慧城市进行系统性战略阐述；2014 年美国国家标准与技术研究院（NIST）发布了《美国政府云计算技术路线图》，用以促进云计算技术创新。对单一领域新技术进行扶持以带动相关产业与市场发展进而促进经济繁荣是美国政府一以贯之的政策思路，而从全局角度对智慧城市进行战略性部署则相对少见。

而从 2015 年开始，由于智慧城市建设在世界范围内逐渐升温，各国纷纷出台战略性指导文件对智慧城市给予更多关注（见表 1）。2015 年 6 月 25 日，印度《智慧城市规划》在德里正式发布，对智慧城市的定义、目标、发展特点、发展模式和监管主体等方面进行了阐述；另外，印度还发布了《城市转型升级规划》《全民住宅规划》等其他城市发展规划文件。印度政府对智慧城市的定义是，一个城市向其市民提供不错的生活质量、干净和可持续的环境，并且提供对智能解决方案应用的支持。规划中提出要根据印度国内的不同区域情况，选择不同的发展模式，主要分为以下几类：现有区域转型升级；现有区域重新改造；区域资源再开发，包括绿地开发、住宅建设等。通过前三个模式综合推进，包括提高土地综合利用率、保障民众住房、实现不同路网互联互通、创造良好的道路交通环境和公共基础设施、提高政府工作效率等。此外，规划还提出，项目的监管主体将从“国—邦—市”三个层次保证项目的实施。2015 年 4 月 29 日，印度联邦内阁批准在未来 5 年投资近 1 万亿卢比用于两个主要规划：由莫迪提出的 100 个智慧城市建设，以及城市发展项目。未来 5 年，智慧城市建设将获得 4800 亿卢比支持；惠及 500 个城市及乡镇的城市发展项目（AMRUT）将最多获得 5000 亿卢比，上届政府曾为该项目批准了 9 年 4290 亿卢比的投资，并实际投资 3639.8 亿卢比。2016 年 2 月，印度公布首批 20 座智慧城市名单，未来 5 年将会为这 20 座城市投资 5080 亿卢比（约合 75 亿美元），而后又在现有基础上新增 14 个成员，总规模达到 34 个城市。

表 1　国家及以上级别智慧城市规划文件

国家和地区	年份	文　件
印　度	2015	《智慧城市规划》《城市转型升级规划》《全民住宅规划》
美　国	2015	《白宫智慧城市行动倡议》《美国创新战略》《智慧互联社区框架》
澳大利亚	2016	《智慧城市计划》
中　国	2016	《"十三五"国家信息化规划》
新 加 坡	2014	《智慧国家 2025》
欧　盟	2016	《可持续城市通信和智慧城市》
日　本	2015	《2020 年奥运会视角下东京智慧城市发展——欧盟 - 日本合作与商业发展机会》
英　国	2015	《2015 ~ 2018 数字经济战略》

资料来源：国家工业信息安全发展研究中心综合整理自各国政府网站。

美国先后出台《白宫智慧城市行动倡议》《美国创新战略》《智慧互联社区框架》三个文件以加强国家层面的统筹和协调力度。2015 年 10 月 21 日，美国联邦政府发布《美国创新战略》，提出了美国政府为确保其继续作为世界上最具创新力的经济体和继续保持创新大国地位所做出的努力和需要重点发展的九个创新方向，智慧城市就是九个方向之中重要的一个创新方向。《美国创新战略》是美国首次从整体层面描述其智慧城市发展的愿景、面临的挑战和将要采取的路线图。《智慧互联社区框架》是由网络与信息技术研发计划（NITRD）发布的，旨在帮助协调联邦机构投资与外部合作，从而引导基础研究并促使研究成果转化为可扩展和可复制的智慧城市解决方案。该框架的内容涵盖从研究、开发到城市部署应用新技术驱动服务和基础设施的完整流程，提出了各机构协作共同实现的目标和各自的独立目标，并着手规划联邦行动的后续跟进步骤。2016 年白宫宣布在《白宫智慧城市行动倡议》的基础上追加 80 万美元投资，并扩展参与城市和团体，使总数超过 70 个，着力在气候、交通、公共安全、转变城市服务等领域推动智慧城市建设。

2013 年英国就建立了未来城市发展机构（Future Cities Catapult）——一个全球城市创新中心。该机构目前与英国 20 个城市及地方当局合作，并在四大洲有 15 个项目。未来城市发展机构和英国标准协会（BSI）共同运作城市标准协会（City Standards Institute），发行免费的在线工具协助城市发展。英国政府通过未来城市展示项目（Future Cities Demonstrators），资助了29个城市，为使用新的应用整合和改善服务做可行性研究。赢得未来城市竞标的4个城市获得了后续的资金——格拉斯哥获得了2400万英镑，布里斯托、伦敦和彼得伯勒分别获得了300万英镑。英国政府科学办公室（GO-Science）的“未来城市”项目着眼于到2065年的英国城市规划。开放大学（Open University）开设了为期六周的免费在线课程，讲解智慧城市概念，帮助英国和世界各地的人们了解智慧城市带来的机遇。

澳大利亚首相于2016年4月发布《智慧城市计划》，联邦政府将斥资5000万澳元对大型基础设施建设项目进行研究，并建设30分钟城市生活圈。

我国在中央和地方层面均对智慧城市给予大力支持。2014年3月，中共中央和国务院印发《国家新型城镇化规划（2014～2020年）》，提出利用大数据、云计算、物联网等新一代信息技术推动智慧城市发展，首次把智慧城市建设引入国家战略规划，并提出到2020年，建成一批特色鲜明的智慧城市。2014年8月，国家发改委等八部委联合印发了《关于促进智慧城市健康发展的指导意见》，旨在确保智慧城市建设健康有序推进。在建设方向上，《中共中央关于制定国民经济和社会发展第十三个五年规划的建议》明确提出“支持绿色城市、智慧城市、森林城市建设和城际基础设施互联互通”。2015年、2016年智慧城市均被写入政府工作报告，2016年政府工作报告提出“打造智慧城市，改善人居环境，使人民群众生活得更安心、更省心、更舒心”。2016年2月《中共中央国务院关于进一步加强城市规划建设管理工作的若干意见》出台，明确提出推进城市智慧管理，强化城市管理和服务体系智能化建设，促进大数据、物联网、云计算等新一代信息技术与城市管理服务相融合，提升城市治理和服务水平。促进城市宽带信息基础设施建设，不断强化网络安全保障与积极发展民生服务智慧应用。并提出“到2020年，建成一批特色鲜明的智慧城市。通过智慧城市建设和其他一系列城市规划建设管理措施，不断提高城市运行效率”的目标。2016年4月

19 日，习近平在网络安全和信息化工作座谈会的讲话中指出："要以信息化推进国家治理体系和治理能力现代化，统筹发展电子政务，构建一体化在线服务平台，分级分类推进新型智慧城市建设。"2016 年 10 月，习近平在政治局集体学习中强调，"以推行电子政务、建设新型智慧城市等为抓手，以数据集中和共享为途径，建设全国一体化的国家大数据中心，推进技术融合、业务融合、数据融合，实现跨层级、跨地域、跨系统、跨部门、跨业务的协同管理和服务"。2016 年 11 月，国家发改委、中央网信办和国家标准委联合发布了《关于组织开展新型智慧城市评价工作务实推动新型智慧城市健康快速发展的通知》，正式启动 2016 年新型智慧城市评价工作。2016 年 12 月 15 日国务院发布《"十三五"国家信息化规划》，列出"新型智慧城市建设行动"。行动目标是：到 2018 年，分级分类建设 100 个新型示范性智慧城市；到 2020 年，新型智慧城市建设取得显著成效，形成无处不在的惠民服务、透明高效的在线政府、融合创新的信息经济、精准精细的城市治理、安全可靠的运行体系。

在国家政策引领和支持下，我国各省市掀起了智慧城市建设热潮。北京市朝阳区建设"智慧朝阳"，建立移动电子政务信息系统；贵阳将大数据、云计算等作为核心产业，致力于打造中国"数谷"；江苏首个省级智慧城市群综合接入平台"智慧江苏"上线；沈阳依托大数据优势打造"智慧沈阳"统一平台；陕西发布首个省级智慧城市技术规范——《陕西省智慧城市体系架构和总体要求》；2015 年 6 月，杭州发布《杭州市信息经济智慧应用促进条例（草案）》，2016 年 9 月，银川发布《银川市智慧城市建设促进条例》，2016 年 11 月，济宁发布《济宁市智慧城市促进条例（草案）（征求意见稿）》。据统计，截至 2016 年 6 月，我国超过 95% 的副省级以上城市、超过 76% 的地级城市，共计 500 多座城市，均已明确提出或正在建设智慧城市，我国已经成为世界智慧城市建设的"试验场"。

2. 多主体协同创新持续推进

多主体联合推进是本阶段国家层面协调智慧城市建设的主要手段，各级、各部门联合成为推进智慧城市建设的基本方式。美国在《白宫智慧城市行动倡议》中整合国家科学基金会、国家标准与技术研究院、国土安全部、交通部、能源部、商务部、环境保护署、人口普查局等众多部门（见表2），并推动多城市合作，非营利组织 Envision America 组织挑战赛，众多私营联盟分别承担各自职责。2016 年 4 月，我国新型智慧城市建设部际协调工作组成立并召开了第一次会议，其成员来自国家发改委、中央网信办等 25 个中央部门。各部门分管负责人任协调工作组成员，印发《新型智慧城市建设部际协调工作组制度》《新型智慧城市建设部际协调工作组 2016 ~ 2018 年任务分工》等文件，完善了我国智慧城市建设部际协调工作机制，有利于研究解决新型智慧城市建设过程中遇到的重大问题，并形成部门合力。部际协调工作组主要职责是：研究新型智慧城市建设过程中跨部门、跨行业的重大问题，协调各部门研究新型智慧城市建设的配套政策；加强对各地区新型智慧城市建设的指导和监督；建立监督考核机制，组织各部门制定统一的智慧城市评价指标体系，协调发布智慧城市年度发展情况；协调组织开展对外交流合作。澳大利亚智慧城市政策鼓励各级政府、企业和社会团体参与“城市协议”（city deal），共同制订城市发展计划并予以执行。

表 2　2016 年美国智慧城市协议追加政府行动

机　构	项　目	投资金额(万美元)
国家科学基金会	2017 年计划投资 智慧 & 互联社区项目(Smart & Connected Communities Program)	2480 850
	美国点燃计划 (US Ignite Program)	1000
	创新伙伴关系:构建创新能力(Partnerships for Innovation: Building Innovation Capacity)	700
	信息物理系统(Cyber-Physical Systems)	400
	扩展大数据区域创新中心(“Spokes” that Extend the Big Data Regional Innovation Hubs) 大数据研究(Big Data Research)	200 140
	智慧互联健康研究(Smart and Connected Health Research)	150
	全球城市团队挑战赛(Global City Teams Challenge)	100
	新研究和能力建设奖项(New Research and Capacity-Building Awards)	100

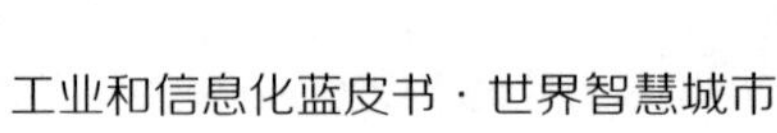

续表

机 构	项 目	投资金额(万美元)
能源部	更好的社区联盟(Better Communities Alliance) 更好的建筑倡议(Better Buildings Initiative)	—
	更好的社区加速器(Better Buildings Accelerator)	
	智慧出行(Smart Mobility)	1000
	传感器和模拟设备	700
国家标准与技术研究院	物联网驱动的智慧城市框架(Internet of Things-Enabled Smart City Framework)	—
	全球智慧城市团队挑战赛(Global City Teams Challenge)	—
	4 项新拨款用于 11 个城市和社区共同用于智慧城市创新解决方案	35
国家电信信息管理局	利用伙伴关系助力智慧城市:地方社区工具包(Using Partnerships to Power a Smart City: A Toolkit for Local Communities)	—
国土安全部科学与技术局	洪水尖端方案(Flood Apex Program)	350
网络与信息技术研发计划	联邦智慧城市特别工作组	—

与此同时，各国纷纷成立政府与产业界协同创新机构，大力推动智慧城市科研项目转化。2015 年，美国政府发布网络与信息技术研发计划，拟成立物理网络小组高级指导小组（CPS-SSG）负责协调政府机构与私营部门，共同推进智慧城市和智慧社区项目研发，以加速可复制的智慧城市解决方案应用转化。英国技术战略委员会建立了未来城市技术创新中心，旨在推动智慧城市发展相关的科技成果转化，目前已开展大曼彻斯特数据同步、感知伦敦、无障碍城市等先进技术落地项目。柏林通过设立智慧城市部门间工作组，由参议院城市发展和环境管理局领导的五个行政部门起草了战略文件，内容包括柏林智慧城市定义、主要和次要战略目标，从柏林联邦州的角度来考虑行动领域和跨学科等问题。同时，柏林邀请百余位专家参与智慧城市相关研讨会、专家磋商会、访谈等，有力推动了柏林智慧城市建设。

阿姆斯特丹智慧城市（Amsterdam Smart City）平台构成一个创新生态系统，其中大型企业投入占 38%，研究机构占 16%，市政府机构占 15%，初创公司占 14%，其他占 12%，基金会占 5%（见图 1）。智慧城市建设以该平台为核心，联合市政机构、私营部门和研究机构及市民，私营部门中众多合作伙伴采取多种形式合作。

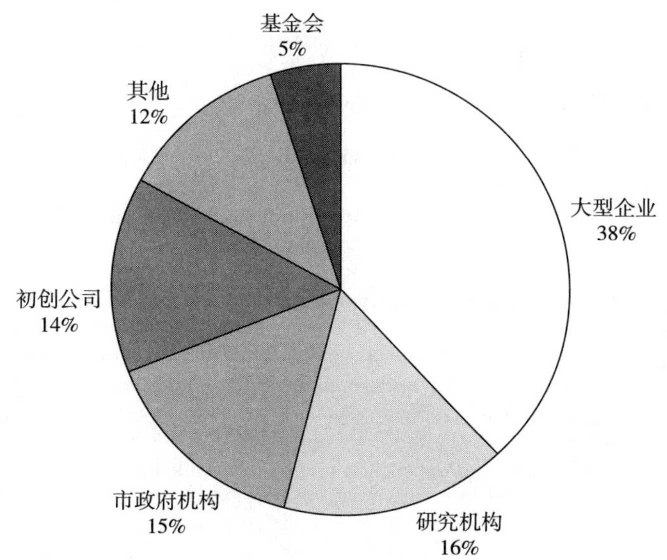

图 1　阿姆斯特丹智慧城市建设参与者

资料来源：阿姆斯特丹智慧城市平台（https：//amsterdamsmartcity. com/）。

另外，各国实践已经表明建立智慧城市伙伴关系或产业联盟，是便利中小企业开拓市场的有效方法。其具体做法是，城市管理部门通过与企业、研究机构建立智慧城市伙伴关系或联盟，定期或者不定期发布智慧城市相关“外延项目”，以此让企业及时获悉当地对智慧城市发展需求和具体扶持条件，从而吸引中小企业以众包、众创等创新方式提出智慧城市解决方案。自 2013 年起，西班牙巴塞罗那市政府联合咨询机构 CityMart 推出了城市问题解决方案平台，平台内容包括面向社会征集“减少自行车偷盗”“博物馆资料存档”“密集区域的人流监测”等众多领域的试点项目，吸引了超过 90 项中小企业提供的解决方案，有效降低了 10% 以上的项目成本。继 2012 年英国政府推行“城市协议”之后，2016 年澳大利亚政府启动“城市协议”计划，作为“智慧政策”的重要组成部分，由中央政府和地方政府签订协议，地方政府、产业界、学界等众多成员共同制订城市发展计划，西悉尼、朗塞斯顿、汤斯维尔成为澳大利亚第一批“城市协议”参与者（见图2）。

- **Targeted initiatives to strengthen existing or emerging economic hubs** including transport, industry, defence, health or education facilities
- **Transport infrastructure funding or financing** to improve connectivity and increase access to jobs
- **Housing supply and planning changes** to encourage higher density development, affordable housing and activate value capture
- **Changes to regulatory and zoning arrangements** that foster commercial growth and allow entrepreneurial approaches to service delivery including the sharing economy
- **Investments that improve environmental outcomes**, enhancing public spaces, facilities and active transport options, reducing emissions and pollutants, or improving the sustainability performance of buildings and infrastructure
- **Maximising benefits from underutilised state and Commonwealth land** for example, repurposing government land to be used for affordable housing or public space
- **Integrating environmental criteria into decision making**□ such as green coverage to minimise urban heat island impacts, reducing localised air pollution from investments, reducing waste and increasing recycling

图2　澳大利亚“城市协议”部分内容

资料来源：澳大利亚《智慧城市计划》（Smart Cities Plan）。

通过知识分享凝聚各方力量，积极搭建以智慧城市知识驱动的城市级信息共享平台，也成为国内外智慧城市建设主体努力的方向之一。欧盟积极推动各地建立公平有效的智慧城市“知识竞技场”，用以汇聚智慧城市相关法律、规章以及管理流程等方面的信息与知识，并向各利益相关方开放交换和共享服务，以培育并增强政府等智慧城市各主体的建设能力。2015 年开始，印度安得拉邦大学等与美国加州伯克利大学合作举办智慧城市开放创新挑战赛（http：//smartcitieschallenge. in/），以智慧城市建设的商业模型与工程技术模型为核心，面向全世界征集优秀方案，以期对印度智慧城市建设提供有强力支撑。2015 年，在印度举办的智慧城市挑战赛中，20 个城市从 98 个参赛城市中胜出，并赢得城市发展部的资助基金，彭博慈善基金会作为挑战赛官方合作伙伴，汇聚全球力量协助完成本次挑战赛。2015 年，美国国家标准与技术研究院推出了全球城市团队挑战赛（GCTC）来鼓励协同发展和制定评价标准，致力于帮助所有参与智慧城市挑战的城市识别资源，以执行城市发展计划。目前该挑战赛已经向所有78个城市提供技术援助，帮助他们确定和申请大约60亿美元的联邦资金用于创新项目。GCTC的长远目标是建立和示范一套可推广、可扩展和可持续性的模式，从而孵化和部署协同的基于物联网的标准化解决方案，并展示智慧城市、智慧社区的可度量效益。简单地说，这一计划将会帮助社区从别人已有成功经验中获益，以提高效率和降低成本。78个城市、超过150个企业和非营利合作伙伴参与其中，共同承诺了超过5亿美元的资源和技术解决方案（见表3）。阿姆斯特丹智慧城市平台（见图3）通过广泛的项目伙伴与战略伙伴关系，与社会各界形成建设智慧城市的紧密联系。

表3　美国智慧城市挑战赛参与企业承诺

企　业	承　诺
Vulcan	展示新的想法和大胆的创新，将为城市的交通系统提供额外的1000万美元，以展示“什么是可能的”城市的交通系统，电气化和低碳
Mobileye	为获胜城市的每一辆城市公共汽车配备先进的碰撞警告和行人检测技术，帮助公共汽车司机避免交通碰撞，保护包括骑自行车人、行人和摩托车手在内的道路使用者
Autodesk	就其高级虚拟设计和模拟平台提供访问入口和相关培训，使用3D可视化和真实数据，帮助获胜城市规划实施其计划所需的重要工程和基础设施项目
NXP	为获胜城市提供车间无线通信模块，允许汽车在超过一英里的距离安全地交换数据，例如危险警告，以防止事故并改善交通流量
Amazon Web Services	提供解决方案架构和管理智慧城市生产的大量数据的最佳实践，以及100万美元的信用额度，以使用其基于云的数据服务存储此数据
Alphabet's Sidewalk Labs	与获胜城市展开合作，在全球首个交通运输分析平台上使用来自数十亿英里的旅行和公民互动输入的数据，将在四个社区（大约25个街区）安装超过100个配备此移动平台的信息亭
DC Solar	为获胜城市提供价值150万美元的电动汽车充电器和移动太阳能发电机。此外，还会协助所有7个入围城市制定电动汽车充电基础设施的战略，以鼓励和促进个人、企业和市政当局采用电动汽车

资料来源：https：//www. whitehouse. gov/the-press-office/2016/06/23/fact-sheet-obama-administration-announces-columbus-oh-winner-40-million。

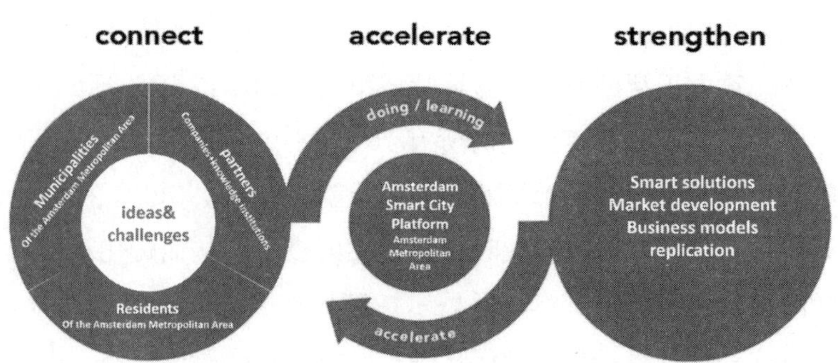

图3 阿姆斯特丹智慧城市平台工作机制

资料来源：阿姆斯特丹智慧城市平台（https：//amsterdamsmartcity. com/）。

另外，国际合作也成为各国关注重点。我国在中欧智慧城市合作框架和一系列项目的基础上，积极推动进深化中欧智慧城市二期合作，通过众多双边合作项目形成开放、共赢的智慧城市投资和建设氛围。与此同时，我国也在努力提升国内智慧城市投资与建设的透明度和可预见性，从而吸引海外企业来中国投资，积极推动国内民营企业与欧洲企业合资合作。欧洲和日本共同开始了一个两年半的项目，打造物联网云平台 CPaaS. io（City Platform-as-a-Service-integrated and open，https：//cpaas. bfh. ch/），以联通政府数据，并促进多种应用。2015 年，双方共同发布《2020 年奥运会视角下东京智慧城市发展——欧盟 - 日本合作与商业发展机会》，提出双方将在商业机会、科学研究、城市间合作展开智慧城市新的合作（见表 4）。

印度的“智慧城市计划”获得了美国、英国、日本、法国、德国和韩国等国家的支持。美国承诺将通过公私合作项目，在污染和拥堵治理方面，为印度“智慧城市”计划中的阿拉哈巴德、阿杰梅尔和维萨卡三座城市提供帮助。英国预估称，印度智慧城市市场规模或在全球排第 12 位，并承诺利用英国在城市设计、规划和建设、基础设施工程建设、数据、软件和分析、项目管理、融资、公众参与及以用户为中心的需求设计等领域的专长，为印度“智慧城市”计划中的普纳、印多尔和阿姆劳蒂三座城市提供帮助。日本也表示将为印度智慧城市建设提供技术援助，主要专注于提升城市基础

表 4　欧盟 - 日本合作与商业发展机会主要合作领域

主要合作领域	合作细分领域	内　容
商业机会	清洁能源	氢能、太阳能光伏、热能
	核电站退役	欧盟提供相关专家
	能源管理提效	赛事期间能源需求管理;电池市场;公司社会责任领域合作
	可持续建筑	在奥运场馆、商业和居民建筑等方面
	垃圾处理	基于大量游客和公共场所废弃物系统升级
	健康监管	老年护理、运动员监管
	智慧度假	翻译、地理定位、信息存取等智能手机 APP
	网络安全	网上销售、在线监管、线上赛事直播
	大数据 & 感知	识别模式、发现问题、做出决策
	城市咨询	东京中心城市之外区域亟须具有国际经验的智慧城市规划公司
科学研究	能源	氢能
	连接	ClouT125 项目和 1gigabit 奥林匹克倡议项目
城市间合作	可持续建筑	—
	单车共享	—

资料来源:《2020 年奥运会视角下东京智慧城市发展——欧盟 - 日本合作与商业发展机会》。

设施建设在应对洪水和地震等自然灾害方面的水平。2016 年 9 月，法国开发署与昌迪加尔就可持续城市交通领域的技术合作签署备忘录，双方将在未来开展更多合作。2016 年 3 月，德国宣布将与印度联手打造喀拉拉邦的高知、奥里萨邦的哥印拜陀和泰米尔纳德邦的布巴内斯瓦尔三市为智慧城市。目前两国已经成立包含 6 位成员的联合委员会。

（二）科技研发、应用普及、基础环境优化和城市自身需求成为智慧城市投入焦点领域

1. 基础和应用科学研发持续投入

由于全球城市人口不断增长，越来越多的基础性问题要求城市作为创新的实验场地。2015 ~ 2016 年，随着人工智能、机器学习、大数据、虚拟现实、无人驾驶等新一代信息技术在全球范围内概念炒作与科技研发的双重突破，各国纷纷在重点技术领域布局，在智慧城市顶层设计中前所未有地重视

技术手段的研发与城市融合应用，并通过层出不穷的创新技术着力解决城市发展中自身面临的问题，用以满足城市内在需求。2015 年 9 月 14 日，美国联邦政府发布《白宫智慧城市行动倡议》。该倡议重点关注四个领域：第一，创建物联网应用试验平台，开发新型跨部门协作模式；第二，与民间科技活动合作，积极打造城市间的合作；第三，充分利用联邦政府已经取得的工作成果，重新组合聚焦于智慧城市；第四，寻求国际合作，将技术与产品的主要出口市场对准亚洲和非洲。倡议提出，美国政府将投入超过 1.6 亿美元进行联邦研究，并推动超过 25 项以上的新技术合作，从而帮助社区减少交通拥堵、打击犯罪、促进经济增长、应对气候变化、提高城市服务质量等，解决关键领域挑战。2016 年，美国宣布将追加新一轮 8000 万美元联邦投资，用于应对气候变化、公共安全、交通拥堵、城市服务转型等多方面挑战。

各国推进智慧城市建设普遍以信息通信技术为导向，以期通过智慧城市建设巩固其信息通信领域的领先优势。2016 年 5 月 23 日，美国发布“联邦大数据研发战略计划”，旨在为在数据科学、数据密集型应用、大规模数据管理与分析领域开展和主持各项研发工作的联邦各机构提供一套相互关联的大数据研发战略，维持美国在数据科学和创新领域的竞争力。2016 年 7 月 15 日，奥巴马政府宣布开展由国家科学基金会（NSF）牵头、总投资额度超过 4 亿美元的“先进无线研究计划”，以取得并维持在下一代移动技术领域的优势地位。该项新计划将重点针对未来十年内先进无线研究，部署并应用四个城市规模的先进无线研究平台（PAWR），其中包括出资 500 万美元设立一个先进无线研究平台项目办公室来管理平台的设计、开发、部署和运营。每个平台将部署一个覆盖全城的软件定义无线电天线网络，实质上是模仿现有的蜂窝网络，允许研究人员、企业家和无线企业测试、验证和优化他们开发的技术和算法。四个试点城市的选择将通过开放竞争进行，它们将力争成为全球无线研发的标杆。

值得引起注意的是，大数据也已经作为中国的国家战略进入“十三五”规划，标志着大数据成为中国应对经济新常态的重要措施。国家“十三五”规划明确提出，“把大数据作为基础性战略资源，全面实施促进大数据发展行动，加快推动数据资源共享开放和开发应用，助力产业转型升级和社会治理创新，建设智慧城市”。2015 年国务院发布《关于印发促进大数据发展行动纲要的通知》，在国家层面的大力推动下，大数据成为中国实现简政放权、打造服务型政府的重要支撑手段，中国智慧城市的大数据市场也将进入黄金发展时期。

英国数字经济计划提出每年提供 1500 万英镑，用来支持创新型商业项目，并将提供另外 1500 万英镑用以支持“数字弹射中心”（Digital Catapult centre）、“开放式数据研究所”（Open Data Institute）以及“英国科技城”（Tech City UK）等项目的核心资金，以实现其战略目标。2015 年 1 月起，英国已经在格林威治、布里斯托尔、考文垂以及米尔顿·凯恩斯等四座城市开始进行为期 18 ~36 个月的无人驾驶汽车试验。2016 年 4 月，英国技术战略委员会（Innovate UK）发布 2016 ~2017 财年资助及行动计划，以集中的方式来支持创新，并对外宣布 5.61 亿英镑预算（见表 5）。

表 5　英国技术战略委员会 2016 ~2017 财年资助领域、金额、项目

领域	资助总额（百万英镑）	主要资助项目
新兴和使能技术	86	启动两项新兴和使能技术竞争性资助计划和量子技术竞争性资助计划；继续投资建设数字与卫星应用技术创新中心；建立化合半导体技术创新中心；继续资助创新和知识转移中心网络；启动空间产业领域的企业家合作论坛；为开放数据研究所、伦敦科技城和北部技术园区提供资金支持；与欧洲空间局合作制订新的空间探索计划
健康与生命科学	117	启动两项健康与生命科学竞赛竞争资助计划和细胞治疗新技术竞争资助计划；继续资助细胞与基因治疗技术创新中心及其产品制造中心；建立精密医学与药物发现技术创新中心；在剑桥建立新的精密医学技术创新中心总部；继续资助农业技术中心，支持国家产业战略
基础设施体系	150	启动两项基础设施系统竞争资助计划和城市综合设计竞争资助计划；在伯明翰建立能源系统技术创新中心；继续投资建设未来城市、运输系统和近海可再生能源技术创新中心；与牛顿基金合作推动未来城市领域的企业家代表团到印度寻求合作；建立能源研究孵化器；继续推进电动汽车优惠出售计划

续表

领域	资助总额（百万英镑）	主要资助项目
制造和材料	137	启动两项制造与材料科学竞争资助计划和增材制造业、制造业后期创新竞争资助计划；继续投资建设高价值制造业技术创新中心，包括新的国家标准中心和石墨烯研究中心；继续自动驾驶车辆竞争性资助计划；继续与先进推进中心和航空航天技术研究所的合作伙伴关系
开放主题	71	启动两项针对所有领域的开放主题竞争性资助计划和开放的知识转移竞争性资助计划。此外，在 2016 ~ 2017 财年创新英国还将重点资助各类产学合作及国家合作研发计划

资料来源：https：//www. gov. uk/government/uploads/system/uploads/attachment_ data/file/514838/CO300_ Innovate_ UK_ Delivery_ Plan_ 2016_ 2017_ WEB. pdf。

2. 先进信息通信技术的普及与应用

在英国 2015 年财政报告中，财政大臣奥斯本提出政府将投资 4000 万英镑，用以发展物联网与智慧城市相关的软件应用。英国政府还设定了目标，希望到 2020 年，将 97% 的中央和地方政府对居民的服务转移到网络渠道进行。这一政策将为政府每年节省 17 亿英镑的财政费用。《柏林智慧城市战略》（Strategy Smart City Berlin）提出数据和 ICT 基础设施是智慧城市的技术支柱，将 ICT 作为跨部门技术的部署是智慧城市发展的核心。

2015 年，新加坡资讯通信发展管理局发布面向 2025 年的信息通信政策，在“智慧国家 2025”计划中提出应用信息通信技术采集新加坡全国的数据信息，政府基于采集到的信息将实现更好的城市管理、便民服务与经济发展。为达成此目标，新加坡资讯通信发展管理局提出了“三步走”的远期规划：第一阶段是以“连接”为核心，目的在于构建一个安全、高速、经济且具有扩展性的全国范围的通信基础设施；第二阶段聚焦于“收集”，通过遍布全国的通信传感器网络获取更为理想的实时监测数据；第三阶段着力推进信息的“理解”，通过建设面向公众层面的数据共享与分析机制，准确预测群众需求并着力提供更好的公共服务。

自 2012 年开始，欧盟为推动“欧洲 2020 战略”，发布“智慧城市与社区欧洲创新伙伴行动”等政策，通过欧盟层面整体战略部署以最大化利用各国在新能源、交通和信息通信等领域的先进技术，实现城市生产和生活方式的绿色化、低碳化、智能化转型。2012～2014 年以来，欧盟在智慧城市方面的资金投入分别达到 0.81 亿、3.65 亿和 0.92 亿欧元。

3. 优化城市基础环境成为新兴城市切入点

发达国家和发展中国家均将城市基础设施建设作为推进智慧城市的首要任务，欧盟智慧城市与社区创新伙伴计划把基础设施建设作为其三大重点领域之一，印度于 2015 年 8 月公布的 98 个智慧城市试点主要内容也聚焦于增强城市基础设施方面。

在基础设施建设之上，欧盟国家主要突出绿色和低碳主题，希望以智能交通、智慧能源、智慧水务等智慧化建设带动城市生产与生活方式的转变；而以印度为代表的发展中国家则希望能够提升水利、电力、环保、公交等公共基础设施的智能化水平，从而提高土地综合利用率、增强住房保障、缓解交通堵塞、促进政府高效运转，最终改善城市投融资环境并推动当地经济发展（见表 6）。

表 6　印度智慧城市建设核心基础设施

序号	基础设施领域
1	充足的水供给
2	有保障的供电
3	卫生，包括固体废物管理
4	高效的城市交通和公共交通
5	经济适用房，特别为穷人提供
6	强大的 IT 连接和数字化
7	良好的城市管理，特别是电子政务和公民参与
8	可持续环境
9	安全和保障，特别是妇女、儿童和老年人
10	健康和教育

资料来源：印度政府城市发展部智慧城市使命，《什么是智慧城市》（What is Smart City）。

4. 城市自身发展需求备受关注

从全球范围内来看，目前智慧城市设计并非千篇一律、同步推进，各城市依据自身发展水平与城市发展中的问题有针对性、有重点地出台相关政策，形成切实可行的城市发展规划。

印度智慧城市建设处于起步阶段，其重点部署 2 万亿美元用于智慧城市项目投资，发展构建智慧城市所需的骨干网络和内部网络设施，包括传感器、摄像头、无线设备，以及为电力、供水、卫生、回收和运输等有关部门提供高效服务的数据中心等。

柏林根据自身面临的来自人口变化、社会融合、资源效率、创新导向和数字化等跨部门问题的挑战，在智慧管理和城市社会、智慧住宅、智慧经济、智慧出行、智慧基础设施和公共安全领域开展重要部署。维也纳根据欧洲能源和气候目标，提出其 2050 年的智慧城市的主要目标是为所有公民提供最佳的生活质量，同时实现最大可能的资源保护，并指出这些可以通过全面创新来实现（见图 4）。

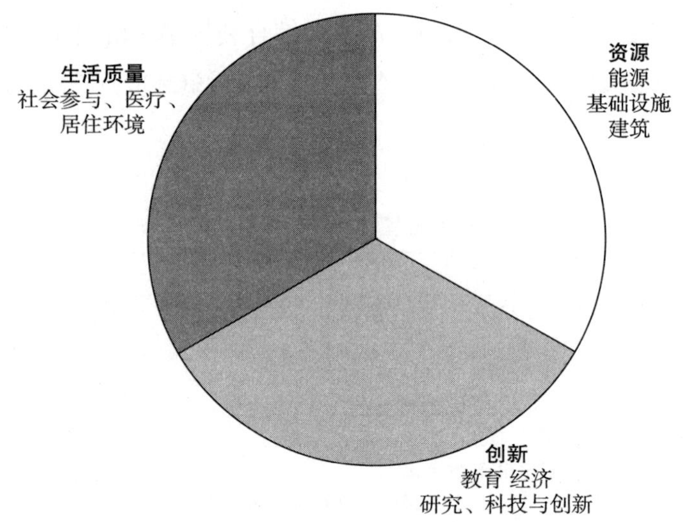

图 4　维也纳智慧城市三大目标与主要内容

资料来源：《智慧城市维也纳战略框架》（Smart City Wien Framework Strategy）。

美国通过众多项目保证自身在未来保持技术的领先地位。俄亥俄州哥伦布是 78 个接受挑战的城市中的冠军，其从交通部收到高达 4000 万美元的拨款着力打造未来交通的原型，从而加速从自动驾驶、智能交通灯，再到车间通信等先进技术（见表 7）。通过城市健康追踪项目（Fitness Tracker for

Cities)，NSF和阿贡国家实验室资助芝加哥市和芝加哥大学安装“城市健康追踪器”，即500个户外传感器盒，允许城市和公众即时获得关于空气质量、噪声水平和交通的逐块数据。这种实时开放数据将帮助研究人员和城市官员减少空气污染、提高交通安全等。一个团队已经在努力构建一个实时测量来提醒哮喘患者有关空气质量的移动应用程序。

表7　哥伦布智慧城市计划着力推进智慧交通六大举措

序号	举　　措
1	使用交通数据分析和改进连接到公共交通的最后一公里，例如街道移动亭、新的公共汽车快速交通系统和智能照明，以增加行人的安全，改善医疗条件，目前哥伦布的婴儿死亡率是全国平均水平的四倍，允许向最需要产前护理的人提供更贴心的交通选择
2	在三条固定路线上部署全电动自驾车以连接一个新的公共汽车快速中转中心和一个零售区，将更多的居民连接到工作岗位，并帮助推动该区的发展
3	装备城市车队、交通车辆和具有车辆连接技术的交叉路口，以优化交通流量和展示安全应用程序
4	在货运区测试车辆连接技术，包括自动化卡车排队和交通信号管理。该市还将与货运经营者合作，在城市和周边共享停车位
5	通过扩大电动汽车(EV)充电站的投资来解决气候变化问题，为车队运营商提供帮助以鼓励电动汽车的采用，与当地经销商创建客户教育计划，并创建电动车合作购买计划
6	为居民创建综合支付系统，以便在整个城市获得交通解决方案，并提供旅行计划智能应用程序，帮助居民在旅行计划中整合诸多不同模式、公共和私人运营商等

资料来源：https：//www. whitehouse. gov/the-press-office/2016/06/23/fact-sheet-obama-administration-announces-columbus-oh-winner-40-million。

宽带网络是在新时期对我国经济社会发展具有战略性作用的公共基础设施，大力发展宽带网络对有效拉动投资与促进信息消费、推进发展方式转变与小康社会建设具有重要的支撑作用。针对我国宽带普及率不足50%、城市和农村家庭宽带接入能力偏低等状况，2013年8月17日，国务院发布了“宽带中国”战略，部署了未来8年中国宽带发展目标与实施路径，计划用几年时间对中国的网速进行“降价提速”，宽带首次成为国家战略性公共基础设施（见表8）。在2014年、2015年两年示范城市的基础上，2016年39个“宽带中国”示范城市名单出炉，在继续推进我国宽带网络优化与技术演进升级，宽带网络服务质量、应用水平以及宽带产业支撑能力方面提供有力支撑。

表8　中国历年“宽带中国”示范城市（城市群）名单

年份	城市(城市群)名单
2014	北京市、天津市、上海市、长株潭城市群、石家庄市、大连市、本溪市、延边朝鲜族自治州、哈尔滨市、大庆市、青岛市、淄博市、威海市、临沂市、郑州市、洛阳市、武汉市、芜湖市、安庆市、南京市、苏州市、镇江市、昆山市、金华市、福州市(含平潭)、厦门市、泉州市、南昌市、上饶市、广州市、深圳市、中山市、成都市、攀枝花市、阿坝藏族羌族自治州、贵阳市、银川市、吴忠市、阿拉尔市
2015	太原市、呼和浩特市、鄂尔多斯市、鞍山市、盘锦市、白山市、东营市、济宁市、德州市、新乡市、永城市、黄石市、襄阳市、宜昌市、十堰市、随州市、岳阳市、合肥市、铜陵市、扬州市、嘉兴市、莆田市、新余市、赣州市、汕头市、梅州市、东莞市、重庆市江津区、重庆市荣昌区、绵阳市、内江市、宜宾市、达州市、玉溪市、兰州市、张掖市、固原市、中卫市、克拉玛依市
2016	烟台市、枣庄市、商丘市、焦作市、南阳市、鄂州市、衡阳市、益阳市、无锡市、泰州市、南通市、杭州市、宿州市、黄山市、马鞍山市、吉安市、玉林市、海口市、重庆市九龙坡区、重庆市北碚区、雅安市、泸州市、南充市、遵义市、文山壮族苗族自治州、拉萨市、林芝市、渭南市、武威市、酒泉市、天水市、西宁市、阳泉市、晋中市、乌海市、包头市、通辽市、沈阳市、牡丹江市

资料来源：国家工业信息安全发展研究中心综合整理自工业和信息化部网站。

（三）智慧城市成为刺激经济重要一环，产业投资出口受到政策支持

智慧城市自身蕴藏巨大的市场前景与产业价值。国际研究机构 Market Sand Markets 报告显示，全球范围内智慧城市的市场规模预计将从2014 年的6545.7 亿美元增长到 2019 年的 12665.8 亿美元，其间年复合增长率高达14.1%。同时，前瞻研究院《2016～2021 年中国智慧城市建设发展前景与投资预测分析报告》分析得出，在“十二五”期间，我国智慧城市建设市场规模已经超过7000 亿元，预计“十三五”期间，我国智慧城市建设市场规模可达4 万亿元。

自从2008 年 IBM 提出了“智慧地球”概念以来，企业一直都是美国智慧城市推动与建设的核心力量，形成了高度发达的智慧城市产业体系，而国

家层面的整体性政策协调与规划相对欠缺，也正因为如此，美国的智慧城市建设之初就依赖企业、高校、研究机构、地方政府、行业协会等多主体协同合作推动，依赖市场竞争机制使美国形成了覆盖全产业链的行业体系。

2015 年美国联邦政府发布的《白宫智慧城市行动倡议》也提出寻求国际合作，将亚洲和非洲作为技术和产品的主要出口市场。2015 年 2 月，英国启动了“2015～2018 数字经济战略”，旨在通过数字化的创新来驱动其经济社会发展，为把英国建设成为未来数字强国进行充分的战略部署。英国政府的非凡出口活动（Exporting is Great campaign，“非凡英国”行动的一部分），旨在 2020 年前激励和支持 10 万新出口商，该活动已将智慧城市确定为关键的英国出口增长领域。该计划的专题网站上（www.exportingisgreat.gov.uk）有超过 3.5 亿英镑的国际机遇的实时资讯，包括智能技术合约，英国企业可以实时在线提出申请。2016 年，政府资助 10 家在互联城市拥有专业知识的英国公司访问东南亚，向当地企业、投资者和政府进行宣传，旨在为英国企业在智能街道照明、无缝票务、智能楼宇管理、智能地图系统、智能安全系统等领域寻求合作机会。2015 年 7 月，韩国与喀麦隆两国政府签署了用于加强电子政务能力建设总体规划的谅解备忘录，并宣布了将在 2015～2017 年通过韩国国际合作署出资 20 亿非郎用于扩大两国在电子政务、智慧城市等领域的双边合作。除此之外，韩国具有 U-city 的智慧城市建设经验与信息产业领域优势，将为印度提供技术与资金来帮助印度建立其国内首个示范智慧城市。法国开发署也于 2015 年 10 月承诺，将在前期投资 6 亿欧元的基础上继续追加 20 亿欧元，用来支持印度昌迪加尔、纳格坡等地的智慧城市建设，以促进印度的绿色和包容性发展。

（四）从中间向两端扩展，我国特色小镇、城市群规划不断

有数据显示，截至 2016 年 6 月，中国 95% 以上副省级城市、76% 地级及以上城市、47% 县级及以上城市均在积极推进智慧城市建设。而随着智慧城市建设范围不断扩大，智慧城市建设覆盖领域也逐步完善，便民服务、信息消费、城市公共服务、产业发展等市场也将逐步启动。2013～2015 年，

国家智慧城市试点单位从 90 个扩展到 290 个，众多城市开展智慧城市顶层设计探索。在智慧城市在世界各国如火如荼建设的同时，其理念范围也由大、中、小型城市向两端扩散发展，从小的一端来看，特色小镇、社区的政策规划中纷纷引入智慧城市的建设思维，从大的一端来看，城市群、都市圈规划也显现智慧化布局趋势。

2016 年 6 月，《长江三角洲城市群发展规划》提出要建设长三角世界级的城市群。同时，该规划将上海定位为“全球城市”，并开展上海、南京、杭州、苏州、宁波、芜湖、合肥等智慧城市试点示范；加快建设长三角政务信息资源共享交换平台和公益性服务平台；推进城市群智慧城市数据接口标准制定实施，实现区域信息公共服务一体化；深化信息技术在跨省市市场监管、应急保障等领域应用。推进南京都市圈、杭州都市圈、宁波都市圈、苏锡常都市圈、合肥都市圈等的同城化发展，提出强化沿海发展带、沪宁合杭甬发展带、沿江发展带、沪杭金发展带等四个发展带的聚合发展，从而构建“一核五圈四带”的长三角网络化空间发展格局。“十三五”时期是京津冀地区重大战略机遇的叠加期，随着《环渤海地区合作发展纲要》《京津冀协同发展纲要》等文件的相继发布，京津冀协同发展和河北沿海地区发展已经上升为国家战略并正在加速实施。

另外，为了缓解大城市人口过于集中的现状，我国积极推行特色小镇建设。截至 2015 年底，全国建制镇（不含城关镇）总数量约为 1.8 万个。2016 年 7 月，住建部、发改委与财政部三大部委联合发布了《关于开展特色小镇培育工作的通知》。根据该通知，特色小镇应该具有自身特色鲜明的产业形态、和谐宜居的美丽环境、彰显特色的传统文化、便捷完善的设施服务以及灵活的体制机制。通知提出，到 2020 年，我国将培育出约 1000 个各具特色、富有活力的以休闲旅游、商贸物流、教育科技、现代制造、传统文化、美丽宜居等为主题的特色小镇，占全国建制镇的 5% 左右。2016 年 10 月，住建部公布了第一批中国特色小镇名单 127 个（见表 9），同年广东省也提出到 2020 年拟建成百个省级特色小镇。

表9　2016年第一批中国特色小镇名单

省级地区	个数	特色小镇
北京市	3	房山区长沟镇 昌平区小汤山镇 密云区古北口镇
天津市	2	武清区崔黄口镇 滨海新区中塘镇
河北省	4	秦皇岛市卢龙县石门镇 邢台市隆尧县莲子镇镇 保定市高阳县庞口镇 衡水市武强县周窝镇
山西省	3	晋城市阳城县润城镇 晋中市昔阳县大寨镇 吕梁市汾阳市杏花村镇
内蒙古自治区	3	赤峰市宁城县八里罕镇 通辽市科尔沁左翼中旗舍伯吐镇 呼伦贝尔市额尔古纳市莫尔道嘎镇
辽宁省	4	大连市瓦房店市谢屯镇 丹东市东港市孤山镇 辽阳市弓长岭区汤河镇 盘锦市大洼区赵圈河镇
吉林省	3	辽源市东辽县辽河源镇 通化市辉南县金川镇 延边朝鲜族自治州龙井市东盛涌镇
黑龙江省	3	齐齐哈尔市甘南县兴十四镇 牡丹江市宁安市渤海镇 大兴安岭地区漠河县北极镇
上海市	3	金山区枫泾镇 松江区车墩镇 青浦区朱家角镇
江苏省	7	南京市高淳区桠溪镇 无锡市宜兴市丁蜀镇 徐州市邳州市碾庄镇 苏州市吴中区甪直镇 苏州市吴江区震泽镇 盐城市东台市安丰镇 泰州市姜堰区溱潼镇

续表

省级地区	个数	特色小镇
浙江省	8	杭州市桐庐县分水镇 温州市乐清市柳市镇 嘉兴市桐乡市濮院镇 湖州市德清县莫干山镇 绍兴市诸暨市大唐镇 金华市东阳市横店镇 丽水市莲都区大港头镇 丽水市龙泉市上垟镇
安徽省	5	铜陵市郊区大通镇 安庆市岳西县温泉镇 黄山市黟县宏村镇 六安市裕安区独山镇 宣城市旌德县白地镇
福建省	5	福州市永泰县嵩口镇 厦门市同安区汀溪镇 泉州市安溪县湖头镇 南平市邵武市和平镇 龙岩市上杭县古田镇
江西省	4	南昌市进贤县文港镇 鹰潭市龙虎山风景名胜区上清镇 宜春市明月山温泉风景名胜区温汤镇 上饶市婺源县江湾镇
山东省	7	青岛市胶州市李哥庄镇 淄博市淄川区昆仑镇 烟台市蓬莱市刘家沟镇 潍坊市寿光市羊口镇 泰安市新泰市西张庄镇 威海市经济技术开发区崮山镇 临沂市费县探沂镇
河南省	4	焦作市温县赵堡镇 许昌市禹州市神垕镇 南阳市西峡县太平镇 驻马店市确山县竹沟镇
湖北省	5	宜昌市夷陵区龙泉镇 襄阳市枣阳市吴店镇 荆门市东宝区漳河镇 黄冈市红安县七里坪镇 随州市随县长岗镇

续表

省级地区	个数	特色小镇
湖南省	5	长沙市浏阳市大瑶镇 邵阳市邵东县廉桥镇 郴州市汝城县热水镇 娄底市双峰县荷叶镇 湘西土家族苗族自治州花垣县边城镇
广东省	6	佛山市顺德区北滘镇 江门市开平市赤坎镇 肇庆市高要区回龙镇 梅州市梅县区雁洋镇 河源市江东新区古竹镇 中山市古镇镇
广西壮族自治区	4	柳州市鹿寨县中渡镇 桂林市恭城瑶族自治县莲花镇 北海市铁山港区南康镇 贺州市八步区贺街镇
海南省	2	海口市云龙镇 琼海市潭门镇
重庆市	4	万州区武陵镇 涪陵区蔺市镇 黔江区濯水镇 潼南区双江镇
四川省	7	成都市郫县德源镇 成都市大邑县安仁镇 攀枝花市盐边县红格镇 泸州市纳溪区大渡口镇 南充市西充县多扶镇 宜宾市翠屏区李庄镇 达州市宣汉县南坝镇
贵州省	5	贵阳市花溪区青岩镇 六盘水市六枝特区郎岱镇 遵义市仁怀市茅台镇 安顺市西秀区旧州镇 黔东南州雷山县西江镇
云南省	3	红河州建水县西庄镇 大理州大理市喜洲镇 德宏州瑞丽市畹町镇
西藏自治区	2	拉萨市尼木县吞巴乡 山南市扎囊县桑耶镇

续表

省级地区	个数	特色小镇
陕西省	5	西安市蓝田县汤峪镇 铜川市耀州区照金镇 宝鸡市眉县汤峪镇 汉中市宁强县青木川镇 杨陵区五泉镇
甘肃省	3	兰州市榆中县青城镇 武威市凉州区清源镇 临夏州和政县松鸣镇
青海省	2	海东市化隆回族自治县群科镇 海西蒙古族藏族自治州乌兰县茶卡镇
宁夏回族自治区	2	银川市西夏区镇北堡镇 固原市泾源县泾河源镇
新疆维吾尔自治区	3	喀什地区巴楚县色力布亚镇 塔城地区沙湾县乌兰乌苏镇 阿勒泰地区富蕴县可可托海镇
新疆生产建设兵团	1	第八师石河子市北泉镇

资料来源：住房和城乡建设部网站。

2015 年 1 月 21 日，浙江省“两会”上提出了“特色小镇”概念，并描述为“以新理念、新机制、新载体推进产业集聚、产业创新和产业升级”，作为 2015 年重点工作之一。4 月 22 日，浙江省特色小镇创建导则正式发布。6 月 4 日，浙江省省级特色小镇第一批创建名单正式公布，共有省内 10 个设区市的 37 个小镇进入首批名单。2016 年浙江第二批 42 个特色小镇获批，各小镇规划纷纷出台。同时，浙江省各市也提出相关政策，《杭州市人民政府关于加快特色小镇规划建设的实施意见》提出杭州所有特色小镇须根据杭州“一基地四中心”的城市定位与支撑浙江省未来发展的七大产业进行产业规划，聚焦于信息经济、旅游休闲、高端装备制造、环保、文化创意、健康、金融、时尚等一系列重点产业，并选择一个能够体现当地特色与比较优势的细分产业作为重点主攻方向。杭州提出三级特色小镇总数 3 年内力争达到 100 个左右的目标。

（五）对智慧城市定义更加明确深入，以人为本成为关键词

2015～2016 年，国际国内各级政府均对智慧城市进行更深入的研究与阐述，“以人为本”成为智慧城市定义关键词。印度提出智慧城市的概念因城市、国家而异，主要取决于城市发展水平、居民的变革和的意愿、资源和意志。英国工程技术学会 2016 年发布的《智慧城市：涉及民众时机已到?》（Smart Cities：Time to Involve the People?）研究结果显示，尽管英国政府、地方政府和产业界在智慧城市领域投入高额资金，英国公民仍然对智慧城市缺乏基本认知。仅有 18% 的公民听说过“智慧城市”，1/3 的公民能够准确选出智慧城市的定义，29% 的人认为智慧城市最有用的应用是智能路灯，自动驾驶成为最无用的应用，民众对技术了解欠缺，亟须宣传和引导（见图 5）。

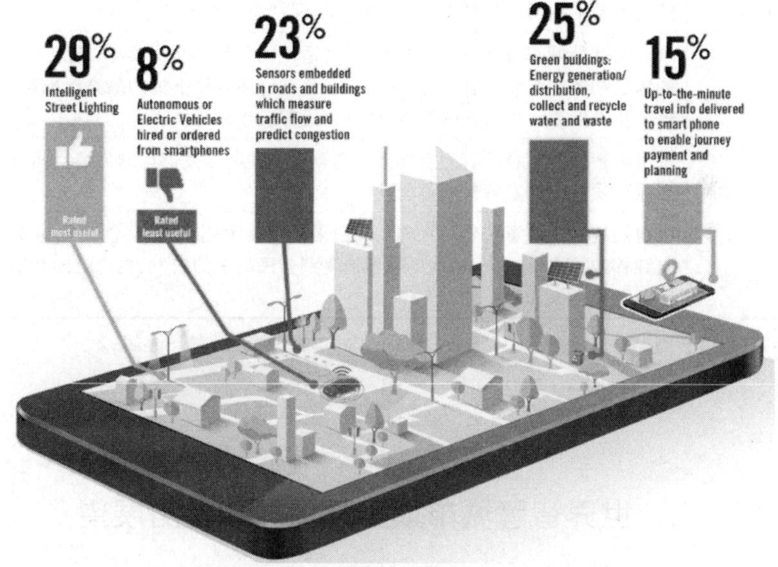

图 5　IET 英国公民对智慧城市的期望调研结果

资料来源：《智慧城市：涉及民众时机已到?》（Smart Cities：Time to Involve the People?）。

在此背景下，各国把“以人为本”理念放在更加突出的地位，为市民服务的平台建设创新不断。新加坡构建“智慧国平台”（http://www.smartnation.sg/），建设覆盖全岛的数据收集、连接以及分析的基础设施和操作系统，并根据所获数据准确预测公民需求，以提供更好的城市公共服务。例如，该平台可以预先根据交通状况预测堵塞路段、利用电眼观察环境的清洁程度、使用无人驾驶汽车提供短程载送服务等。阿姆斯特丹智慧城市平台（https://amsterdamsmartcity.com/），提供城市地图、智能产品、项目、交流互动能诸多功能。维也纳提出“智慧城市”也意味着社会包容：维也纳考虑到所有居民的需要（见表10）。

表10　维也纳智慧城市社会包容目标

目标	内容
可满足许多不同人口群体的需求	维也纳智慧城市意味着承认这种多样性。城市及其机构将继续确保变革过程在社会上是平衡的，尽可能弥补不利因素，保持高水平的社会保障
为低收入的人提供高质量的生活	维也纳智慧城市意味着公共服务、经济适用的住房和公共交通、宽敞和公共访问的绿色和休闲空间、高度发达的医疗系统和许多其他事情的最高标准。维也纳的进一步发展等于所有人的发展，所有公民都应当如此认识
共同的决心和参与塑造城市发展	维也纳智慧城市意味着为当地微调的解决方案和自我倡议的创造空间，以及公民在城市发展中有发言权的可能性
创新和进步有一个社会组成部分	维也纳智慧城市意味着培育创新。通常涉及技术创新，社会创新也越来越突出。与纯粹的技术发展比，这些更强烈地受到公民需求的启发，更广泛的基础，并特别考虑不同个人和组织的相互作用

资料来源：《智慧城市维也纳战略框架》（Smart City Wien Framework Strategy）。

二　世界智慧城市顶层设计发展趋势展望

（一）先进科技研发与应用国际竞争将更加激烈

从全球来看，物联网、大数据、人工智能、机器学习、虚拟现实等仍将是城市信息技术研发与应用布局热点，受本阶段政策导向，城市物联网传感器部署将迎来爆发式增长，市场应用前景可观；而虚拟现实受产业与技术双重爆发的影响，其在城市应用场景中的重要性将显著提升，将有望升级为各国国家战略，并在智慧城市建设中发挥举足轻重的作用；各国对先进科技研发投入还将继续加大，国际竞争将更加激烈。

（二）智慧城市产业出口将成为下阶段部署重点

由于智慧城市巨大的产业价值与市场带动作用，各国已经将智慧城市产业作为刺激经济的重要举措之一。而随着新兴国家智慧城市建设热情逐渐高涨，智慧城市产业将迎来扩张的高潮，智慧城市产业整体性扶持政策有望集中出台，部分国家将智慧城市产业作为出口创汇与刺激内需的重要手段，行业巨头间争夺将更加激烈，下一代智慧城市产业巨头有望破茧而出，中小企业兼并浪潮将集中出现，新兴城市业态逐渐建立并走向成熟。

（三）多主体协同，创新组织与机制成为突破点

智慧城市巨大的包容性促进政府积极推动社会各主体力量共同参与建设。目前，PPP 已经成为智慧城市创新项目的重要融资与组织形式。随着智慧城市建设步伐加快与竞争逐渐激烈化，在目前协同基础上，各国政府将进一步整合社会各界资源，新的组织形式与创新机制将被激发，国家间、政府部门之间、政府部门与公益组织、私营联盟、企业之间协同深度将达到新的水平，群众力量将被激发并参与到智慧城市建设中来，顶层设计与群众众包的力量将首次结合并创造更大市场与创新价值。

（四）新型智慧城市将掀起信息互联互通高潮

“新型智慧城市”的理念最早在 2015 年第二届世界互联网大会上提出。作为智慧城市发展的新阶段，新型智慧城市是现代信息技术与城市深度融合的结果。与传统智慧城市相比，新型智慧城市虽然仍然需要以各类信息基础设施的建设为基础，但更为注重的是城市各类信息的共享、城市大数据的挖掘和利用以及城市安全的构建和保障。而新加坡、美国、英国等世界范围内

一些先进国家已经在以上三个方面有所尝试，而打破信息烟囱、实现信息互联互通将是其中最先突破点，世界范围内国家与地方都将集中出台相关有力政策，政府政务公开将成为大趋势。2016 年 9 月，我国《政务信息资源共享管理暂行办法》实施，同时，北京、上海、山东、河北、浙江、海南等十多个省市也陆续出台了政务信息资源共享管理办法，智慧城市建设将迎来新的契机，为加快破解信息资源共享难题、充分发挥政府大数据价值提供重要支撑。

B.3
世界智慧城市产业发展与展望

张宇　徐杰*

摘　要：　智慧城市产业主要包括支撑智慧城市建设的产业，如信息基础设施、系统集成、软件研发、平台运营、数据中心、云服务外包等；以及在智慧城市建设过程中衍生的产业，如智慧医疗、在线教育、智能交通等与城市管理、政务应用、市民服务等相关的新的产业形态。2016年，智慧城市产业发展呈现新面貌、新特点。各国纷纷把握智慧城市建设机遇，在制定产业政策、激发市场创新活力的基础上，进一步巩固自身产业优势。同时，智慧城市建设以技术促进产业融合为核心催生了新形态，新主体加速孕育、新业态不断涌现。智慧城市产业链将在智慧城市建设过程中继续完善，产业技术创新迭代将进一步加速。

关键词：　智慧城市产业　产业技术　产业政策　新业态

智慧城市产业的发展壮大对构建现代产业体系、加快城市产业结构转型升级以及促进经济社会的长远发展等影响重大，是城市向智慧时代迈进的重要之举。智慧城市产业已经成为全球城市在新一轮经济和科技创新中角逐的高地，也是提高城市创新力、提升城市品质和竞争力的关键要素。2016年，

* 张宇，国家工业信息安全发展研究中心高级工程师，主要研究电子政务、智慧城市等；徐杰，经济学硕士，国家工业信息安全发展研究中心助理工程师，主要研究智慧城市、产业协同等。

智慧城市产业成为拉动全球产业发展的生力军。通过制订科学规划、优化产业布局、推出合理政策，各国力图以智慧城市产业为突破口，拓宽发展空间，推动智慧城市建设。

一　全球智慧城市产业发展态势与特点

（一）智慧城市发展从重视建设应用向促进产业经济转变

1. 智慧城市经济属性凸显

智慧城市归根结底是信息技术与城市发展相融合的产物。信息基础设施、系统集成、软件研发、平台运营、数据中心、云服务外包等建设智慧城市必需的产业，以及智慧医疗、在线教育、智能交通等与城市管理、政务应用、市民服务等相关的智慧城市衍生产业构成了智慧城市自身的产业体系，蕴含着巨大市场空间。据预测，中国智慧城市建设未来市场规模约为4万亿元人民币；2019年，全球智慧城市市场规模将超过12万亿美元。

智慧城市产业对全球经济的主要贡献源于物联网、云计算、大数据、移动互联网等新一代信息技术的快速发展。预计到2020年，全球将有近300亿个装置被联结，物联网市场规模将高达1.7万亿美元；其中，通过串接人、事（装置）、流程等就能创造近7000亿美元的市场商机。另外，云计算平台和基础构架的开支将以高达30%的复合增长率增长，云计算服务收入在2020年将达到160亿美元。据预测，到2020年，欧盟大数据可创造超过2000亿欧元的价值，而美国的大数据可创造约6900亿美元的价值，而相应的还会推动政治、社会、文化领域的发展。

信息技术产业对全球经济的贡献还在于它能够持续拉动就业。一是信息技术产业可以直接提升就业率。在葡萄牙、西班牙、捷克、波兰等国家，其信息产业的年均雇用增长率高达8%；在欧盟的中高速发展企业中，信息产业带来的就业率约为7.3%；而在其他大多数国家，该产业的就业净增长率均显著高于其他行业。二是信息技术的应用带来了劳动生产率的大幅提升。

2015 年来，信息产业对各国经济劳动力生产量的贡献率持续增加。在经济合作与发展组织（OECD）国家，信息产业相关的劳动力生产力水平较其整体经济领域高出 60% 左右。信息产业领域的劳动力生产量比其他领域多出 3 倍，信息技术带动电子制造和 IT 服务的生产量分别提升了 15% 和 25% 。

2. 智慧城市建设对 GDP 的拉动显著

从经济和产业视角解读智慧城市，除了其自身发展会对经济增长带来的直接贡献以外，其更重要的作用是创造了一个智能可控、泛在互联的发展环境，通过智能应用、宽带网络、数据连接等的部署，可以加速汇聚有效的资源，大幅提高相关联的其他领域的效率，进而促进 GDP 的增长。据统计，ICT 投资每增加 20% 即可推动 GDP 增长 1% ；宽带普及率每提高 10% ，将为发达国家和发展中国家分别带来 1. 19% 和 1. 35% 的增长，欧盟通过部署高速宽带已经带来约 8500 亿欧元的经济效益，创建了 100 万个工作岗位。预计到 2025 年，互联网在非洲引发的零售、医疗、农业领域变革，将为非洲贡献超过 3000 亿美元的年 GDP 增长量。

智慧城市建设与经济社会发展之间的正相关关系也可以从信息化角度得到验证。与经济欠发达的国家/地区相比，经济发达国家/地区的信息化水平显著较高。从 2015 年全球网络就绪指数（NRI）排名可以看出，NRI 各项指标中排名最高的均为发达国家。发达经济体（ADV）NRI 平均指数最高，约为 5. 2；新兴和发展中的欧洲国家（EDE）次之，NRI 平均指数缓慢上升，约为 4. 2；独立国家联合体（CIS），新兴和发展中的亚洲国家（EDA），中东、北非、巴基斯坦（MENAP），拉丁美洲和加勒比地区（LAC）的 NRI 平均指数约为 4. 0；撒哈拉以南非洲（SSA）NRI 指数最低，约为 3. 2。

3. “智慧”加速城市溢出效应

随着信息流、资金流、人才流、商品流的不断汇聚，城市间的界限越发模糊，全球都市圈、城市群渐渐涌现，核心城市的辐射作用愈发明显。而通过智慧城市建设，利用互联网超越距离的特性，核心城市数据中心，公共服务平台等平台、设施、应用、产品向周边辐射，加速了城市群化这一进程，带动经济相对落后地区发展，形成合力，进而提升整个国家的经济水平。例如，依靠发达的信息网络，北美五大湖沿岸的城市基于个体间的内在联系，构成了相对完整的电子商务集群。集聚带来了经济增长效应和空间辐射效应，大大缩短了城市间原有的距离，关联企业的生产、交易、服务成本等显著降低，要素回报率明显上升。信息网络促进了该地区资源的整合和城市群的协调发展，形成了一个相互补充、分工明确的有机体。而伦敦都市圈则是将政府、企业、社会机构等的数据汇集到公共数据库，并开放给全社会使用，通过数据共享和开放带动了区域发展。

（二）多方参与共同推动智慧城市产业发展

1. 政府产业政策创新成为智慧城市产业发展的高效推动力

以美、德、法、日、韩等为代表的发达国家，近年来纷纷制订了一系列行动计划和规划纲要，以发展支撑智慧城市建设的相关产业。美国推出《先进制造业国家战略计划》《美国国家制造创新网络计划》《美国创新新战略》等，着力布局先进制造、新一代互联网、精密医疗、大脑计划、清洁能源、节能技术、教育技术、计算机新领域等战略领域。德国推出《信息与通信技术 2020 创新研究计划》和《保障德国制造业的未来：关于实施“工业 4.0”战略的建议（2013 ~ 2020）》等，着力实施“工业 4.0”战略，增强该国信息通信领域的国际竞争力。2016 年 4 月，欧盟委员会出台《产业数字化新规划》，旨在帮助欧盟的各国政府、企业、社会机构充分研发和利用新兴技术，推动产业的数字化发展。英国继续巩固发展包括潮汐发电、民用核电、风力发电、可再生建筑材料及超低排放汽车等本国优势产业。作为俄罗斯科技战略的重要组成部分，俄罗斯投资超过 2000 亿卢布发展纳米技术。加拿大推出的《数字加拿大 150 计划》提出将投资 2 亿加元支持中小企业采用数字技术进行创新。韩国 2015 年研发预算大幅增加 60%，达近 19 万亿韩元；而刺激创业资金为 3.5 万亿韩元，大幅超越上年的 1 万亿韩元，同时该国投资 6 万亿韩元研发新技术，并大力打造包括新一代信息技术、未来型汽车、智能型服务机器人、生物科技等新兴成长型产业。

当前，我国一系列重大战略为智慧城市产业发展带来重大机遇，支持产业发展的政策措施和投融资环境不断优化。“互联网 +”行动计划、“一带一路”、“中国制造 2025”等重大战略的实施为智慧城市产业的加速发展提供了重要机遇。当前，我国许多城市已全力推动智慧城市产业发展。北京、上海、深圳、广州、南京等已将智慧城市产业纳入其“十三五”发展当中，作为其未来产业发展的重要布局。北京市提出在智慧城市产业发展过程中以需求为主导，促进以“智慧北京”建设需求来积极对接智慧城市产业。上海市根据“中国智造”的发展目标，制定发展规划，重点发展绿色化、智能化的新产业；以智能化技术为支撑，发展数字服务、新能源等智慧城市产业，进而构建先进、完备、健全的产业体系。重庆市确定了物联网、电子核心部件、新材料、智能装备及机器人、新能源/智能汽车、高端交通装备、页岩气、环保、生物医药等重点产业发展方向，提出到 2020 年前后着力形成十个千亿级的产业集群，并使其总规模力争突破 1 万亿元人民币。广州市重点发展先进制造业、新一代信息技术产业和生产性服务业等，实施智能金融、智慧物理工程等，并加快电子商务发展；突出发展节能环保产业，积极推动该市传统优势产业向智能化方向发展；优化智慧城市产业布局，以现有产业园区为载体，建设智慧型产业的集聚区。深圳市的 RFID（射频识别）产业成其发展亮点，初步形成了包括芯片设计与开发、应用软件、系统集成、设备研发与制造、咨询服务等环节在内的较完整的产业链。佛山市力推两化融合，在发展信息产业等战略产业的同时，注重对传统行业升级改造。南京市出台了《南京市物联网产业发展规划》，重点通过物联网产业关键技术的突破，以及产业融合的智慧城市产业集聚区建设来引领和推动智慧城市产业发展。武汉市通过发挥高科技产业基地的集聚效应，并加速科技成果转化应用，构建智慧城市产业生态链。

2. 企业成为智慧城市产业发展的创新要素

在智慧城市这一“巨系统”中，技术创新需要依靠产业链内的分工合作，拥有核心技术的高科技企业是智慧城市新兴产业发展的主要载体。智慧城市涉及产业链的诸多环节，以及城市建设的方方面面，是一个复杂的系统性工程，而不同企业的优势迥异，只有各个环节的企业不断创新，做好自己擅长的领域，才能更好地在智慧城市建设中发挥作用（见表 1）。从全球来看，涉足智慧城市产业领域的企业丰富，如美国的 Google、Microsoft、Oracle、Apple、Facebook、Intel、IBM、HP、Cisco、EMC、Amazon、Dell、GE、Qualcomm、Honeywell 等。其他国家也涌现了一些代表性的企业，如德国的 SAP、瑞典的 Ericsson、法国的 Atos、韩国的 Samsung、日本的 NEC、Panasonic、Sony 等。在世界财富 500 强榜单中，美国企业的个数和总收入位列全球首位；而从事智慧城市建设领域的骨干企业如 IBM、Cisco、EMC、Amazon、Intel 等十多家企业均位列其中，其总营业收入超过一万亿美元，占 500 强的 12%。硅谷、纽约、芝加哥等地参与智慧城市建设的企业更是数以千计。这些企业在人工智能、物联网、大数据等领域展开研发，并致力于在智慧医疗、能源、教育、家居、安防、市政等应用领域拓展。例如，车联网领域，Google 与 Audi、GE、Honda、Hyundai 等以及芯片制造商 NVIDIA 组建了开放汽车联盟（OAA）。智能家居领域，已形成 Qualcomm（高通）牵头的 AllSeen 联盟、Google 和三星牵头的 Thread 联盟、苹果 HomeKit 以及 Intel 牵头的 OIC 联盟等多个阵营，在云平台、开发组件及互联标准上寻求突破。工业互联网领域，GE 与 Cisco、IBM、Intel、AT&T 等企业牵头成立了 IIC 联盟，目前已有 200 余家成员参与其中。

表 1　美国智慧城市部分企业在智慧城市细分领域的主要业务方向

细分领域	谷歌	微软	甲骨文	英特尔	IBM	HP	EMC	思科	苹果	GE	脸谱	亚马逊	戴尔	高通	新云	数字	西蒙	雷尼韦尔
云计算	•	•	•		•		•	•				•	•		•	•		
物联网	•		•		•	•		•	•					•				
移动互联网		•						•										
大数据						•	•											
智慧教育							•											
智慧医疗		•		•			•							•				
智慧制造							•											
智慧能源							•			•					•			•
智慧商务			•				•					•						
智慧政务		•	•				•											

续表

细分领域	谷歌	微软	甲骨文	英特尔	IBM	HP	EMC	思科	苹果	GE	脸谱	亚马逊	戴尔	高通	新云	数字	西蒙	雷尼韦尔
智慧建筑																•	•	•
智慧规划设计					•													
智慧交通	•			•														
智慧城市建模	•																	
智能家居	•								•			•		•				
智能穿戴	•													•				
人工智能					•						•	•						
平安城市				•														

资料来源：《中美智慧城市领域合作现状研究》，国家工业信息安全发展研究中心分析整理。

从我国来看，2016年，智慧城市“圈地运动”越发激烈，特别是互联网企业率先以行业应用和云计算平台为切入点，通过开放创新的合作模式参与其中。互联网三大巨头百度、腾讯、阿里巴巴纷纷加快布局，建立各自的竞争优势。2016年3月，阿里巴巴集团旗下的蚂蚁金服布局终端领域，在手机淘宝、支付宝和新浪微博首页等开展城市线上服务。腾讯则利用微信打造城市服务入口，聚合了原先散落在各政务微信公号中的信息资源。2016年初，腾讯已与国内几十个城市签署了“互联网+”合作协议，参与各地的智慧城市建设实践。华为、中兴、神州数码、长虹、飞利信、银江股份、浪潮软件、易华录、数字政通等公司也纷纷布局参与。另外，其他领域的众多公司也闻风而动，加速抢滩这一市场，从各层面加速布局智慧城市相关业务。比如，智慧出行领域的滴滴出行在全国已接入100余万名司机，让每天近1000万人享受便利出行服务，还有行业其他专车应用如Uber、神州专车等也拥有了大量受众。又如，恒大健康采用先进的健康大数据和云计算数据，在广州推出了互联网社区医院；贵州也联合社会企业力量共同探索“医疗健康云”和互联网医院建设，这为优化医疗资源配置、提升居民就医效率做出了有益尝试。再如，北京市政府与卫星企业合作注资3亿元建设北京市北斗公共平台，为我国首个服务于智慧城市服务的综合平台，提供政务管理、行业应用和民生服务。从各企业一年的智慧城市布局来看，呈现总体金额体量小、PPP 模式成为主流的布局模式，各企业和各地政府更加务实推动智慧城市建设和运营，我国智慧城市发展将吸引更多的企业参与其中。

（三）各国进一步巩固本国产业优势支撑智慧城市建设

1. 美国：着力推进产业技术领域布局高端化

美国致力于布局可能引发重大科技革命的前沿技术和新兴产业，不断加大财政投入和政策支持力度，重点支持新一代信息、软件和信息服务业、先进制造、新材料、生物医药、新能源，以及高技术服务业等涉及智慧城市建设领域的技术开发和产业发展。一方面，以大量资金支持智慧城市相关技术产业发展。2015 年，美国宣布投入 1.6 亿美元推动智慧城市计划。美国能源部组建“智能制造创新机构”，投入多达 7000 万美元推动先进传感器、控制器、平台和制造建模技术的研发。2016 年，美国联邦政府预算 2.15 亿美元投资精准医疗，3 亿美元投资“脑计划”等，11 亿美元投资非保密人工智能相关技术的研发。同时，美国把基础研究视为创新的基石，保持较高的基础研究支出，并推动科技成果转化。2015 财年，美国联邦政府基础研究支出为 320.79 亿美元，占联邦政府研发支出总额的 23.7%；2017 财年研发经费预算总投入为 1520 亿美元，比 2016 财年预算增加 60 亿美元，增长幅度为 4.1%。

另一方面，着力突破智慧城市产业前沿核心技术。2015 年版《美国创新战略》提出了优先突破的九大技术领域；2015 年 9 月，美国国防部高级研究计划局（DARPA）召开未来技术论坛讨论了机器人、自主人工智能及神经科学等技术；2015 年 11 月，美国战略与国际研究中心（CSIS）发布《国防 2045：为国防政策制定者评估未来的安全环境及影响》的评估报告，分析了未来可能要产生新兴技术和颠覆性技术的领域（见表 2）；2016 年 2 月，美国联邦政府发布《国家制造创新网络计划年度报告与战略规划》，围绕智能制造等先进制造业的核心技术展开布局；2016 年 10 月，美国白宫发布了《为未来人工智能做好准备》以及《美国国家人工智能研究与发展战略计划》，将人工智能发展提高到国家战略高度。总体来看，美国政府高度重视前沿技术研发，特别是在智慧城市相关的产业技术领域着力：积极布局先进制造技术、清洁能源、节能技术等应对城市经济和社会发展挑战的关键技术；布局脑计划、人工智能、先进汽车等面向智慧城市未来发展的前沿技术；布局新一代信息技术、先进材料、纳米技术、生物工程学、机器人技术等支撑智慧城市建设的通用技术；布局教育技术、医疗健康技术、精准医疗技术等智慧城市社会民生领域应用技术。

表 2　美国主要机构评选的颠覆性技术领域

白宫科技政策办公室	国防部高级研究计划局	战略与国际研究中心	麦肯锡研究院	兰德公司	MIT 十大突破技术（2016）
先进制造	太空机器人	量子计算机	移动互联网	太阳能利用	免疫工程
大脑计划	地外生命	3D 打印	物联网	信息访问全覆盖	语音接口
精准医疗	自主人工智能	人工智能	知识工作自动化	乡村无线通信	精确编辑植物基因
先进汽车	神经科学	合成生物技术	云计算	转基因农作物	可回收火箭
智慧城市	航天	机器人技术	先进机器人	快速生物测定	知识分享型机器人
教育技术	材料与机器人	纳米材料	下一代基因组学	靶向给药	SolarCity 超级工厂
节能技术	医药与健康		自动驾驶汽车	水净化	DNA 应用商店
太空探索	网络与大数据		储能技术	绿色制造业	Slack 通信软件
计算机领域			3D 打印	RFID 覆盖	特斯拉自动驾驶仪

资料来源：国家工业信息安全发展研究中心分析整理。

2. 德国：以“工业4.0”推动产业智慧化

德国的工业基础雄厚，其先进制造业处于全球领先地位。西门子、施耐德、大众、博世等工业企业巨头铸造了德国经济的辉煌。2016 年，在德国排名前 100 名中小企业中有 22 家都是机械和设备制造商；德国机械设备制造企业中超过半数都生产高端机械产品。德国的 ICT 技术已与工业制造深度融合，支撑了该国超过 90% 的制造过程。在机械电子、医疗电子、汽车电子等领域，都有德国企业在发挥领头作用。德国的工业系统软件如 ERP、MES、PLC、PLM 等也被各国广泛采用。德国工业在基础装备、工艺、材料、元器件等核心技术领域领先全球，其在复杂工业过程的管理和制造技术

领域的研发等方面独树一帜。

2016 年，通过进一步推动“工业 4.0”战略，并利用物联网与服务网把各个关键领域连接起来，是德国产业智慧化的重要特征。德国的智能电网、建筑、工厂、物流、医疗、家居等智慧新业态层出不穷并迅速发展。特别是在智慧制造领域，其端到端的垂直网络，已经涵盖众多智能产品，并进行资源整合。制造设施通过装备传感器可随时捕捉和直接感知周围环境，在各种情况下已能实现自我配置、管理和优化。智能工厂内部通过采用信息物理控制系统，实现物流、资金流和信息流的无缝对接和整个价值链条的数字化。“工业 4.0”对制造过程产生了巨大变革，为德国的智慧城市建设打下了牢固的产业基础，特别是智能制造的基础。同时，产业链条上的中小企业也积极贡献力量，成为德国产业智慧化的参与者和受益者。“工业 4.0”成功地把德国雄厚的工业基础和现代信息技术进行了集成，既巩固了德国制造的品牌形象，也让支撑智慧城市建设的产业变得更智慧。

3. 日本：持续的产业政策引导未来产业布局

日本产业政策紧扣新兴产业发展脉络，突出扶持支撑智慧城市建设的相关产业，进一步巩固其优势产业，近年颁布的政策措施力度显著加强。新能源方面，日本进一步加强对“新阳光计划”的财政支持力度，重点扶持以太阳能、风能等为核心的新能源产业，并计划将新能源广泛用于智慧城市建设中，促进城市的低碳运行。2015 年底，日本可再生能源发电规模总计逾 9000 万千瓦，太阳能占其中的 90% 以上。2015 年，日本对新能源技术开发的拨款额度达到 400 亿日元，创历年新高。

新一代信息技术产业方面，日本于 2015 年启动了“i-Japan 战略 2015”，延续了其 IT 立国的总战略。该战略使日本电子信息产业加快发展，并在某些细分领域保持领先地位。根据日本电子信息技术产业协会（JEITA）发布的数据，截至 2015 年底，该产业全球产值达到约 43 万亿日元（同比增长 7%），在可穿戴终端、移动公共线路、蓝牙、WiFi 等电子信息产业高端技术领域，在全球处于引领地位。

新材料方面，日本进一步加强了对“第二次科学技术基本计划”“超级钢铁材料开发计划”“纳米材料计划”中重点新材料产品研发的财税政策支持，并于2015年9月完成了对“产业结构展望2010”战略的第四次产业政策修订。税收方面，现有的减免优惠政策延长3年，财政拨款额较上一年提升3%，以确保其在全球新能源材料和环境市场中的优势地位，并在未来五年内进一步巩固。

新能源汽车方面，2015年6月，日本制订了普及以氢为燃料的家用电池和汽车的时间表。引进购车补贴制度进行大幅度扶持，以应对燃料电池汽车上市的市场瓶颈，对售价1000万日元左右的燃料电池汽车，每辆补贴额高达200万~300万日元。同时，日本立足2030年进行了远期规划，把具有零温室气体排放特征的氢能源定位为主导新型汽车能源，届时力争实现氢发电站实用化，加快相关产业链完善。

4. 韩国：大数据产业成其发展亮点

韩国大数据行业市场规模在2015年达到13万亿韩元，突破了2012年12万亿韩元大关，保持了9%的年均复合增长率。其中，数据库构建服务和数据服务成为韩国大数据产业的两大支柱，其市场规模分别占总行业的42%和47%；2015年，大数据解决方案和数据咨询的市场规模增速分别达到9%和12%，成为该国大数据产业的两大新星。

韩国大数据行业的人才集聚和就业吸纳效应凸显。据韩国数据化振兴院统计，2015年韩国数据行业从业人员达到30万，同比增长11%；其中与数据直接相关的从业人员达到7万，同比增长11%。大数据行业中与数据直接相关的从业人员平均工资是其他全部产业平均工资的1.8倍，大量人才涌入该行业。然而，能够实现以数据挖掘和分析为核心的数据产业附加值延伸的人才仍然极为紧俏。韩国信息化振兴院预计，韩国大数据行业从业人员到2017年底将达到50万，其中与数据直接相关的从业人员将达到20万。

5. 中国：新兴产业集聚呈“多点多极”增长格局

伴随智慧城市建设，我国部分产业基础好、产业结构调整深入的区域，新兴产业的发展速度加快、发展方向趋于高端化，例如，京津冀、长三角和珠三角地区新兴产业的人才、企业、政策和资源都较为集中，成为我国智慧

城市产业发展的三个增长极。依托资源禀赋和产业基础，2016 年，广东、安徽、江苏等多省开展了新兴产业区域集聚发展试点，并已形成了一些有特色的智慧城市产业。特别是北京、上海、广州、深圳等一批智慧城市产业发展的优势城市，正在向全球产业创新策源地升级。

在环渤海地区，北京积极打造以高端软件和信息技术服务业等为代表的“高精尖”产业体系；天津新能源汽车及航空航天产业成为发展重点；石家庄着力发展高端生物医药产业。长江经济带区域的沿江省市形成了智能制造装备、新材料、集成电路、新型显示、轨道交通装备、生物医药等众多特色产业集聚区，上海在智能制造装备、卫星导航、集成电路等领域处于领跑地位；江苏分别在盐城、泰州和南京形成风电、新型疫苗及特异性诊断试剂和智能电网产业集聚区；安徽合肥等城市的新型显示、机器人产业快速发展；贵州建立起首个国家级大数据集聚发展试点示范区。在珠三角地区，广州、深圳等地积极发展生物医药、新型显示技术、3D 打印、新型动力电池、无人机、机器人等产业，形成了一批具有特色的新兴产业集聚区。在东北地区，哈尔滨着力发展生物医药，沈阳在高端数控机床、工业机器人等智能制造装备领域优势明显。在中西部地区，河南洛阳以及甘肃金昌分别成为电子功能材料和非金属功能材料产业集聚区。此外，杭州的云计算、长沙的智能制造装备、西安的集成电路基地建设、辽宁的软件、拉萨的生物医药等，都体现了各具特色与优势的产业集聚。

（四）智慧城市建设以技术促进产业融合为核心催生新形态

1. 智慧技术加速实现产业化

在世界范围内，各类技术创新渐趋活跃，以新一代信息技术为代表的各类智慧技术群体兴起、深度渗透、交叉融合，包括交通、能源、传统制造业等在内的诸多产业领域迎来重大突破的临界点和爆发点（见图 1）。一批新兴技术的发展正在加速实现产业化，极大地促进了智慧城市的建设。例如，燃料电池汽车（氢动能的零排放汽车）的产业化应用促进了城市的低碳减排；新一代机器人（人—机合作模式）、自然人工智能（实现机器自主学习）、神经形态技术（类脑计算机芯片）等技术加快了人工智能产业化的步伐；可循环利用的热固性塑料（无须塑料垃圾填埋）的应用推进了城市环保；精准基因工程技术（精准修改植物基因编码）、数字基因组（遗传密码存储在一个 U 盘时代的卫生保健体系）在生物工程领域实现突破；积材制造（以 3D 打印为核心）、分布式制造（个性化定制与资源高效配置高度结合的制造模式）、能够“感知与避让”的无人机（带有可靠的自主性和防碰撞系统的无人机）等提高了制造业的智能化水平。

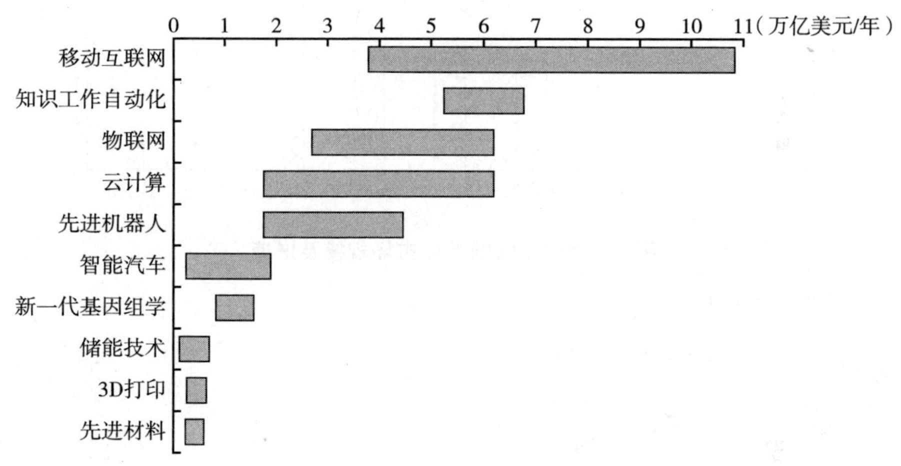

图 1　未来十项颠覆性技术的潜在经济效益

资料来源：麦肯锡，《展望 2025，决定未来经济的 12 大颠覆技术》。

信息技术仍是各国发展智慧城市产业的枢纽性技术，发挥了基础和支撑作用。以互联网、物联网、大数据、云计算等为主干的新一代信息技术，是串联融合这些重大技术创新的重要基础设施，正在成为创新的制高点、投资的高地和各国政府争相扶持的对象。2015 年，以美、德、英、法、日、韩、中、印等为代表的全球主要国家信息产业的增速均显著高于本国国内生产总值增速。Gartner 指出，全球物联网服务支出在 2016 年已达 2400 亿美元，较上一年增长迅猛。其中专业细分市场服务支出增幅达 20%，为物联网发展带来大量机会（全球物联网产业市场规模及增速见图 2）。2016 年有 16

亿个连网物件用于智慧城市，较2015年增加39%。同时，云计算产业发展十分迅猛。全球云计算市场规模2016年达2030亿美元，在目前发展势头下，预计到2019年有望突破3000亿美元大关（见图3）。

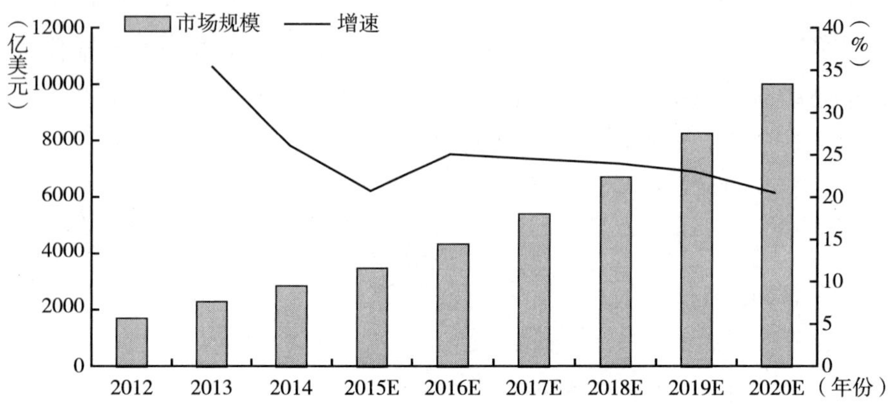

图2 全球物联网产业市场规模及增速

资料来源：前瞻产业研究院。

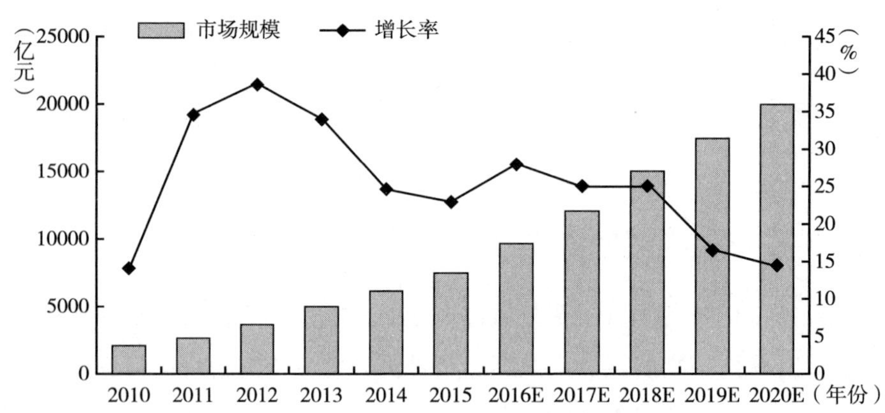

图3 全球云计算产业市场规模及增长率

资料来源：Wind资讯。

2016年，我国新一代信息技术产业保持平稳增长，结构调整继续深化，行业转型升级加快，核心技术不断突破，大数据、云计算、物联网等产业迅速发展壮大，企业创新活力也不断增强。一是随着《促进大数据发展行动纲要》的发布，数据以战略资源的高度被国家、全行业重新认识，大数据产业发展被提升至战略层面，已被视为国家战略计划的核心任务之一。2016 年，我国大数据产业的各环节细分链条产业化发展显著，社会对大数据产业的资金和人才投入逐步加大，大数据产业迎来井喷式发展（见图 4）。二是物联网基本形成了产业体系，在交通、电力及安防等领域得到广泛应用，相关应用也从政策扶持期进入市场导向期；同时，我国物联网标准化基础研究被国际标准采纳，在国际上取得了一定的话语权。工业和信息化部发布的数据显示，我国物联网整体市场规模在 2015 年底已达 7500 亿元，年复合增长率超过 20%（见图 5）。三是我国云计算产业发展迅速。2016 年，我国云计算产业规模逾 3500 亿元，我国该领域的代表性企业在全球的影响力也逐步扩大（见图 6）。云计算的快速发展也带动了产品制造、计算机软件和信息服务等上下游产业的发展。

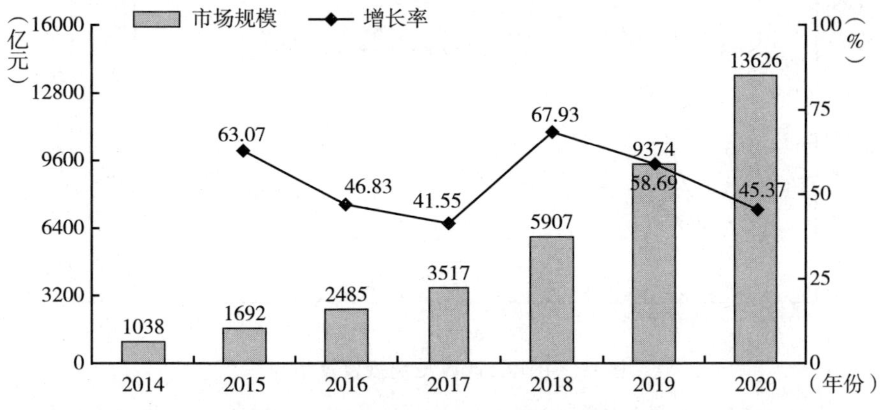

图 4　中国大数据产业市场规模及增长率

资料来源：贵阳大数据交易所，《2016 年中国大数据交易产业白皮书》。

2. 新主体加速孕育，为智慧城市建设注入新活力

从全球来看，创业企业等新主体在智慧城市建设中加速孕育。重要的创业生态圈无一例外集中在少数基础设施较好、人口集中、高科技人才汇聚的都会区。美国硅谷/湾区依然保持着全球最富活力的创业生态圈的地位，纽约紧随其后。英国的伦敦，欧洲大陆的柏林、巴黎，中东的特拉维夫，南亚

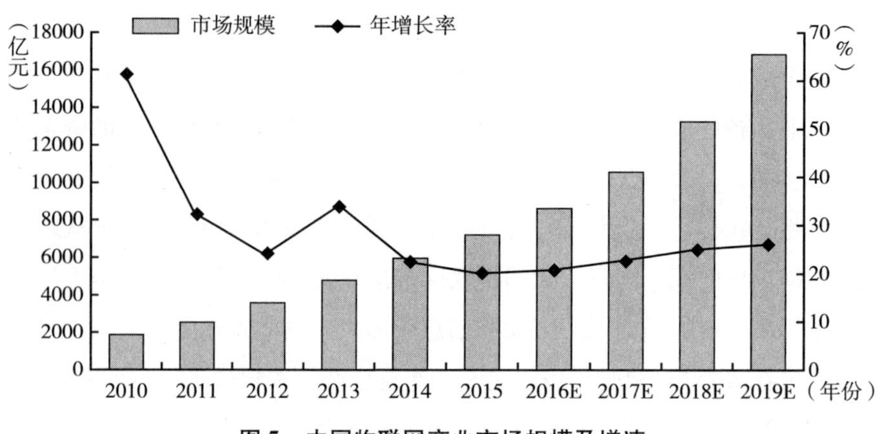

图5　中国物联网产业市场规模及增速

资料来源：工业和信息化部。

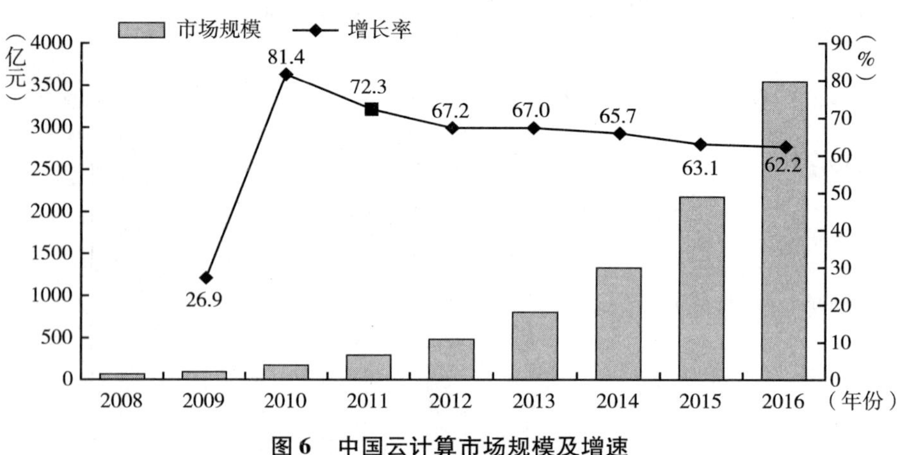

图6　中国云计算市场规模及增速

资料来源：Wind 资讯。

的班加罗尔，东南亚的新加坡，东亚的首尔，南美的圣保罗，是其中比较具有代表性的创新创业中心城市。

相比 2015 年创业趋势主要聚焦移动互联网，2016 年信息技术与传统产业融合的势头愈加明显。从全球主要城市/地区创业企业的业务领域来看，硅谷/湾区集中在网约车、房屋租赁、大数据分析及软件服务、互联网教育、可穿戴设备等；纽约为实时比价电商平台、联合办公、互联网保险、数字内容经营、大数据及软件等；特拉维夫为云计算、网约车、数字内容经营、软件、电商等；伦敦东区为生物制药、外卖递送、金融咨询、数字音乐、软件等；柏林为食物快递、生鲜电商、数字信用等；巴黎为新能源、网约车、数字音乐等；新加坡为网约车、在线房产、大数据服务、生物医药等；圣保罗为在线旅游、网约车、互联网金融等。

从我国来看，随着简政放权、鼓励创业等政策的纵深推进，“大众创业、万众创新”氛围更趋浓厚，市场活力得到显著激发，成为孕育智慧城市产业发展新动能的重要源泉。2016 年 3 月，国务院决定设立国家新兴产业创业投资引导基金（总规模 400 亿元），重点支持处在“蹒跚起步”阶段的创新型企业。2016 年上半年，全国日均新设市场主体逾 4 万户，其中日均新登记企业近 1.5 万户，高于前两年。新兴服务业领域新创企业数量增长明显，特别是在信息传输、计算机服务和软件业等行业领域，新登记企业均呈现高速增长态势。与此同时，企业更加注重技术研发和创新投入，科技成果不断涌现，创新效率不断提高。从全球来看，目前虽然我国的“双创”水平与世界发达经济体相比仍有一定的差距，但总体竞争力并不弱。在世界经济论坛发布的《全球竞争力报告》中，我国在所有 140 个经济体中列第 28 位，处于中上位置（见图 7）。

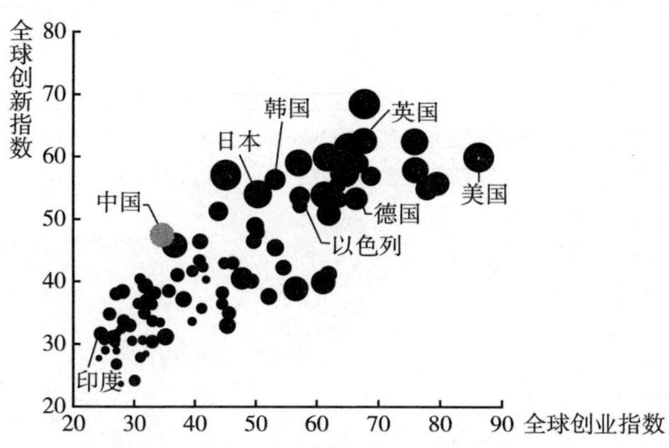

图 7　全球主要经济体创新、创业指数与国际竞争力

注：气泡大小为全球竞争力指数。

资料来源：GEDI“Global Entrepreneurship Index 2016”；Cornell/INSEAD/WIPO，“The Global Innovation Index 2015”；World Economic Forum，“The Global Competitiveness Report 2015 – 2016”；腾讯，《2016 互联网创新创业白皮书》。

以北京、上海、深圳等为代表的城市成为创新创业的风暴眼（见图8）。北京在创业人才、创业市场、创业环境、创业资本这四项指标上都位居全国前列，创业条件完备成熟，是全国当之无愧的最具创业活力和潜力的城市。2015年底，北京已有众创空间200余家，孵化器、大学科技园150余家，众创空间的入驻率也领先全国，服务企业超过2万家，孵化平台数量增长迅速，孵化能力不断壮大。在此基础上，北京的国家高新技术企业数量已达近1.3万家，新创办科技型企业超过4万家，数量雄踞全国榜首。上海作为全国最重要的金融和贸易中心，依托长三角地区的综合实力和区位优势，以及雄厚的经济基础，展现了独特优势。截至2015年底，上海有各类众创空间、孵化机构超过450家，较前一年末增加约50%。科技企业孵化器211家，加速器14家，创业苗圃备案90家，创业服务机构备案200余家，初步形成了多主体参与、多组织形态、覆盖全市的孵化载体网络。深圳则力推科技孵化器建设，着力培育完善全过程的创业生态体系，并构建各类创新创业平台。2016年上半年，深圳已累计建设各级各类创新载体近1400家。孵化器、研发平台、公共技术服务平台等创新创业载体规模的扩大给在孵企业成长提供了充足的基础。

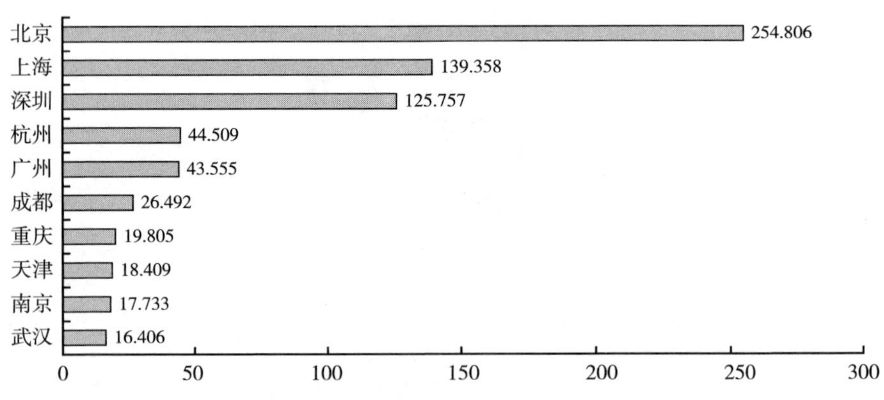

图8　中国创新创业先锋城市指数

资料来源：腾讯，《2016互联网创新创业白皮书》。

3. 新业态不断涌现，推动智慧城市建设再上台阶

2016 年，跨领域、融合性的智慧城市产业新形态不断显现。新一轮技术创新和战略性新兴产业的发展，不断衍生出全新的智慧城市产业形态，推动了我国城市建设的转型升级。从全国来看，众包众设、按需制造、个性化定制等“互联网 +”与传统产业融合的创新应用不断涌现；远程诊断、创意设计、设备生命周期管理等新服务模式层出不穷；“互联网 +”开放平台助推创新创业，电子商务持续快速增长；健康、旅游、养老等涉及民生的幸福产业迅速发展，远程教育、网约车、在线医疗等新服务模式不断涌现。从应用市场来看，车联网、智能安防、智能制造等万亿级垂直整合行业市场正在全面兴起，智能家居、可穿戴设备、智慧医疗等消费市场百花齐放。智慧城市建设过程中衍生出的新业态获得空前发展。

值得一提的是，2016 年物联网与移动互联网呈现加速融合态势，智能硬件等行业出现井喷式增长（见图 9）。一方面，可穿戴设备是其中创新迭代速度最快和市场认可度最高的领域，2016 年第三季度，全球可穿戴设备产品的出货量突破了 2000 万只，比上年同期翻了一番，预计到 2020 年前后设备的交付量会飙升至 1.3 亿只。可穿戴设备集成了健康、保健、医疗等功能，并复制了移动互联网的商业模式与应用，增强了用户体验；另一方面，智

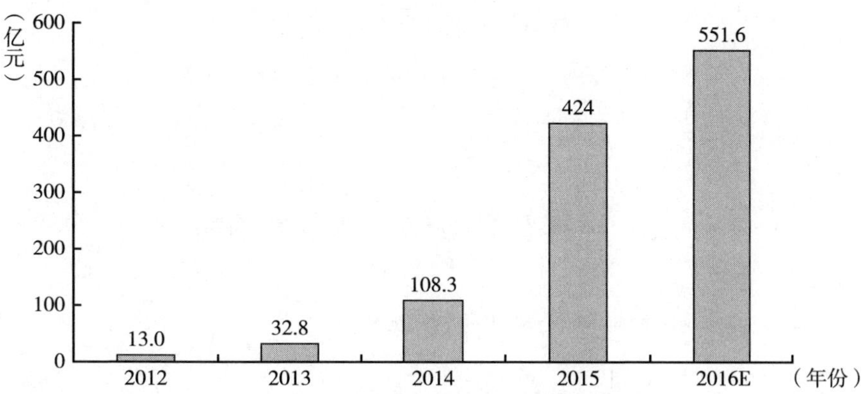

图 9　2012 ~ 2016 年中国智能硬件市场规模

资料来源：艾瑞咨询，《中国智能硬件产业系列研究报告》。

能家居领域成为企业争相布局的焦点，Intel、Cisco、Samsung 等信息通信企业，Facebook、Google、Amazon 等互联网企业，以及 Bosch、ABB 等工业企业均涉足智能家居领域，已推出智能家具、智能家电等具有创新性的产品，并可与移动 APP 应用和智能终端进行互联，实现协同化和个性化发展（见图 10）。

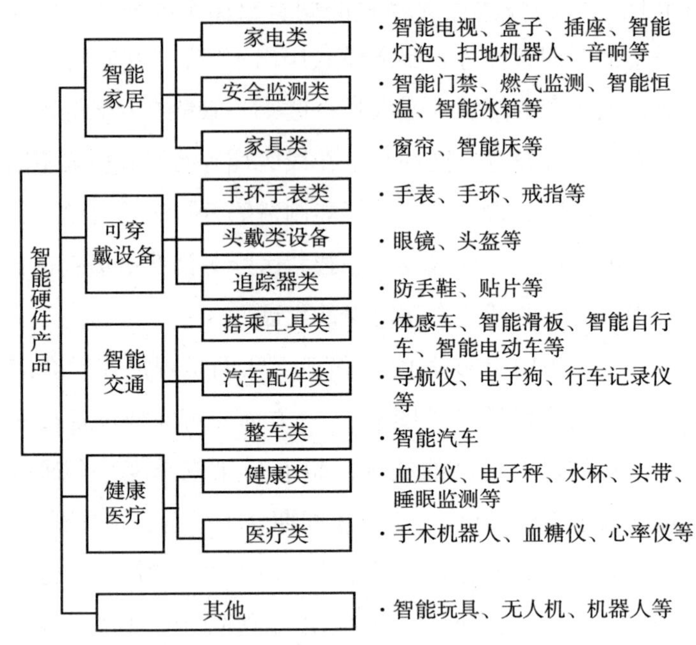

图 10　智能硬件产品分类

资料来源：艾瑞咨询，《中国智能硬件产业系列研究报告》。

二　世界智慧城市产业发展趋势

（一）新一代信息技术产业将集中发力

世界正处在产业革命和新科技革命的交汇点上。以新一代信息技术等为基础的集成创新，正前所未有地改造着城市。同时智慧城市建设对新一代信息技术产业的成长也是重要的发展契机，对具有广阔前景的物联网、云计算、大数据以及关联产业产生巨大的市场需求，将城市服务的质量和范围提升到一个崭新的水平。各国在推进智慧城市建设中，通过制定政策、加大投资、引进龙头企业、建设产业园区等方式，纷纷加快部署云计算、物联网、大数据等信息产业（见表3），可以预见，全球新一代信息技术产业将步入一个新的发展期。

表3　部分国家信息产业扶持政策

战　略	信息产业发展目标
《荷兰埃因霍温智慧港2020战略》	到2020年，实现ICT产业对国民生产总值的年度贡献由40亿欧元上升到136亿欧元
《数字加拿大150计划》	政府将通过加拿大商业发展银行，给数字企业提供3亿加元的风险投资
《数字法国2020》	信息产业将在未来3年内创建45万个就业岗位
《俄罗斯2014～2020年信息技术产业发展战略及2025年远景规划》	到2020年，高新技术产业岗位将增加70万，国内信息技术产业的产品和服务产值将从2700亿卢布增长到6200亿卢布
《俄罗斯2030年科技发展前景预测》	至2020年，俄罗斯超级计算机市场规模将达到42亿卢布。到2030年，俄罗斯IT市场规模将达到5.6万亿卢布
《欧洲电子产业战略2013～2020》	到2020年，促进投资1000亿欧元，使欧盟微芯片产品价值翻倍，同时为欧洲创造25万个新的直接工作岗位
日本《创建最尖端IT国家宣言》	到2020年，把日本建设成为一个具有"世界最高水准的广泛运用信息产业技术的社会"
《泰国信息通信技术政策框架（2011～2020）》	信息通信技术产业在泰国经济中的角色和意义将增强，信息通信技术增加值（包括数字内容产业）将至少占GDP的18%

资料来源：国家工业信息安全发展研究中心分析整理。

我国许多地方已经打造并形成一批上千亿元规模的新一代信息技术产业集群，增强了智慧城市产业的竞争力，有力地带动了城市经济的发展。我国目前在信息产业发展方面，已经形成了长三角地区、珠三角地区和环渤海地区三个具备国际竞争力的优势区域。随着技术和产业的进步，目前，中西部地区如成都、西安、武汉等城市以及福建沿海地区已经在信息产业发展方面显现优势，且具备了空间分工的雏形（见表4）。未来，在信息产业集群以及新一代信息技术产业化的基础上，我国新一代信息技术产业必将持续发力。

表4　我国信息产业集群分布情况

区域名	地区	代表城市	主要细分产业
长三角地区	上海、浙江、江苏	上海、南京、杭州、苏州、无锡、常州等	通信、集成电路制造、计算机装配、电子元器件
珠三角地区	广东	广州、深圳、珠海、东莞、中山	计算机外部设备、通信
环渤海地区	北京、天津、河北、山东、辽宁	北京、天津、石家庄、青岛、沈阳、大连	通信设备、软件、计算机及其外设
东南沿海地区	东南沿海	厦门等	软件、微电子、计算机
中西部地区	成渝绵地区	成都、重庆、绵阳	光电子、软件、通信设备
	西安	西安	光电子、软件
	中部地区	武汉、长沙	光电子

资料来源：国家工业信息安全发展研究中心分析整理。

（二）产业技术创新加速，技术引领效应继续凸显

产业技术创新的一大趋势是互联网将向智慧物联网发展，让基础层、应用层和服务层的交互变得更加智能。智能硬件已经并将继续是关联领域形成规模化增长的市场点，机器自动化、车联网等领域的产业空间巨大。Gartner的数据显示，2016年全球有超过16亿个连网物件用于智慧城市建设，同比增长40%（见表5）。物联网成为发达国家重塑国家竞争优势和实现工业智能化变革的重要基础性技术，围绕其发展的产业生态链布局正快速展开。在企业层面，全球ICT和工业领域的龙头企业正在加快工业数据平台、软件、网络、连接、管理等方面的研发和解决方案的部署，并扩展到交通、能源、医疗等领域。在政府层面，美国、德国等将网络物理系统（CPS）等物联网体系建设提升至战略高度，通过多种政策途径大力推进共性技术与相关标准的研发应用。此外，未来受手势、语言等交互方式和深度学习、虚拟现实等技术创新的推动，物联网与人工智能的融合将是智慧城市产业发展的重要模式。

表 5　全球智慧城市各领域使用物联网物件估计值

单位：百万件

类　别	2014 年	2015 年	2016 年	2020 年
医疗健康	2.3	3.4	5.3	32.5
公共服务	57.7	78.6	103.6	260.1
智能商业大楼	283.4	377.3	518.1	2282.2
智能家居	86.2	174.3	339.1	2760.8
交通	215.9	276.9	347.5	723.3
公共事业	217.7	260.6	314	686.6
其他	5.9	8.6	13.3	71.9
总计	869.1	1179.7	1640.9	6817.4

资料来源：Gartner，《2016 年十大战略科技趋势》

在算法经济时代，人工智能将是终极算法，将会成为主流商业竞争策略和产业的发展动力。2016 年，基于深度学习的机器学习算法成为人工智能领域的应用重点。据技术解决方案提供商 SoftServe 发布的 Big Data Snapshot 研究报告显示，超过 60% 的大中型企业希望在未来两年内能将机器学习用于商业分析领域，这意味着商用多层深度神经元网络，即将成为各大企业追逐的主流商业竞争策略。另据 Gartner 预测，到 2020 年，人工智能（AI）将成为服务提供商的主要战场，人工智能（AI）和高级机器学习（ML）在未来具有很大进步空间。其中涉及的神经网络、自然语言处理、深度学习等技术和算法的进步将超越基于传统规则的算法，创造能够理解、学习、适应、预测，甚至可以自主操作的系统。同时，人工智能的应用将进一步催生一系列智能化功能，包括物理设备（无人驾驶、消费电子、机器人等）以及服务和应用（智能顾问、虚拟个人助理等）。当基于物联网的应用场景覆盖愈加广泛之时，世界将会被人工智能所包围。

（三）智慧城市产业链将在智慧城市建设的过程中得到不断延伸

打造智慧型城市属于系统性工程，其将涉及城市状态的感知、运算、共享、决策以及传输等，并将城市服务、管理以及运行等信息化、智能化以及智慧化。而智慧城市产业链同样包含多方面内容，如网络通信、软件服务、运营服务以及系统集成等，其将涉及生活的方方面面，推动传统行业不断升级与发展，充分发挥现代信息技术的优势，打造新型城市。

智慧城市建设涉及城市的众多领域与行业，智慧城市不断发展与升级会推动各种产业链形成协同效应，如供应链的完善，为智慧城市的发展营造良好的物流系统；金融行业的快速发展，为智慧城市的建设奠定经济基础，解决资金问题；各种产业园区的发展与建设，为智慧城市营造出良好的发展氛围与环境。智慧城市发展过程中，将推动不同的领域实现快速发展，多行业协同发展将成为未来发展的主流，而云计算、无线宽带以及 IPV6 等技术的发展，会很好地推动智慧城市的发展与建设，打造更加科学合理的产业链与生态圈。

硬件设备与芯片制造、网络通信、软件和信息服务业将是主要的上游产业。首先，硬件设备行业的未来发展成就将直接影响智慧城市的建设进程。各参与主体对各种感知硬件设施、显示硬件设施以及网络传输硬件设施等的依赖会不断增强。其次，网络通信行业将具有主导功能。由目前的发展经验可知，绝大多数智慧城市在建设与发展过程中，离不开通信和网络的介入。可以预见，网络通信将继续发挥至关重要的作用，推动关联产业不断地升级和智慧城市的发展。最后，软件和信息服务将演变为打造智慧城市的核心应用手段。整个计算环境将朝着智能化方向发展，硬件系统与软件系统的结合效果会更加显著，整体性更加突出，未来必然实现深度融合。技术创新将成为主流，新产品、新应用以及新模式将快速发展，产业链将更加完善，特点也将更加鲜明。

系统集成和运营服务将是下游行业的代表。智慧城市建设给系统集成行业的建设创造了更多的机遇与市场。智慧城市在建设与发展过程中，将优先使用现有的信息技术，并且紧密地结合通信技术、云计算技术以及大数据处理技术，实现智能化与信息化，推动系统集成行业快速健康发展。系统集成行业具有非常广阔的发展空间，很多企业已经开始全力介入该领域，投入大量的资金与精力，在资金储备、技术能力以及售后服务等环节加快布局。而运营服务将成为获益最大的行业，很多投资者与集成商都聚焦于运营服务，期望通过该行业实现新的发展与突破。基于这种环境背景下，面对信息化与数据化市场，必然出现新的运营服务形态，推动智慧城市的发展。

（四）智慧城市产业发展路径呈国别分化发展态势

未来几年，智慧城市产业的全球资源配置能力和力度均将明显加强。不同的国家/地区由于技术水平、创新能力和资源禀赋等不同，在国际产业分工和价值链中处于不同的区段，这将导致其在全球智慧城市产业发展过程中发挥不同的作用，并选择不同的产业发展路径。

美国、德国等传统发达国家重在原创培育发展。借助本国科技、机制、人才等既有优势，调动各类市场主体的积极性，紧盯突破性技术发明和重大科学发现所带来的产业机会，进行自主研发并重塑原有产业，将新产品迅速推向全球市场，从而使其能够从整体上掌握智慧城市产业发展的主导权。

日本、韩国等侧重产品创新发展。在智慧城市产业孕育阶段，这类国家凭借有力的政策导向，扶持企业在早期新产品基础上开发出具有独立设计方案且实现功能升级和引导需求的优质产品，从而以赶超之势主导产业设计，淘汰原有产品，掌控产业化的重要技术，实现产业市场效益的最大化。这一过程对国家的产业敏感性和企业的研发能力、市场拓展能力有较高的要求，从而实现智慧城市产业创新发展。

印度、巴西等发展中国家将遵循产品引进和工艺创新发展路径。与上述国家相比，此类国家资本、人才、技术相对不足，在智慧城市产业发展初期并不具备全球竞争能力，但当产业进入成长阶段后，虽然主要技术和应用已经成型，但生产工艺技术还有广阔的拓展空间，虽然在新产业研发和核心技术的获取上会出现国际壁垒，却能使国家在现有产业资源的基础上，顺利开展渐进性创新，逐步实现技术水平和创新能力的积累。

B.4

世界智慧城市安全建设发展与展望

徐 杰　彭静怡*

摘　要：保障城市安全是智慧城市建设的应有之义。2015～2016年，新一代信息技术在城市安全领域的应用程度加深。传统基础设施防护在感知设施部署和立体化信息网络集成的基础上，实现智能化创新突破。以工控安全为着力点的生产安全成为城市安全领域新热点。与此同时，2016年全球城市治安反恐形势严峻，城市信息安全领域风险加大，国内外智慧城市在公共安全保障和网络空间安全维护方面纷纷加强应对。

关键词：城市安全　基础设施防护　工控安全　公共安全　网络空间安全

城市安全是城市健康运行的前提和保障，是智慧城市建设的重要组成部分。近年来，各国对城市安全问题日益重视，从顶层设计角度出台了一系列政策措施，推动智慧城市安全建设。通过传统的视频、图像、传感器监测监控技术，结合物联网、大数据、云计算等新一代信息技术的应用，实现全面感知和分析城市安全运行状态，有效进行城市管理，是智慧城市安全领域建设的典型特征。随着智能化技术在城市安全领域应用的凸显，国内外智慧城市在基础设施防护、安全生产、城市公共安全等方面出现了一些新特点、新

---

* 徐杰，经济学硕士，国家工业信息安全发展研究中心助理工程师，主要研究智慧城市、产业协同等；彭静怡，管理学硕士，国家工业信息安全发展研究中心工程师，主要研究都市产业、互联网、智慧城市等。

变化。另外，智慧城市建设高度集成了众多新形态的信息技术，是一项复杂的大型系统工程，从传感感知层、通信传输层、应用层、智能分析处理等诸多层面存在安全风险和脆弱性，一旦在网络安全防护上不能得到有效保证，可能会带来城市管理职能混乱、隐私信息泄露、应急决策失误等风险。因此，防范信息安全风险成为智慧城市建设中的重要一环，各国也在信息安全领域加大了防护力度。总体来看，2016 年，国内外智慧城市在重视安全领域建设的基础上，进一步强化了新一代信息技术在城市安全的宽领域应用，同时对虚拟空间呈现的安全问题进行了有针对性的应对，以保障城市的运行更加高效、安全。

一　世界智慧城市安全发展态势与特点

（一）各国普遍加强对城市安全的重视

1. 智慧城市建设政策向城市安全领域倾斜

从相关政策上来看，科学技术研究开发、应用拓展普及以及基础环境优化等是城市安全领域建设的重要内容（见表 1）。

一是将涉及城市安全问题处理的应用科学技术作为研发投资的重点。安全建设最基本保障就是拥有强有力的技术支撑，为此多国政府认识到科技研发的重要性，投入大量资金做支撑。2015 年 9 月，美国启动了新“智慧城市”计划，将部分资金投向智慧城市安全领域基础科技的开发；美国国土安全部、能源部、交通部等政府部门也投入大量资金，用于涉及城市交通、能源、信息等安全领域的技术研发。在澳大利亚 2016 年发布的“国家智慧城市发展计划”中，明确提出加强数据共享、能源安全、信息基础设施等涉及安全领域技术的研发投入。与此同时，韩国政府也决定从 2016 年起，在未来三年内投入 3.5 亿美元，主要用于研究泛在互联的物联网生态系统，并关注物联网本身的安全。

二是加强 ICT 技术在智慧城市安全领域建设中的应用。目前，世界各国普遍将 ICT 技术作为推动智慧城市建设的关键技术，并加大该技术在涉及城市安全领域建设中的应用。新加坡“智慧国家2025”计划中就提出利用先进的ICT技术广泛采集多层面的数据信息，并根据所收集到的信息实现更高效的城市安全管理。为此新加坡制订了分步骤的行动计划，第一步是创建安全、经济、高速的全国范围内通信设施；第二步是基于传感器网络准确收集实时数据；第三步是建立数据开放和共享体制，通过对数据进行分析来预测用户的需求，进而为其提供优质服务。

三是利用重点项目来吸引更多参与者。欧盟从2015年起，为了有效推动涉及城市安全领域的智慧城市建设步伐，决定开设专项基金，旨在汇集欧洲各城市管理者、企业、社会服务机构以及公民代表的有关意见，并取得了良好的参与效果。同时广泛发布邀请书，不断拓宽市场，为愿意参与到智慧城市安全领域建设的主体提供了良好的平台。

四是不断优化基础环境。加强基础环境建设是各国城市安全领域建设的共识和重要的政策覆盖领域。比如，欧盟希望在不断完善各项基础设施（包括能源、水务等）安全的基础上不断改变安全生产和生活方式。印度则在其98个智慧城市试点计划中将工作重点放在电力、环保、交通等方面，不断强化其智能化水平，促进城市安全的稳步改善。

表1　部分国家战略有关城市安全领域内容

战　略	涉及城市安全领域的内容
美国新“智慧城市”计划	2015年9月，奥巴马政府宣布将投资逾1.6亿美元，利用至少25个新技术合作项目应对包括城市安全在内的关键挑战，诸如减缓交通拥堵、推广物联网应用、建设智能化基础设施、打击违法犯罪等
《美国创新战略》	集中精力推进涉及城市安全领域的先进制造、精密医疗、大脑计划、先进汽车、清洁能源和节能技术、教育技术、计算机新领域的创新
欧盟“智慧城市和社区灯塔”计划	统筹设定专项基金来支持智慧城市安全领域技术创新和建设安全智慧社区等
澳大利亚“国家智慧城市发展计划”	明确提出要有效打造经营投资环境和加强安全技术研发等
新加坡“智慧国家2025”计划	通过应用ICT技术来采集新加坡全国的数据信息，并将这些信息更好地用于城市安全管理

资料来源：国家工业信息安全发展研究中心分析整理。

2. 完善组织协调机制助力智慧城市安全

在智慧城市安全建设过程中，不仅需要政府积极发挥自身统筹协调作用，也需要企业和市民的多主体参与。一些国家已经形成了多种有效模式来促进各利益相关方积极参与到智慧城市安全建设工作中，具体有以下几种。

一是创立政府同产业界协同创新组织，致力于加快安全领域各项应用技术成果转化。例如，美国在 2015 年制订了“网络与信息技术研发计划”（NITRD），计划决定成立物理网络小组高级指导组，旨在做好政府和私营企业相互之间的协调工作，推动双方共同合作，加快智慧城市安全解决方案的转化速度。

二是发展产业联盟，加强彼此间的合作关系。许多城市管理部门将各大企业、研究机构视为未来合作的伙伴，随时对外公开与智慧城市安全建设有关的外围项目，这样企业就可以准确了解各项目的发展条件，并积极参与到制定智慧城市安全解决方案当中。例如巴塞罗那市政府就主动与企业进行合作，共同商讨解决方案，并在全社会范围内发出涉及多个领域的试点项目，如减少自行车偷盗、公共场所的人流监测等，收到了良好的反馈。

三是创建信息共享平台作为凝聚各方的重要力量。信息开放和共享是智慧城市安全建设的重要依托。欧盟通过建立“知识竞技场”将大量与智慧城市安全有关的法律、管理流程等整合在一起，并允许各利益相关方随时共享这些知识，从而增强多主体共享交流的建设机制。

（二）新一代信息技术在城市安全领域应用广泛

新 ICT 技术，例如物联网（IoT）、LTE、云平台和大数据分析等，已对城市安全建设产生重大影响（见图 1），并助力城市管理者制定更加准确和高效的决策，提高各类公共安全的情景感知能力，让城市安全设施建造过程更加优化，成本更加经济。

物联网技术将具有无线射频识别（RFID）、传感器、移动终端等智慧化模块的设施，通过通信设备连接起来，可实现对城市运行的全面感知，并可对城市生命线安全、公共安全、城市应急等领域的安全需求做出智能化响

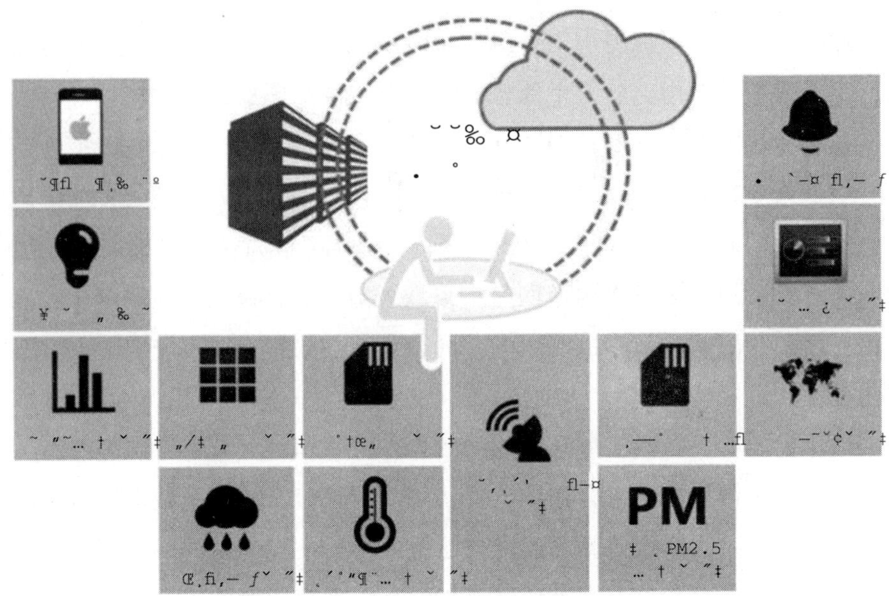

图 1　云平台、大数据在智慧城市安全领域中的应用

资料来源：莫尼塔研究。

应，真正实现安全管理智慧化。目前，我国以北京、深圳、广州等为代表的城市正广泛采用传感器、RFID、视频监控、GPS 监控、网络等技术，并建设了物联网应用支撑平台、物联网无线专用网络、感知设备设施、信息安全灾难恢复中心等物联网应用基础设施，为各类物联网应用提供共性支撑服务。在社会治安、交通安全、食品安全、安全生产等多个领域实现了自动化的监测和管理，为全面建设智慧安全城市奠定了基础。涌现了以水务、环保监测、交通流诱导等为代表的一批应用：停车场停车位的自动检测、路面事件检测、高速公路不停车收费（ETC）系统；灾情监测，水文、水质、供用水监测、水工设施监控系统；环境质量、污染源在线监测；动物检疫、食品溯源二维码、血液条码管理系统，等等。

大数据技术通过对庞大的信息量的掌握，以及对有用的数据进行筛选、挖掘和专业化处理，为城市安全保驾护航。在人口、市政、应急、交通、治安、饮用水安全、食品药品安全、检验检疫、市场监管、社会诚信等社会管理领域，大数据分析可以应对重要信息设施和信息资源安全的防护需求；在教育、文化、交通出行、劳动就业、检验检疫、防灾减灾、医疗卫生、社会保障、环境保护等公共服务领域，可以通过大数据对用户身份的真实性、内容的机密性及完整性的安全需求做出响应；在交通、水务、燃气、物流、电力等公用基础设施领域，大数据可以服务于态势感知、安全监测、安全策略配置、应急支援、等级评估、攻防演练、安全培训等。

云计算具有的海量数据存储和并行处理能力为城市安全保障提供了重要的技术方法。从效用层看，云计算通过虚拟化技术可形成弹性的资源管理池，提高机群的整体利用率，又通过存储和计算技术实现对事件的快速响应和计算，从基础上服务于城市安全的“智慧化”。从应用层看，基于云计算可以构建智慧城市的城市安全智能控制服务平台，对涉及城市各领域的感知数据进行处理，运用自动规划、专家系统、机器学习等方法，从海量的原始数据中提炼有用信息并发现规律，服务于城市安全控制和管理。

（三）传统基础设施安全防护实现智能化创新突破

1. 感知设施统筹集约部署和数据开放共享成为发展亮点

各地智慧城市在推进基础设施安全的过程中，通过前端集约采集与后端数据融通，释放感知红利。一是感知设施统筹部署推动市政基础设施智能化转型。感知设施与城市基础设施同步统筹集约部署，发挥叠加效应。当前，集成天气温度感知、高清视频监控、WiFi 通信、报警等多功能智慧路灯，已经在上海、广州等城市推广使用。城市采用感知技术，进行市政水、电、气管网的统一，智能监测预警，已成为各地智慧城市的重要实践。二是以城市运营管理中心汇聚开放共享的感知信息，构建开环应用新格局。南京、银川等智慧城市建设，通过打造城市级智能运营管理中心，打破以部门、行业为边界的孤岛式信息感知与处理格局，充分采集、汇聚城市多领域、多部门感知数据，围绕交通出行、安防应急等城市安全领域，开展感知数据的关联挖掘，有效促进城市管理级开环应用的发展，并推进基础设施智能化安全防护。

智慧路灯正成为智慧城市安全领域的重要入口和服务端口

路灯是城市最密集的基础设施之一。智慧路灯应用城市传感器、电力线载波/Zigbee 通信技术和无线 GPRS/CDMA 通信技术等，将城市中的路灯串联起来，可以实现对路灯的集中管理与远程控制，具有根据时间、天气情况、车流量等条件，实现远程照明控制、故障主动报警、自动调节亮度、远程抄表、灯具线缆防盗等功能；可以大幅节省电力资源，有效控制能源消耗，提升城市公共照明管理水平，降低维护成本；可通过大数据、云计算等技术对感知到的海量信息进行处理、分析，对各种安全需求做出智能化响应，使城市道路照明达到“智慧”状态。2016 年 7 月，

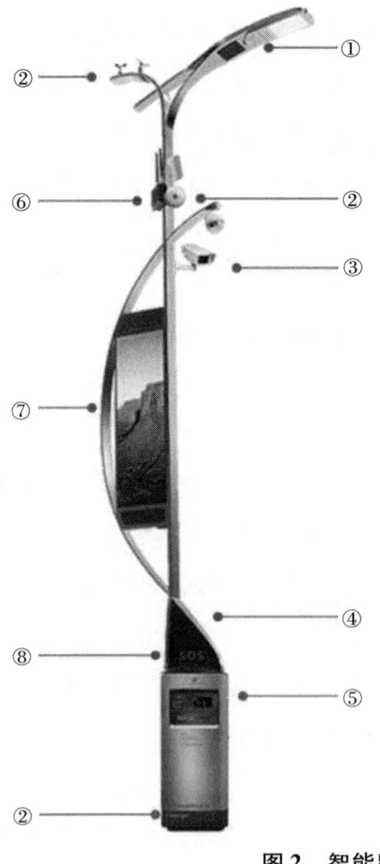

图 2　智能路灯

国内首个大规模智慧路灯系统项目——江苏洪泽县城区三千余盏智慧路灯投入运行。在基本的道路照明的基础上，该路灯还整合实现了应急信息发布、充电桩和WiFi信号提供、实时道路监控预警等功能。上海、北京等城市也在部分区域安装了智慧路灯。

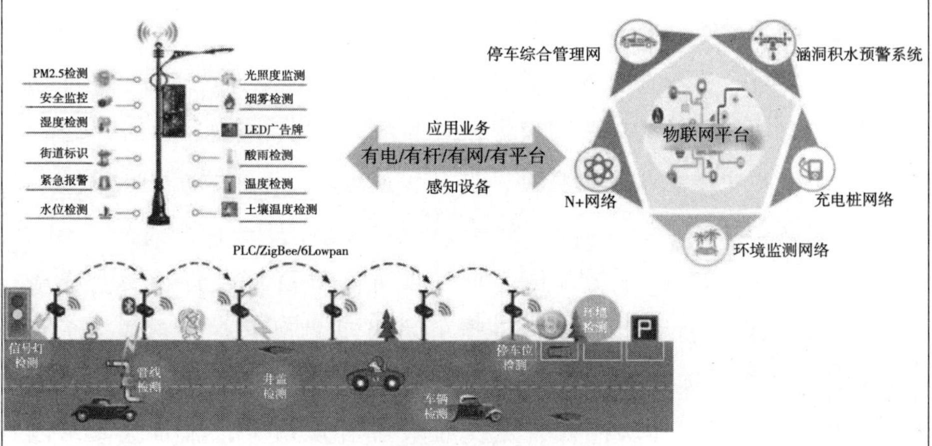

图3　智慧路灯所集成的系统

资料来源：莫尼塔研究，《智慧路灯——智慧城市的又一入口》。

表2　智慧路灯的集成模块和功能

集成模块	功能
摄像头	监测道路状况，安防和车辆监控；融入车牌、人脸识别和分析技术，可进行智能化视频处理。可作为其他子系统的延伸部分，与智慧路灯、智能井盖、垃圾桶等市政设施系统配合，进行监控管理，也可与紧急呼叫系统配合，通过视频调度，便于了解现场状况
WiFi 基站	路灯内嵌 WiFi 基站，实现全城 WiFi 热点覆盖
电子显示屏	电子显示屏可以发布便捷信息（播报气象、环境等城市综合信息），一旦出现紧急事故，可用于发布紧急信息
传感器	路灯搭载一些传感器（噪声传感器、空气污染检测器、温湿度传感器、亮度传感器等），用于检测风向、风速、温湿度、降雨量、水位、PM2.5、PM10 和噪声等，实现对城市环境和气象的智能监测、预先报警等多种功能。红外传感器、雷达用来测量实时车流、人流数据流量，并以此为依据自动降低路灯亮度，或者间隔开灯
充电桩	由于路灯的密集度，路灯集成充电桩后，城市形成广布的充电网络，为电动汽车解决后顾之忧；通过将充电桩介入网管中心，充电桩厂商或第三方软件公司就可以开发各种应用 APP，实现包括 GSI 充电桩位置查询、预约充电、充电提醒以及在线付费等在线功能

无处不在的传感器大大提高韩国松岛新城安全感知能力

韩国松岛新城是一座人工填海形成的岛屿，位于韩国第二大港口城市仁川滨水区、首尔以西，是作为韩国“U-City”计划的五大示范城市之一。

松岛新城具有无处不在的感知能力，整个城市光纤、无线网遍布，传感器也实现大面积高密度覆盖，通过信息系统实现自动布控。每个传感器会实时传送接收到的一切数据，如噪声、天气、交通、行人行为等，城市控制管理中心在收到数据后可以自动分析，并为数据使用者提供指引，适时做出应对。

以交通安全领域为例，传感器可以准确识别信号灯的运行是否正常、路灯是否损坏，以便能迅速解决出现的问题；每条道路旁的传感器可以识别障碍物、拥堵水平和潜在危险，并将其反馈给驾驶员；街道上的路灯可以根据人流变化实现自动调节；城市交通管理者可以根据接收到的数据对信号灯重置，以实现交通资源配置的最优化。

2. 构建立体化信息采集网络成基础设施安全领域重点建设方向

在感知设施部署的基础上，为加强基础设施安全防护，构建大规模、全覆盖的信息采集网络成为国内外智慧城市安全领域重点建设方向。从信息采集设备部署规模来看，据 Gartner 分析，2016 年全球智慧城市各领域使用联网设备数量达到 16 亿个，较 2015 年增长 39%，2020 年将突破 97 亿个。从部署区域来看，信息采集网络全面覆盖空天地海，实现对公共设施、车辆、人流等地上信息，供水、排水、热力、燃气等各类管线运行状态等地下信息，空气质量等空中信息，以及水流、潮汐、水质等水中信息的全面实时采集。海量城市感知数据汇聚到智慧城市综合管理运营平台，结合航空摄影测量、地下管线探测、三维视图等技术构建出城市运行状态的虚拟投影，有力支撑城市基础设施安全管理和事件调度。

机电设备智能化实现设备自我诊断和信息采集

城市中地铁线网规模巨大，地铁中的机电设备数量增多，设备的监控和运维面临挑战。智能仪表可以通过设备的在线监测和其他信号监测、状态监测诊断、定向风险评价、数据采集和分析，进行预防维修和预知维修，以实现在故障发生之前修理故障设备或替换损坏设备，保障运行安全。在北京地铁和深圳地铁的多条线路上，已经开始采用智能仪表，减轻对人工经验的依赖。智能仪表替代传统的人工巡检方式的示意图见图4。

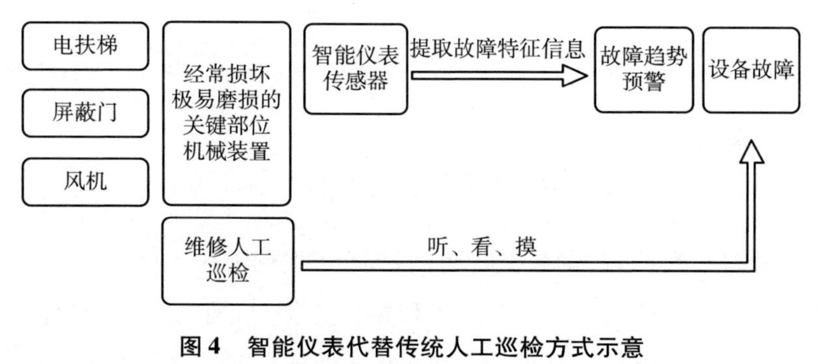

图4　智能仪表代替传统人工巡检方式示意

宁波市打造“智慧水务”

2016年，宁波市镇海区智慧城管中心借力科技，巧用城市排涝的“互联网+”模式，积极备战城市防汛，力保该区安全度汛。

一是远程管控。总投资3362万元的“智慧水务”已于2016年进入试运行，通过推进“智慧水务”“智慧城管”排水地理信息系统建设，建立包括气象数据、水系数据、管网数据等在内的信息资源中心，打造覆盖全区建成区域水闸、泵站、排水管网等一体化监控管理平台，实现了对全区排水与污水管网的远程监控。

二是部门联动。借助智慧城管二期项目，对城市管理区域的9个泵站和包括中官路在内的10余处低洼易积水点进行动态监控，实现了水位情况、实时监控影像、预警报警数据在GIS地图上的直观呈现。智慧城管一旦发现积水险情，立即通知道路养护部门提前排除隐患，通知交警、城管部门做好车辆疏导工作，为部门之间的防汛决策提供科学有效的依据。

三是动态监控。通过在沿江路等河道口附近设置监测点，动态监控河道水位，通过比较内河水位与外河水位，将排水指令及时送达市政部门，尽早采取排放水措施，消除老城区低洼积水区块的排水险情。目前该区已在全区主要道路、重要市政设施、桥梁、河道等区域安装高清视频探头50余个，范围覆盖了全区所有排水、排涝泵站，并已全数接入智慧城管平台，实现了对全区防台抗台情况全方位、全时段的实时监控。

（四）生产安全成城市安全领域新焦点

1. 内外因加重工业控制系统风险工控安全必要性上升

城市的运行安全离不开工业生产和控制安全。工业控制系统广泛应用于石油化工、冶金、电力、汽车、水利、污水处理等诸多现代工业，其中超过80%的涉及国计民生的关键基础设施（如供排水、铁路、城市轨道交通、邮电、通信等）都依靠工业控制系统来实现自动化作业。因此，工控安全对于保障城市安全至关重要。

从全球来看，工控安全形势并不乐观。安全漏洞数量仍然高企，针对工控网络的攻击高发，工控安全威胁不断增加，已对生产运行安全造成实质影响。工控系统很多采用了传统网络中的通信协议和软硬件系统，或以特定的方式直接连接到传统的网络中，改变了以前封闭式的工作原理，导致工控设备直接接入互联网中，直接面临互联网中的各种威胁，对生产安全和公共安全造成潜在的危害。2015 年 12 月 23 日，乌克兰电力部门遭受到恶意代码攻击，该事故造成 7 个 110kV 变电站和 23 个 35kV 变电站故障，导致 80000 用户断电。2015 年，美国工控系统网络应急响应小组（ICS-CERT）共收集了 295 起涉及关键基础设施的安全事件，关键制造业、能源、水处理成为被攻击最多的三个行业。其中，关键制造业的安全事件为 97 个，占到全部事件的33%，成为2015年受攻击最多的行业（见图5）。根据中国国家信息安全漏洞共享平台（CNVD）公布的2016年工控系统漏洞数据分析，其中高危漏洞和中危漏洞所占比例居高不下（见图6）。对我国的智慧城市建设而言，随着“互联网+”、智能制造、物联网等各种创新应用不断深入发展，维护工控安全的必要性也进一步加大。

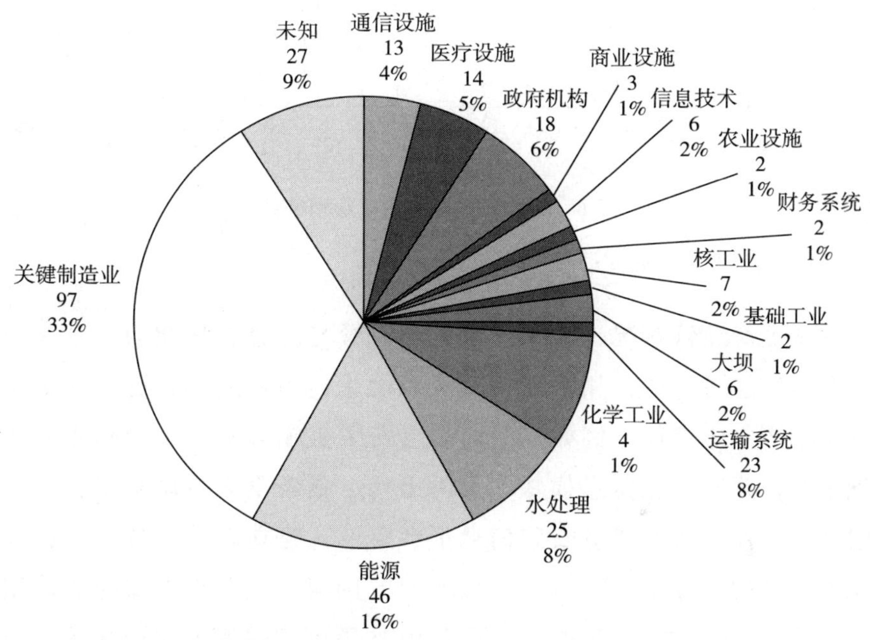

图5　美国工业领域受攻击事件统计

资料来源：匡恩网络，《2015工业控制网络安全态势报告》。

2. 安全生产监管正朝智慧化方向演进

“智慧安监信息平台”等提升安全监管信息化实际效用的平台不断显现。融入新一代互联网、物联网技术，该类平台着重实现安全监管的过程控制和智能控制，通过建立重点企业的视频监控网络，实现重点企业的实时管理；通过大数据分析，解决安全管理中长久存在的疑难问题，提高安全监管人员和企业安全管理人员重点问题的解决能力。各地智慧安监信息平台的投入使用，使政府监管部门能及时掌握各个生产经营单

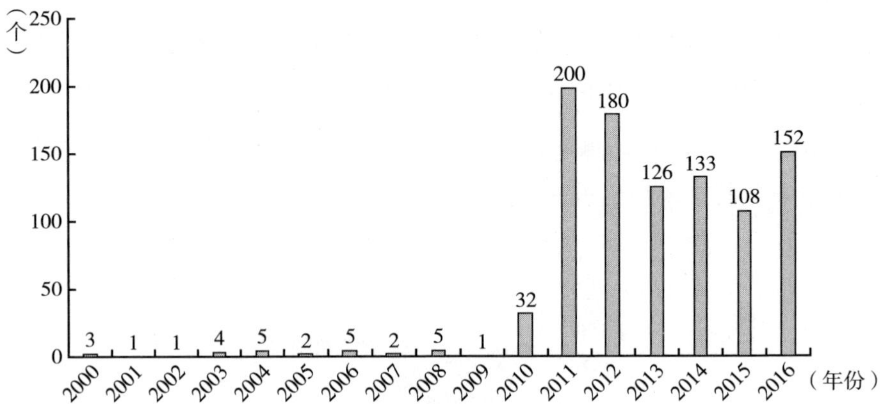

图6　工控行业漏洞危险级别统计

资料来源：中国国家信息安全漏洞共享平台（CNVD）。

位的安全生产经营状况，大大提升安全监管与应急管理能力；企业通过智慧安监信息平台的使用，能及时发现隐患，消除隐患，进一步落实企业安全生产主体责任。例如，深圳市宝安区实施对安全生产隐患的动态管理手段，开发隐患信息模块，及时上传、更新重大隐患信息，并实现实时动态监控。通过智慧安监信息平台建设，建立以企业分级分类和信息化为基础的全方位监管体系。2016 年，国家安监总局将贵州省确定为煤矿安全生产大数据示范省，并投资 1293 万元建设煤矿事故风险分析平台。主要建设安全基础管理、安全准入、监察执法、事故调查、事故统计分析子系统，实现远程安全监察执法、隐患分析监控、数据储存共享、应急救援迅捷的云服务功能。

（五）城市公共安全管理呈现新变化

1. 国际治安反恐形势严峻、国内城市形势平稳

2016 年，国际上许多城市遭受了恐怖主义的严重打击，暴恐袭击案件数量飙升。媒体称 2016 年为“国际恐怖年”，发生了如巴格达恐怖袭击、布基纳法索恐怖袭击事件、布鲁塞尔连环爆炸袭击案以及安卡

拉大爆炸事件等（见表 3），广场、街道、商场、餐厅、地铁站等公共场所成为恐怖分子攻击的重要对象，造成重大人员伤亡和经济损失，反映了国际恐怖主义发展势头不断恶性蔓延的状况，暴恐风险依然十分严峻。

表 3　2016 年全球重大恐怖袭击事件

时　间	恐怖袭击案件	案发场所
2016－01－11	巴格达恐怖袭击	商场
2016－01－12	伊斯坦布尔爆炸事件	广场
2016－01－14	雅加达恐怖袭击	商业区、使馆区、咖啡店
2016－01－15	布基纳法索恐怖袭击事件	咖啡店
2016－02－17	安卡拉大爆炸事件	广场
2016－03－13	安卡拉炸弹袭击事件	街道、广场、公共汽车站
2016－03－22	布鲁塞尔连环爆炸袭击案	机场、地铁
2016－03－25	伊斯坎德里耶炸弹袭击事件	足球场
2016－06－07	伊斯坦布尔恐怖炸弹袭击	街道
2016－06－28	伊斯坦布尔机场自杀式袭击事件	机场
2016－07－01	达卡恐怖袭击事件	餐厅
2016－07－14	尼斯恐怖袭击事件	街道
2016－07－22	慕尼黑恐怖袭击	购物中心
2016－12－20	柏林圣诞市场恐怖袭击	广场

资料来源：国家工业信息安全发展研究中心分析整理。

与国外城市恐怖主义蔓延的趋势相反，我国国内城市反恐形势平稳。2016 年，我国立体化社会治安防控体系有效地发挥了作用，依托各种力量主动防控、严厉打击，全年未发生恐怖袭击事件，为社会治安良性有序运行奠定了基础。同时，我国从法律法规、标准制定等方面加强了治安防控。2016 年 1 月 1 日，《中华人民共和国反恐怖主义法》开始施行，对于维护国家安全、公共安全和人民生命财产安全具有标志性意义。2016 年 3 月 1 日开始实施的《社会治安综合治理基础数据规范》（GB/T 31000—2015）国家标准，是社会治安综合治理工作的第一个国家标准，是社会治安综合治理工作迈向信息化的重大突破。由此，我国以“标准+政策”的手段，推动城市乃至全国层面的数据资源整合，在云计算和大数据技术的支持下，极大地提高对突出问题及时排除整治、对重点群体精准服务管理的能力，及时有效化解各类矛盾纠纷，应对突发公共安全事件。

2. 大数据智能分析成为智慧城市治安管理的核心手段

利用大数据智能分析实现从“事后查证”到“事前预防”，已成为城市治安管理的核心手段。通过对信息资源大数据的采集分析，得到包括人员身份信息、指纹、手机、卡号账号、物品等信息；通过对视频资源大数据的采集分析，得到包括人脸、车牌、车标、细小特征等信息。将这类信息与各警种、各行业、各主题仓库中的数据进行分析、比对、碰撞，据此就可以高效率地为公安部门提供有价值的情报信息，实现从事后查证到事前预防的根本性变革，最大限度地将暴力恐怖活动扼杀在摇篮中。

对犯罪分子的日常信息，如社交、购物、交通、视频、聊天记录、电子邮件等进行预警和排查，越来越成为城市反恐的通用手段之一。美国早已将声纹信息管理系统应用到城市安全管理的各个领域，基于大数据技术的信息安全智能化应用在美国反恐行动中作用突出。2015年，以色列从搜集到的海量的看似杂乱无序的文字、图片、视频和讲话中，通过大数据技术挖掘分析与比对，提炼成行动性情报线索，成功追踪定位了一个恐怖组织的几名头领。2016年，我国部分城市（如广州、无锡、合肥等）已经开始应用大数据进行人脸识别。在地铁、机场等公共场所安装高清摄像头，这项技术目前已经取得部分成效，例如西南地区某公安局使用动态人脸识别系统成功抓捕6名在逃人员。深圳市推出了包含区域热力图、位置流量趋势、人员迁徙分析、社交热点地图和街景地图等模块的大数据应用平台。以定位点数据在时间、空间和人物画像三个角度的挖掘为核心，形成业务主线和整齐的功能矩阵，在实践中取得了良好的运行效果（见图7）。

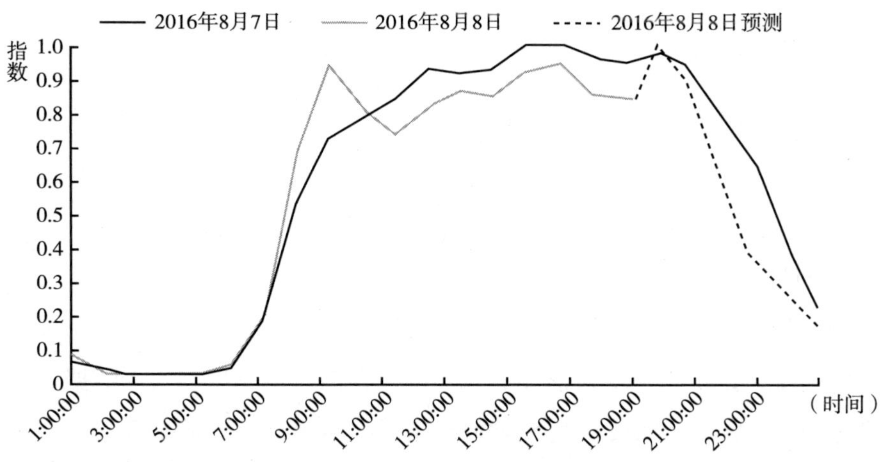

图7　深圳北站位置流量趋势

资料来源：腾讯，《2016 互联网创新创白皮书》。

肯尼亚：以大数据为基础构建全新的安全体系

肯尼亚位于非洲东部，以矿产资源、旅游业闻名。但抢劫、车辆盗窃等不安全因素会影响该国形象。为此，当地政府已经把城市安全提升到国家层面，借助 ICT 手段提升整个城市和国家的治安和管理水平。

在肯尼亚城市安全项目建设过程中，发现诸多问题亟须解决，比如，重要区域存在视频盲点，导致犯罪分子铤而走险；部分老式模拟集群系统还在应用，沟通效率低；警察人手配比不足，出警效率低，职能部门信息化系统烟囱林立，资源难以共享；人工回放监控路线，需要大量人力和时间寻找案件线索，效率低。

为此，肯尼亚通过加强与企业的合作，采用基于 GIS 的 CAD 定位系统、视频监控、接处警通信平台、宽带集群 eLTE、智能分析（车牌识别、违章检测）等一系列解决方案，并深度融合多业务系统，全面提升警察部门和医疗、消防、市政等其他政府部门的协同作战能力和应急响应效率。在该项目上线后，当地的治安状况有了明显改善，肯尼亚警察部年度报告显示，项目覆盖区域 2015 年犯罪率较上一年下降了 46%。

（六）城市信息安全领域风险加大，各国政策调整升级

1. 全球城市面临新型信息安全隐患

（1）信息基础设施防护难度增大。现阶段，由于对物联网等实施防护的安全保障技术还不成熟，信息基础设施表现出非常明显的脆弱性。借助不同的连接手段，比如蓝牙技术、交换机等，所有的物联网系统均能够与互联网中的设备直接连接。尽管这提高了系统的整体性，但是物联网中相关的节点、数据库、数据源以及通信链等也面临潜在的安全隐患。云端数据资源具有良好的共享性，当其受到恶意软件攻击时，将出现重要数据丢失、金融诈骗等安全威胁。除此之外，分布式拒绝服务攻击等手段很可能直接导致云系统崩溃，如果云平台被恶意软件侵袭，全部账户都会受到影响，所有的用户都将蒙受损失。现阶段，虽然技术供应商都在积极加强安全监督管理工作，实施事前加密手段，提高云服务的质量，排查安全隐患，但是构建信息基础安全保障系统并不是短期内能够完成的，需要长时间的积累与完善，才能真正地保证信息安全。

德国 90 万家庭断网遭黑客蓄意入侵

11 月，德国电信遭遇一次大范围的网络故障。2000 万固定网络用户中的大约 90 万路由器发生故障（约 4.5%），并由此导致大面积网络访问受限。德国电信进一步确认了问题是由于路由设备的维护界面被暴露在互联网上，并且互联网上正在发生针对性的攻击而导致。

（2）终端领域信息安全威胁加大。智慧城市中，很多传感器与智能终端被连接进入网络系统，形成异常复杂的接入环境、多元化的接入形式以及智能化接入终端，由此造成信息安全隐患。近几年，智能软件快速发展，各种新式软件陆续问世，移动智能终端演变为日常生活中最常见的工具，但是

其存在的安全隐患越来越大。移动终端系统具体应用过程中也暴露出很多安全问题，如数据泄露、位置被追踪等。

澳大利亚多个城市银行官方手机应用遭黑客攻击

2016 年 3 月，澳大利亚许多银行的客户，在使用手机终端登录时遭受了恶意程序的攻击，甚至连双重验证都失去保护功能。这种病毒程序长时间潜伏在设备内部，只要打开客户端，其就会发挥作用，自动形成虚假登录窗口，导致相关信息被泄露。澳大利亚西太银行、澳新银行等多家银行都处于被攻击之列。该程序除了可以直接盗取信息，还能拦截短信验证码。黑客们获取这些信息后，不论身处何处均能登录相应的网上银行进行转账。

（3）民生领域信息安全风险加剧。智慧城市发展与建设过程中，整合了多方面的资源与信息，从二维码到手机 APP、从智能电网到智能安防，民生领域的覆盖面在日益扩大，但与此相伴的信息侵害的领域和程度也在不断加大。人们对智能网络更加依赖使信息被泄露的可能性增强，个人隐私保护受到威胁。当人们不具备信息保护意识，也没有特定的能力保护信息时，其个人利益会很容易受到侵害。在企业端，没有加密的用户数据可能被脱库，这些隐私保护问题可能随时带来严重后果（见图 8）。

雅虎曝史上最大规模信息泄露：5 亿用户资料被窃

2016 年 9 月，雅虎突然宣称其至少 5 亿条用户信息被黑客盗取，其中包括用户姓名、出生日期、电话号码、电子邮箱和登录密码。雅虎建议其所有用户及时更改密码。此次雅虎信息泄露事件被称为史上最大规模互联网信息泄露事件，用户隐私受到严重威胁。

2. 各国从战略高度加快城市信息安全部署

（1）明确网络空间治理的方式与机构。一些国家设立了高级别的专职

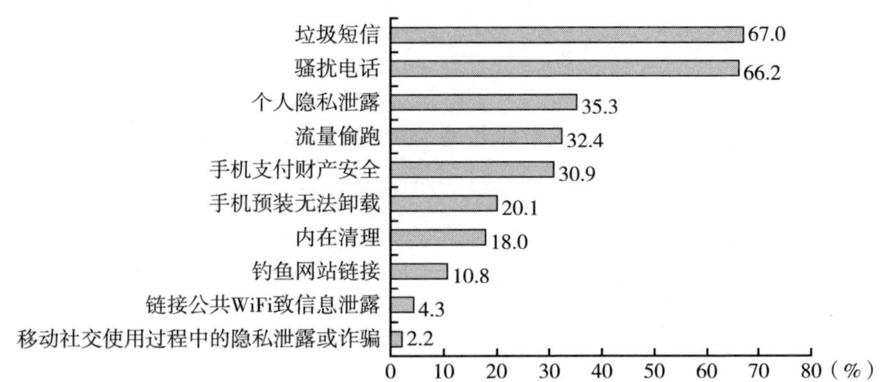

图8　2016 年最受中国手机网民关注的手机安全问题

资料来源：艾媒咨询，《2015～2016 中国移动安全市场年度报告》。

协调机构，负责网络治理的“内联外合”。2016 年 2 月，美国推出《网络安全国家行动计划》，首次设立专职高级官员来主管联邦政府网络安全政策规划。美国继而成立了由国会、企业界和学术界代表组成的“国家网络安全促进委员会”，任务是为美国政府提供今后十年网络安全的建议，并规划一份“路线图”。日本政府 5 月宣布设立工业网络安全促进机构（ICPA），以专门抵御针对城市关键基础设施的网络攻击，重点保护电力、天然气、石油、化学和核设施等。7 月，日本又成立了专职机构——网络安全保障政策室，以应对愈发严重的针对政府部门的网络攻击，并寻求同其他国家在网络空间治理规则上进行密切协调。11 月，德国宣布在联邦信息安全办公室之内建立一支快速反应部队，其作用类似于联邦警署、国内情报机构以及部分政府部门内设置的快速反应小组，以应对城市复杂网络攻击等网络威胁活动。

（2）加强城市关键基础设施的信息安全保护。乌克兰于 2016 年 4 月通过新版《网络安全战略》，鉴于针对该国关键 IT 设施和社会基础设施的网络攻击数量显著上升，乌克兰的核电站、机场、铁路系统和其他关键基础设施都面临严峻的网络威胁，因此专门成立了由权威信息安全专家组成的网络安全团队，对城市关键基础设施网络的战略性入口进行管理以防止网络攻击。5 月，日本成立网络防御政府机构，旨在专门抵御针对关键基础设施的网络攻击，特别是希望借此能够在 2020 年东京奥运会期间保护城市关键基础设施的安全。7 月，韩国对其国内主要城市基础设施实施检查，强化政府应对姿态，特别是对曾经受到黑客入侵的机关和网页的集中检查。8 月，我国发布《关于加强国家网络安全标准化工作的若干意见》，将整合精简强制性标准，在关键信息基础设施保护、涉密网络等领域制定强制性国家标准。10 月，新加坡宣布实施网络安全策略，提出新加坡要建立具备较强适应性的基础设施，以创造更加安全的网络空间。

（3）完善相关立法工作。2016 年 4 月，欧洲议会宣布投票支持适用于规范欧盟所有公司数据行为的《数据保护法》。这意味着公司必须负责数据保护，欧盟公民对自身信息有了更大的知情权和控制权。4 月，日本出台的新《网络安全基本法》，将保护对象范围扩大至独立行政法人，同时，对国民生活和经济活动的影响指定的特殊法人和认证法人也成为保护对象。7 月，欧洲议会全体会议通过《欧盟网络与信息系统安全指令》，这是其出台的第一个该领域指导性法规，旨在加强成员国之间的合作，提高应对网络故障的能力和打击网络犯罪的力度。11 月，我国十二届全国人大常委会第二十四次会议表决通过了《中华人民共和国网络安全法》，这是我国首部有关网络安全的法律，对保障我国网络空间安全具有重要意义（见表 4）。

表 4　2016 年各国对信息安全领域的部署

部署方式	国家	时间	措施
明确网络空间治理的方式与机构	美国	2 月	推出《网络安全国家行动计划》，设立联邦首席信息安全官，负责联邦政府网络安全政策与行动的规划与执行
	日本	5 月	宣布设立工业网络安全促进机构（ICPA），以专门抵御针对城市关键基础设施的网络攻击
		7 月	成立“网络安全保障政策室”
	德国	11 月	在联邦信息安全办公室之内建立一支快速反应部队

续表

部署方式	国家	时间	措施
加强城市关键基础设施信息安全保护	乌克兰	4月	通过新版《网络安全战略》,对城市关键基础设施网络的战略性入口进行管理以防止网络攻击
	日本	5月	成立网络防御政府机构,旨在专门抵御针对关键基础设施的网络攻击
	韩国	7月	对其韩国国内主要城市基础设施实施检查,强化政府应对姿态,特别是对曾经受到黑客入侵的机关和网页的集中检查
	中国	8月	发布《关于加强国家网络安全标准化工作的若干意见》,将整合精简强制性标准,在关键信息基础设施保护、涉密网络等领域制定强制性国家标准
	新加坡	10月	宣布实施网络安全策略,提出新加坡要建立具备较强适应性的基础设施
完善相关立法工作	欧盟	4月	欧洲议会宣布投票支持新的《数据保护法》
		7月	欧洲议会全体会议通过《欧盟网络与信息系统安全指令》
	日本	4月	出台新《网络安全基本法》
	中国	11月	十二届全国人大常委会第二十四次会议表决通过了《中华人民共和国网络安全法》

二　世界智慧城市安全趋势研判

(一)基于数据共享、统一指挥的快速联动机制有望加强

在数据开放程度日益提高的态势下，构建各部门统一指挥的快速联动机制是城市安全领域的一大趋势。在统一汇聚具有共享价值的城市安全数据基础上，依托大数据、物联网等技术，为城市安全管理提供统筹研判、预防预警、应急处置、协同调度等功能服务，并与专业信息系统互为补充，构建一体化的公共安全防控体系，实现信息互通、资源共享、精细管理、数字决策，突出解决关口前移、预防预警的问题，可以推动城市安全管理的变革。伦敦、纽约、斯德哥尔摩、新加坡等城市为提高

多部门协同能力，已形成了基于指挥与控制系统的统一的 ICT 平台，集成了计算机辅助调度（CAD）、视频调度、地理信息系统（GIS）和信息数据共享系统，实现了视频监控、会商、LTE 和集群等技术的全面融合。通过与所有传感器和数据集（语音、视频和信息等）的融合，指挥与控制解决方案为相关部门（包括执法、消防和急救部门等）呈现了统一的作战态势图，极大地提高了操作人员的情景感知能力，提升了城市各部门的实时应急效率。

（二）网络空间安全将成战略疆域

2016 年，全球网络安全事件频发。黑客关注的不仅是各种核心数据的窃取，更多的是针对一些关键性基础设施，政府、金融机构、能源行业都成为黑客攻击的新目标。2016 年 10 月，美国遭史上最大规模 DDoS 攻击，东海岸网站集体瘫痪。恶意软件 Mirai 控制的僵尸网络对美国域名服务器管理服务供应商 Dyn 发起 DDoS 攻击，从而导致许多网站在美国东海岸地区宕机，如 GitHub、Twitter、PayPal 等，用户无法通过域名访问这些站点。12 月，俄罗斯央行遭黑客攻击，3100 万美元不翼而飞。俄罗斯中央银行证实，该行电脑系统遭到了黑客入侵，犯罪分子从银行的代理账户中窃走了 20 亿卢布（约合 3100 万美元）的资金，紧接着，俄罗斯第二大银行 VTB 再遭黑客攻击。赛门铁克公司（Symantec Corporation）发布的 2016 年报告显示，网络攻击者已经十分了解物联网存在的安全缺陷，很多网络攻击者开始利用常用的默认密码预先编写恶意软件，以便更加轻松地对物联网等设备发起攻击。随着越来越多的嵌入式设备连接至互联网，未来可能会更加频繁地出现多平台同步受到攻击的事件。鉴于网络空间安全问题愈演愈烈，各国纷纷采取措施加强网络安全（见表 5）。由此可预见，在未来的智慧城市建设过程中，大国间彼此网络攻防将更趋频繁，制定网络空间“交规”更显紧迫，各方势必激烈角逐，网络安全将成为战略关注重点领域。

表5　2016年部分国家和地区的网络安全战略

美　国	2月9日	奥巴马政府推出《网络安全国家行动计划》 将从加强人才队伍、网络基础设施、相关领域社会合作、长期解决方案和民众网络安全防护意识等五方面入手,全方位保障美国网络空间安全
	2月17日	美国成立网络安全促进委员会 新机构的主要任务是为联邦政府提供决策咨询、帮助社会各界改善网络环境,为维护美国网络安全提供一份长期路线图
	4月13日	奥巴马宣布成立国家网络安全强化委员会 该委员会的职责是制定详细的建议,从而在未来十年内强化各私营部门的网络安全意识与保护举措,最终实现隐私保护、公众安全保障、经济与国家安全防御以及引导美国民众更好地控制自有数字化资产的目标
	11月15日	美国国土安全部(DHS)发布《保障物联网安全战略准则》 该准则的要点包括在设计时间就应考虑安全问题、改善安全更新与漏洞管理机制、建立可靠的安全做法、以安全为优先任务、推动物联网IoT生态体系的透明化,以及谨慎连接等。以督促企业从开发、生产、导入及使用物联网等各阶段都能确保安全性
欧　盟	7月6日	欧盟出台首个网络与信息安全指导性法律《欧盟网络与信息系统安全指令》 该法律要求欧盟各国加强合作,制定网络安全战略,对各自在交通、能源、银行等关键领域提供服务的企业进行梳理,建立事故应急机制,增强其应对网络威胁和攻击的能力
英　国	10月31日	英国国家网络安全中心启动 该中心的四大主要目标是:降低英国的网络安全风险;有效应对网络事件并减少损失;了解网络安全环境、共享信息并解决系统漏洞;增强英国网络安全能力,并在重要国家网络安全问题上提供指导
德　国	11月9日	德国全面启动网络安全战略 该战略用以应对越来越多针对政府机构、关键性基础设施、企业以及公民的网络威胁活动
乌克兰	4月18日	乌克兰发布新版网络安全战略 新战略在符合欧盟和北约标准的前提下,为乌克兰网络安全设计新的标准,同时加速网络安全研发活动
波　兰	5月	波兰推出网络安全战略 该战略提出构建组织体系,形成处理攻击和威胁的响应机制,打造预警系统,高效应对网络攻击
新加坡	10月10日	新加坡公布网络安全策略 该战略包括健全高适应性的基础设施、发展多层次的网络安全系统、创造更安全的网络空间以及加强相关领域国际合作四大要点

资料来源：国家工业信息安全发展研究中心分析整理。

（三）智慧城市安全领域国际互惠合作将继续深化

在加强智慧城市整体建设国际合作的同时，各国亦积极以多种形式推动在城市安全领域的合作。2015 年以来，继中美达成网络安全合作协议之后，中英、美韩、中俄、中德先后签署了合作协议。另外，美英宣布建立网络联合作战部队，美日借《日美防卫合作指针》推进网络空间领域合作；美印签署合作备忘录，加强在技术安全性服务和智慧城市安全解决方案等方面的合作；新加坡与丹麦开展“智慧城市对话”，合作加强在智慧城市发展策略方面的经验交流，并共同推进在城市安全领域的资源共享；中美则合作打击网络犯罪，于 2016 年 12 月进行了高级别联合对话，就网络安全及反恐合作、情报信息共享等达成共识。由此看出，各国对于网络安全的重要性认识在提升，对开展合作对话、共同应对网络安全威胁更加重视。各种双边层面的网络安全合作亦纷纷开展，各种区域性和国际性组织越来越成为网络安全对话的主要阵地。东盟地区论坛，OECD，G20，非洲、美国国家峰会等在网络安全上的对话越来越多。可以预见，在今后一段时期，全球各国将会继续加强在城市安全领域的国际合作。

B.5 世界智慧城市标准评价发展与展望

孙倩文　张 宇*

摘　要：　随着全球越来越多城市的智慧城市建设工作推进，2016 年全球相关机构对智慧城市标准与评价工作的推进步伐开始加快。国际性标准机构国际标准化组织（ISO）、国际电信联盟（ITU）等，国家级标准机构英国标准协会（BSI）、美国国家标准与技术研究院（NIST）、中国国家标准委，以及上海等智慧城市建设的领军城市自建的智慧城市标准研究机构在相关领域均有成果出台，智慧城市的评价标准正不断完善。

关键词：　智慧城市　5G 网络　标准评价

2016 年，国内外智慧城市发展已经进入理性规划、融合发展时期。早在“智慧城市”概念提出的同时，国内外智慧城市的评价工作已经开展，如美国的 IBM 公司提出了智慧城市评价工具、欧盟地区的维也纳大学区域科学中心开展了欧盟中等城市智慧城市排名、国内的国脉互联智慧城市研究中心开展了中国智慧城市发展水平评估等。从 2015 年开始，国内外关于智慧城市标准的研究与实践工作开始加速推进，2015 年底，ISO/TC 268/SC1 发布了 ISO/TS 37151 智慧城市基础设施—绩效评价的原则和要求，ISO/TS

* 孙倩文，理学硕士，国家工业信息安全发展研究中心工程师，主要研究智慧城市建设、新型智慧城市测评、未来计算等；张宇，国家工业信息安全发展研究中心高级工程师，主要研究电子政务、智慧城市等。

37151 是国际标准化组织（ISO）发布的第一项涉及智慧城市的国际标准。进入 2016 年，国际标准化组织对智慧城市的相关标准推进工作有了突破性的进展，5 月底，ISO/IEC JTC1/WG11 启动了首批智慧城市标准建设工作，对各国制定更加适用的智慧城市相关标准以及推进各国智慧城市建设具有重要指导意义。在此基础上，国际标准化组织（ISO）、国际电工委员会（IEC）、国际电信联盟（ITU）、英国标准协会（BSI）、美国国家标准与技术研究院（NIST）已从不同层次启动了智慧城市标准化工作；同时，中国、美国、英国以及欧洲地区标准机构也纷纷开始了关于智慧城市标准化的工作。预计在未来两年，智慧城市的整体评价标准及子领域评价标准将陆续出台，全球各标准建设机构的智慧城市标准建设工作有望融合发展，各国在这一领域的合作将进入实质性推进阶段，在标准的基础上将出现一大批评价试点城市。

一　世界智慧城市标准和评价的发展态势与特点

（一）企业主导5G 网络建设标准，已有重大突破

2015 年 4 月，国际电信联盟已经就 5G（第五代移动通信）标准的研发进度给出了官方说明，预计于 2020 年 5G 能够正式商用。而在 2016 年，5G 相关标准频频出现突破，且主要由国内外通信与信息技术企业牵头完成。

1. 国外企业率先发布5G 网络建设标准

按照国际电信联盟（ITU）于 2015 年 2 月公布的 5G 标准研发时间表，提交框架、通知和附录等标准体系中的核心工作都集中在 2016 年，主要从概念性研究过渡到技术性研究，为征集候选技术做准备，制定技术评估方案。因此，2016 年是 5G 标准工作突飞猛进的一年，首先，ITU2015 年完成了 IMT-2020 标准化前期研究，确定将 IMT-2020 作为 5G 的官方命名，同时明确了 5G 愿景和 5G 关键能力指标。其中，5G 的用户体验速率是 100Mbps 到 1Gbps，体现了 5G 对每个用户实际的体验做出的努力；5G 峰值速率将达

到 10G ~ 20Gbps，这会对终端芯片有非常大的挑战；5G 时延将会降低至毫秒级量级，以满足车联网、工业互联网等行业应用需求。同时，以企业为主导的 5G 标准方案已经问世。2016 年 6 月 30 日，美国第一大移动通信运营商 Verizon 在全球率先发布了 5G 空口的物理层标准/规范（一共 4 份，编号为 TS V5G. 200 系列），在业界引起了很大轰动。这一标准由 Verizon 联合思科、爱立信、英特尔、LG 电子、诺基亚、美国高通公司、三星电子这 7 家厂商共同制定。这是全球首批由企业主导的 5G 通信标准。

目前，全球 5G 标准正进入全球统一加速的阶段，国际标准化组织 3GPP（Third Generation Partnership Project）也明确从 2016 年起开始制定 5G 标准，2018 年将完成标准冻结。2016 年 6 月 27 日，3GPP 宣布，“3GPP 技术规范组”（3GPP Technical Specifications Groups，TSG#72）已就 5G 标准的首个版本——Release 15 的详细工作计划达成一致。该计划记述了各工作组的协调项目和检查重点，并明确 Release 15 的 5G 相关规范将于 2018 年 6 月确定。

3GPP TSG RAN 方面，关于 Release 15 的 5G New Radio（NR）调查范围，技术规范组一致同意对独立（Stand-alone，只使用 5G）和非独立（同时使用 LTE 环境和 NR）两种架构提供支持。而且，还同时确定了目标用例和目标频带，目标用例为增强型移动宽带（Enhanced Mobile Broadband，eMBB）和要求低延迟、高可靠性的 Ultra-Reliable and Low Latency Communications（URLCC）领域，目标频带为低于 6GHz 和高于 6GHz 的范围。另外，TSG#72 还在讨论时强调，要想发布 5G 标准，无线与协议两方面的设计具有向上兼容性是分阶段导入功能和考虑实现各个用例时的关键点。

2. 中国企业的方案入选世界5G 标准

2016 年 10 月 4 日在葡萄牙里斯本召开的会议上，美国 LDPC 方案被确定为 5G 中长码编码方案，3G、4G 下使用的 Turbo 码结束了其长达十几年的统治地位；11 月 16 日举行的 3GPP 的 RAN1（无线物理层）87 次会议具体决定了 5G 编码控制信道方案。中国企业华为主推的 Polar Code（极化码）方案战胜美国以高通为领队主推的 LDPC 以及法国主推的 Turbo2. 0，成为

5G eMBB 控制信道标准方案。Polar Code 的研究团队以华为、中兴带领，阵营支持者包括 vivo、OPPO、小米、阿里巴巴、联想、中国联通、中国电信、中国移动、大唐电信、展讯、中国移动研究院、信威通信、酷派以及宏基、联发科技等。中国 5G 推进组称，此次中国主导推动的 Polar 码被 3GPP 采纳为 5G eMBB 控制信道标准方案，是中国在 5G 移动通信技术研究和标准化上的重要进展。中国将持续加大对 5G 技术标准研发，为形成全球统一的 5G 标准、提升 5G 标准竞争力做出重要贡献。

从目前 5G 标准的进展程度来看，美国时间 2016 年 11 月 17 日已经召开了 R14 会议，并且有望在 2017 年将全部协议确定下来。到了 2018 年，各家设备厂商都会进入攻坚的、深入的、具体的研发阶段，到 2019 年，5G 达到试商用的水平。目前业界的预计是 2019 年的下半年，正式的 5G 会开始试商用阶段，到 2020 年开始大规模地商用。

（二）领域性评价标准较多，分别关注不同侧面

伴随智慧城市建设，国内外已经开展了一些智慧城市评价工作，或设计了智慧城市评价指标体系。智慧城市涉及城市运营发展的方方面面，对于其整体层面作出综合性的评价是一个复杂工程，一些政府、行业机构和组织等往往倾向于从某一领域开始，对其某个方面的表现作出评价和判断，已经较为成熟的行业性评价体系有联合国"电子政务准备度指数"、欧盟第七次电子政务绩效评估指标框架（见表 1）、中国政府网站发展评估核心指标体系（试行）（见表 2），日本早稻田大学电子政府评估指标体系（见表 3）以及英国电子经济评估体系等。

表 1　欧盟第七次电子政务绩效评估指标框架

核心指标	具体指标	目　的
在线成熟度	信息提供层次	从供应方的角度，衡量公共服务的提供情况
	单项互动层次	
	双向互动层次	
	在线交易层次	
	个性化层次	

续表

完全在线获得程度	—	—
以用户为中心	个人数据安全性	从需求方的角度,衡量公共服务是否做到了以用户为中心
	减少行政负担	
	服务渠道	
	可接入标准	
国家门户网站	通过网站获得服务的数量	衡量公共服务的整合程度
	个性化服务	
	目标性服务	
	可用性情况	

资料来源：国家工业信息安全发展研究中心，《智慧城市规划与建设系列成果 A 卷》。

表 2　中国政府网站发展评估核心指标体系（试行）

一级指标	二级指标	三级指标
政府信息公开	主动公开信息量	政府网站实际主动公开政府信息的总数量
	依申请公开量	全年公众通过政府网站申请公开信息的数量
	年度新增量	全年政府网站实际主动公开政府信息的新增数量
网上办事	网上办事量	政府网站实际提供的各类网上办事服务事项的数量
	网上办事度	公众通过政府网站办理相关服务事项中,政府网站提供网上办事服务的办理程度
	网上办事率	全年通过网站办理的服务事项的件数,占该事项全面通过各类办事渠道办理的总件数的比例
政民互动	公众参与量	全年公众通过政府网站参与各类互动活动的总事件(人)数
	参与答复量	全年对公众通过政府网站参与建议的各类互动活动,给予答复的总件(条)数
	参与便捷度	政府网站为公众提供参与互动的渠道种类和数目,互动服务便捷程度满意的人数占使用政民互动服务总人数的比例

资料来源：国家工业信息安全发展研究中心，《智慧城市规划与建设系列成果 A 卷》。

表 3　日本早稻田大学电子政务评估指标体系

网络基础设施的完备度	在线服务	最适化管理	主页状况	CIO 导入情况	电子政府的战略推进和振兴
网络利用率	电子投标	系统最适化	更新状况	CIO 的导入水准	国家计划、战略优先度
宽带普及率	电子纳税	综合网络服务	信息公开度	CIO 培育机构	普及、宣传活动
手机入网率	电子投票	总务、财务等管理系统	相关链接	副 CIO 等的辅助功能	IT 战略、法规、组织
电脑持有率	电子支付	运用 IT 进行行政改革	支持多种语言	权益、作用的明确化	评估机制
信息安全机制	用户应对				

资料来源：国家工业信息安全发展研究中心，《智慧城市规划与建设系列成果 A 卷》。

（三）整体性评估由专业组织主导，评估标准与时俱进

从实施层面来看，真正进行定期评估的智慧城市标准不多，综合性的评估工作多由专业组织主导，且2016年的评估结果显示，新一轮的评估标准同往年相比，发生了一些变化。2016年，全球仍在实施的智慧城市评价包括智慧社区论坛（Intelligent Community Forum ，IFC）主导的全球评选和维也纳大学区域科学中心主导的欧盟中等城市智慧城市排名。智慧社区论坛一般是每年10月要求申报“年度智慧社区”的城市和社区要按照宽带接入、知识工作者、数字包容、创新、营销与宣传五个方面，提供相应的材料和说明，并从参赛城市中选21个年度最佳国际智慧城市，即“Smart 21”。欧盟中等城市智慧城市排名往年主要专注于人口在10万~50万的中等城市（见图1），从智慧经济、智慧移动、智慧环境、智慧人群、智慧生活和智慧政府六个方面，由48项（65%）区域性数据构成的指标以及26项（35%）国家性数据构成的指标组成74个评价指标，针对每个指标进行打分，对每个维度进行排名后得到最终排名。2016年，上述两个机构的评比指标选取标准均与以往有所改变。2016年10月19日，智慧社区论坛发布了2017年全球智慧社区建设的top7和top21榜单，令人意外的是，新一年的榜单上很少看到前些年比较熟悉的大都市，一大批小城市、乡村和郊区社区已经决定并且已经开始利用数字化工具提速本地经济和社会发展，开始跃入全球智慧社区的榜。这类小城市并不畏惧信息技术提供的新做法和新方式，top21榜单中的21个城市或社区来自加拿大、哈萨克斯坦、新西兰、俄罗斯、英国、

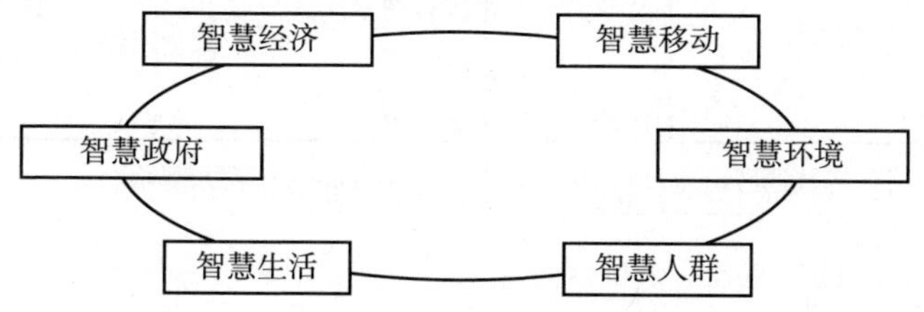

图1　维也纳大学中等城市智慧城市排名使用的六个评价维度

资料来源：维也纳大学中等城市智慧城市排名工作组官方网站。

美国和中国台湾（见表4）。而同时，欧盟中等城市智慧城市排名评比在2015年开始将评比对象的范围从欧洲的中等城市扩大到体量更大的大型城市（即城市人口在30万~100万的稍大型城市），并发布了新一期的稍大型城市的智慧城市榜单。

表4　2016年智慧社区发布的全球智慧社区建设top21榜单

单位：人

社区	国家或地区	人口
阿斯塔纳	哈萨克斯坦	877719
嘉义	中国台湾	269992
亚伯达省埃德蒙顿	加拿大	899447
安大略省格雷县	加拿大	92568
昆士兰省伊普斯威奇	澳大利亚	190000
基隆	中国台湾	371878
布里斯托诺尔西	英国	12267
维多利亚省墨尔本	澳大利亚	128980
莫斯科	俄罗斯	12330126
不列颠哥伦比亚省尼尔森	加拿大	10523
不列颠哥伦比亚省新威斯敏斯特	加拿大	71665
安大略省渥太华	加拿大	1111700
安大略省皮克林	加拿大	92000
南澳洲普洛斯贝克特	澳大利亚	19955
纽约州罗彻斯特	美国	209802
安大略省萨尼亚莱姆顿	加拿大	129479
昆士兰省阳光海岸	澳大利亚	287539
台南市	中国台湾	1885541
桃园市	中国台湾	2132854
旺格努伊	新西兰	43600
宜兰县	中国台湾	457811

资料来源：国际智慧社区论坛（Intelligent Community Forum）官方网站。

（四）智慧城市国际标准加速推进，多国协同参与

国际标准化组织（ISO）、国际电工委员会（IEC）、国际电信联盟

（ITU）、电气和电子工程师协会（IEEE）等在信息技术、互联网络、自动化等领域的国际性组织，在智慧城市的相关标准制定方面总体呈现加速推进的态势。

1. 智慧城市专项研究组深入推动智慧城市国际标准

2013 年 11 月 4 ~9 日，在法国召开的国际标准化组织/国际电工委员会第 1 联合技术委员会（ISO/IEC JTC1）于全会中正式通过了成立“智慧城市研究组”，来自中国、美国、法国、韩国、日本、加拿大、荷兰、德国、英国、新加坡的标准研究人员积极参加研究组工作。在国际标准化组织智慧城市标准制定工作开始不久，ISO/IEC 发布了关于智慧城市标准的初步研究报告，ISO/IEC 在综合众多研究的基础上认为，判定城市是否“智慧”的核心分野，是看其是否有效地、无缝地整合城市资源，换句话说，就是城市的各个系统，与包含在其中的人、组织、资金、设备以及基础设施，是各自地、独立地有效运行，还是整体地、协同地运行。ISO 给出了智慧城市的知识模型和主要评价模型。经过前期的详细准备，2016 年 5 月 30 日 ISO/IEC JTC/WG11 智慧城市工作组 2016 年第一次全会在新加坡召开，会议重点完成了《智慧城市 ICT 参考框架》的三个部分标准和《智慧城市 ICT 评价指标》的项目时间计划，为四项国际标准项目建立了编辑团队。目前，ISO/IEC 已经存在城市可持续发展技术委员会（ISO/TC 268）、城市智能基础设施量化评估分技术委员会（ISO/TC 268/SC1）和前不久批准成立的由中国专家提案的第三个工作组——智慧城市基础数据共享与模型工作组。

2013 年 2 月，国际电信联盟第 5 研究组——环境和气候变化研究组在日内瓦召开会议，同意成立“智慧可持续发展城市焦点组”，为 ICT 行业向智慧可持续发展制定路线图，为相关技术和标准的发展与应用提供凝聚力。国际电信联盟的环境和气候变化研究组于 2013 年 2 月成立了“可持续发展智慧城市焦点组”（ITU-T/SG5/FGSSC）。

2. 首个智慧城市相关标准出台——智能基础设施建设标准（ISO/TS 37151）

2015 年底，ISO 的一个分技术委员会——国际标准化组织社区可持续发

展技术委员会智慧社区基础设施分委员会（ISO/TC 268/SC1）在 ISO 官网发布了关于智慧城市的首个国际标准《ISO 37151 智慧基础设施——绩效评价的原则和要求》（见表 5），对各国智慧城市建设有重要的意义。ISO/TS 37151 的目的就是通过协调基础设施产品推动城市基础设施产品和服务的全球贸易，推动城市可持续发展。因此，许多世界知名企业参与了 ISO/TS 37151 的研制，包括东芝、日立、西门子等。ISO/TS 37151 提出了城市基础设施评价的原则和特定要求，并给出了分析城市基础设施的推荐方法。在 ISO/TS 37151 中，城市的基础设施包含了能源、水、交通、废弃物、ICT 等，而这里的 ICT 指的是城市中部署的通信设备、通用数据库等。ISO/TS 37151 重点从市民（居住者）、社区管理者和环境保护的角度，明确了基础设施建设的重点领域，分别是服务的可用性、可接触性、可负担性，运行的效率性，经济效率性，信息获取的可用性，可持续的弹性，资源使用的效率性，气候变化的缓解程度，污染的减少以及保护性。另外 ISO/TC 268/SC1 – Smart community infrastructures 这一关于智慧社区基础设施的国际标准也正在推进过程中。

表 5 ISO 37151 章节及主要内容

章 节	主要内容
第一章 范围	ISO 37151 的基本内容和适用范围
第二章 规范性引用	—
第三章 术语和定义	ISO 37151 给出了共包括：城市基础设施、可持续性、互操作性、生命周期、提供商、安全等 14 个术语和定义
第四章 概述	—
第五章 原则	提出了城市基础设施的理想特征、城市事物相关的基础设施绩效、主要利益相关方等
第六章 确定评价的通用方法要求	明确了评价的通用方法的四个步骤：一是明确城市基础设施的主要利益相关方；二是确定主要利益相关方的需求；三是根据主要需求确定性能特征；四是确定需求和性能特征指标（明确评价方法和评价范围）

资料来源：《ISO 37151 智慧城市基础设施——绩效评价的原则和要求解读》，《中国经贸导刊》2015 年第 23 期。

3. 智慧城市领域内多个相关国际标准出台或正在制定

在2016年，国际标准化组织（ISO）、国际电工委员会（IEC）、电气和电子工程师协会（IEEE）等主导的“智慧城市”领域相关的标准化工作推进较快，除了已经出台的智能基础设施建设标准ISO/TS 37151外，在智慧城市和社区的可持续建设领域、智慧社区的基础设施领域，以及智能交通系统方面，部分组织和协会的主要推进情况如总报告表1所示，其中列明了特定领域的组织、所推进的标准名称，发布日期以及标准所包含的主要内容。另外，电气和电子工程师协会的标准组织正加紧制定关于智能电网、物联网、智慧交通，以及智慧医疗等领域的相关标准。

（五）各国主导的智慧城市整体框架标准初见成果

1. 英国——完整的智慧城市框架标准

作为国际标准组织秘书处五大所在地之一，英国标准协会（BSI）是世界上第一个国家标准化组织，目前管理着24万个现行的英国标准、2500个专业标准委员会。英国商务、创新与技术部（BIS）委托英国标准协会推进英国智慧城市标准战略工作。这一战略标准能够加速智慧城市建设的进程，同时向市民保证建设过程中有可能出现的风险能够很好地规避。围绕这一战略，英国标准协会已经有了一系列动作，最近英国标准协会发起了共同倡议，汇聚英国各大城市的治理者和创新者共同讨论城市发展面临的重大问题，针对通用问题给出解决方案，共同给出未来智慧城市标准的定义，成立了英国智慧城市领域相关标准的牵头机构——城市标准委员会（The Cities Standards Institute）。目前，城市标准委员会已经推出PAS180、PAS181、PAS182、PD8100、PD8101等涵盖了领导指南、术语、框架、数据概念模型等内容的智慧城市标准体系（见表6）。另外，BSI也公布了若干个关于可持续城市及社区的标准。

在推出相关标准之外，英国城市标准委员会发布了关于英国智慧城市建设标准的若干个文件，分别是《让城市更智慧——为了城市的治理者》《城市数据报告》《在智慧城市重要问题中标准的作用》等，为具体标准的制定提供了思路，

表 6　英国标准协会发布的关于智慧城市的相关标准

标准代码	标准名称	主要内容
PAS180	智慧城市术语(Smart city terminology)	定义了智慧城市概念范围内的基础设施、系统要素、用户、服务渠道等各方面要素。覆盖了材料、过程、方法和应用,旨在给智慧城市服务和解决方案提供者、城市治理者、规划者、买单者,以及产品和服务的提供者提供参考
PAS181	智慧城市框架标准(Smart city framework standard)	提供了智慧城市框架下的一组可复制的模式,城市领导者可以参考这一标准来开发和修改自己的智慧城市整体框架和策略。PAS181 并不打算描述一个放之四海而皆准的模式来应用于英国的各个城市的智慧城市框架,相反的是,它关注的是使用技术和数据推动流程创新,结合组织变革,来提供多样化的愿景,为英国的智慧城市提供更有效率、有效和可持续的发展方式
PAS182	智慧城市数据概念模型(Data concept for smart cities)	为建立一个智慧城市概念模型提供整体性的指导,包括系统的互操作性和各机构之间的数据共享。从公共领域概念模型(PSCM)出发,旨在提供互操作性的基础上,描述智慧城市的细节概念模型(SCCM)。概念模型主要强调三点,一是在不同组织和人群之间的信息可以共享;二是某一层的数据推导可以链接回之前的数据层;三是决策的影响可以追溯回数据操作层面。智慧城市概念模型提供了一个可以将数据和信息分类的框架,建立一系列数据集,通过数据集的组合、分析和挖掘来更好地了解城市市民的需求,分析城市市民的行为
PD8100	智慧城市总体文档(Smart city overview document)	提供了一个简单易懂的供智慧城市从业者和建设者阅读的指南性文档,能够使从业者和建设者很快地找到所工作领域的标准
PD8101	智慧城市规划指导文件(Smart city planning guidelines document)	由于很少有城市对其未来的智慧城市建设目标有清晰的蓝图,也很少有关于智慧城市建设需求的模型,因此,该文本为智慧城市规划者提供了关于建设需求的指南,指出了需要着重考虑的一系列关键领域
BS ISO 37120	城市生活服务质量标准指南(An indicator reporting standard for quality of life and services in cities)	—
PD ISO 37150	关于智能基础设施项目的研究(Research on smart infrastructure projects)	—
PD ISO 37151	智能基础设施项目的关键指标(Smart community infrastructures. Principles and requirements for performance metrics)	—

资料来源：国家工业信息安全发展研究中心分析整理自英国标准协会（BSI）。

也让智慧城市的建设者和实施者更好地理解什么是智慧城市。目前，英国城市标准委员会正在寻找更多的城市和企业加入委员会中，共同为智慧城市标准画像。目前，印度、南非等很多国家在采纳英国相关的智慧城市标准。

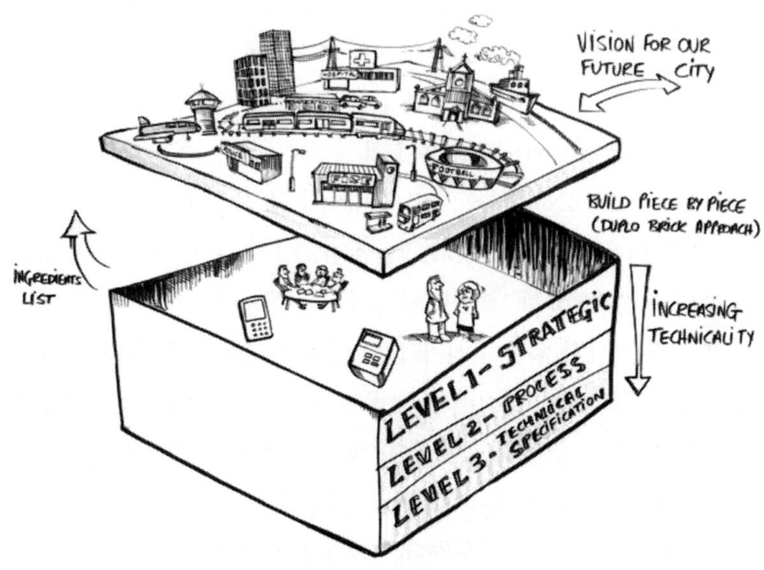

图 2　智慧城市标准的几个层次

资料来源：BSI，*Making cities smarter-Guide for city leaders*。

2. 美国——以物联网为核心的智慧城市框架

美国的智慧城市相关标准由美国国家标准与技术研究院（NIST）主导，且以智慧城市物联网整体框架的建设为核心。NIST 认为，目前全球的智慧城市推进工作存在两大障碍，首先，大部分当前的智慧城市 ICT 部署基于定制系统，不可互操作，也不能跨城市地可移植或可扩展，成本效益不能最大限度发挥；其次，大量的智慧城市框架标准设计工作正在进行中（例如，ISO/IEC JTC1、IEC、IEEE）但尚未融合，造成了利益相关者之间的不确定性，为了减少和缓解这些障碍，NIST 及其合作伙伴正在构建一个国际性公开的工作小组来搜集、比较和分析这些整体框架，与城市的利益相关者一起共同构建一个能够代表整体共识的智慧城市框架，框架将识别现有部署架构的互操作关键点，使智慧城市的解决方案能够满足现代社会的需要。目前，许多无关的标准化和规范活动正在争夺世界范围内的市场份额，NIST 的这一项目旨在为分布在世界各地的采用物联技术的智慧城市服务。2016 年秋季，工作组已经着手开发一个框架草案。现阶段，IES-City Framrwork 的框架初稿以及相关 3 项辅助报告已经在项目官网（https：//pages. nist. gov/smartcitiesarchitecture/）公布，从总体上体现了标准框架的雏形。

3. 德国——智慧城市的标准化路线图

德国标准学会（DIN）与德国电气和信息技术标准化委员会（DKE）的智慧城市工作组负责智慧城市领域的标准化工作。目前，德国标准协会已经发布了《德国智慧城市标准化路线图》（Standardization Roadmap Smart Cities）和《德国信息技术安全标准化路线图》（Standardization Roadmap IT Sercurity），对现有智慧城市和信息技术安全的标准化活动及相应成果进行综述，并引申出德国在智慧城市标准化领域的目标，以及未来信息技术安全的发展趋势。目前，德国标准学会深度参与欧盟“地平线 2020”项目，关注于为增强城市面临重大危机事件和灾难的弹性而努力。

从图 3 可以看出，德国的智慧城市标准化路线图整体从六个大领域入手，分别是楼宇建筑和城市化、移动和物流、城市安全保障、ICT 与数字城市、能源、生产与工业 4. 0，分别从各个领域细化相关指标体系建设。由德国标准学会（DIN）与德国电器和信息技术标准化委员会（DKE）分别牵头完成子领域标准化工作的具体推进。

4. 欧洲——对智慧城市进行整体分析研究

2016 年 1 月新出炉的《CEN/CENELEC2016 工作计划》（欧洲标准化委员会/欧洲电工标准化委员会 2016 工作计划）显示，欧洲标准化机构（CEN、CENELEC 和 ETSI）将成立合作工作组。成员分别来自各国国家成员、CEN 和 CENELEC 的合作机构、国际标准化组织（ISO JEC 和 ITU），以及其他感兴趣的机构，主要针对智慧城市进行整体分析研究。欧洲标准化机构将通过该工作组，与 ISO“社区持续发展”技术委员会（ISO/TC 268）以及 IEC 和 ITU 共同致力于欧洲智慧城市社区创新合作。2016 年，工作组加强在包括欧洲城市

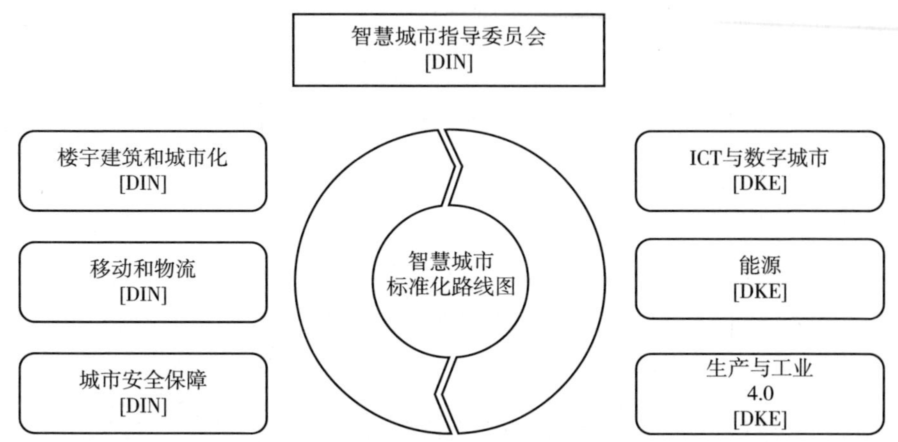

图 3　德国 DIN 和 DKE 智慧城市标准化路线图的整体任务分布

资料来源：《德国智慧城市标准化路线图》。

网络、地方政府在内的各利益相关方的参与力度，通过完善多维度概念框架，确认需要制定新标准的具体领域，帮助各城镇加强智慧城市标准化建设。

（六）多部门联合主导中国新型智慧城市标准

1. 初步建立国家智慧城市标准体系框架和标准体系

2015 年 10 月 22 日，国家标准委、中央网信办、国家发改委联合发出《关于开展智慧城市标准体系和评价指标体系建设及应用实施的指导意见》，要求到 2020 年累计共完成 50 项左右的智慧城市领域标准制定工作，同步推进现有智慧城市相关技术和应用标准的制修订工作。智慧城市标准化制定工作被正式提上国家日程。从细分层面看，标准体系框架包括总体、支撑技术与平台、基础设施、建设与宜居、管理与服务、产业与经济、安全与保障七大类（见图 4），重点推动参考模型、评价模型及指标、数据融合等 31 项国家标准的立项。智慧城市评价指标体系由能力类指标和成效类指标组成一级指标，共包含 37 个二级指标评价要素（见图 5），并会同住建、公安、交通、测绘等部门，完善各个领域的分项评价指标，进一步明确分项评价指标体系的计算方法及编写格式。2016 年在国家智慧城市标准化总体组主办的

"2016 年智慧城市标准与评价工作研讨会"上，国家智慧城市标准化总体组副组长表示，截止到 2016 年 12 月初，工作组已经吸收了 106 个成员单位，涵盖各个相关标准委员会、院所和企业的相关工作成果，其中整个系列评价标准的组织标准——智慧城市评价指标体系的框架模型及技术指标已经立项，并计划把相关标准应用到城市中去，开展相关工作。

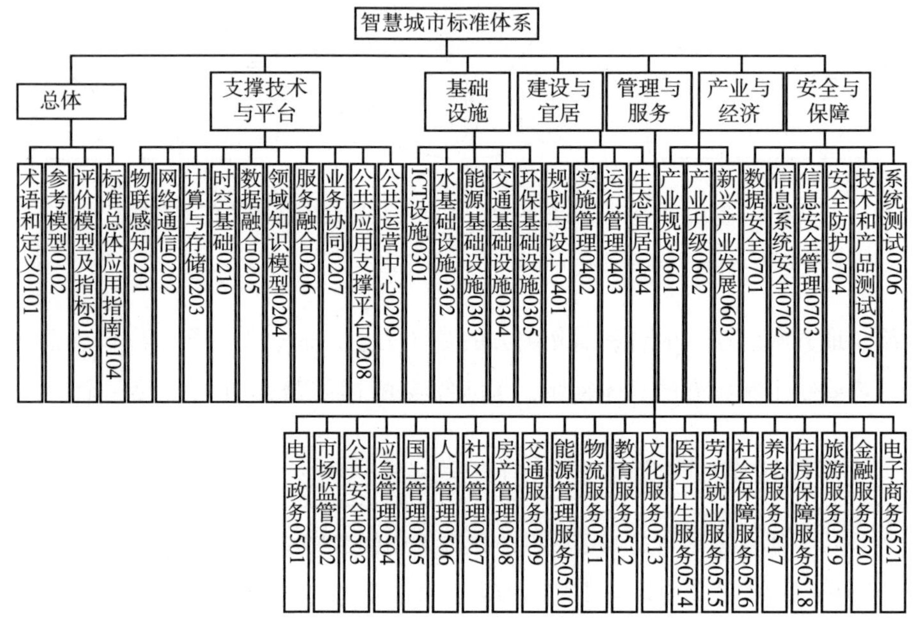

图 4　智慧城市标准体系框架

资料来源：国家工业信息安全发展研究中心，《新型智慧城市测评方案》。

2. 主攻新型智慧城市评价工作

2016 年起，国家发改委与中央网信办、智慧城市部际协调工作组共同推出 100 个新型智慧城市试点。按照国务院部署，智慧城市部际协调工作组由国家发改委、中央网信办牵头，由国家标准委、教育部、科技部、工业和信息化部等 25 个相关部门共同组成，联合推动《关于开展智慧城市标准体系和评价指标体系建设及应用实施的指导意见》的落实工作，推动新型智慧城市标准体系和相关重点标准的制定工作。2016 年 11 月 12 日，国家发改

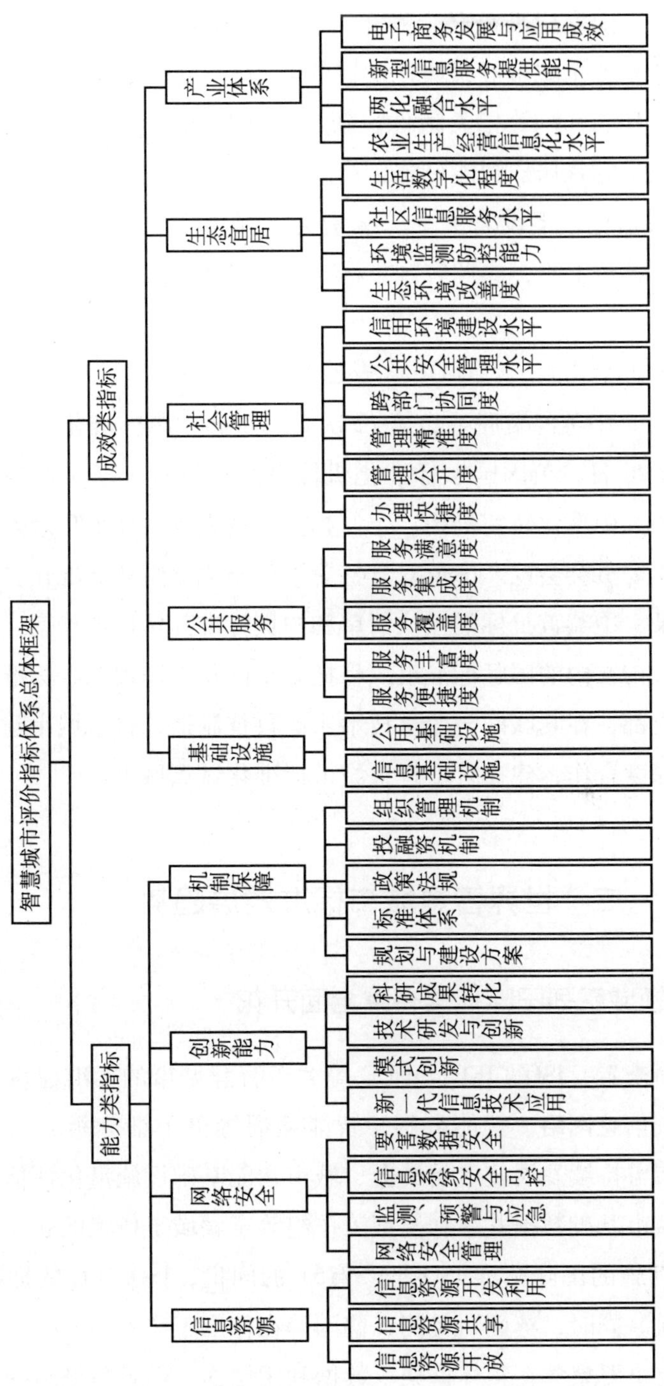

图5 智慧城市标准体系框架

资料来源：《关于开展智慧城市标准体系和评价指标体系建设及应用实施的指导意见》。

委、中央网信办、国家标准委联合发布《关于组织开展新型智慧城市评价工作务实推动新型智慧城市健康快速发展的通知》，同时下发《新型智慧城市评价指标（2016 年)》等相关附件。新型智慧城市评价指标包括惠民服务、精准治理、生态宜居、智能设施、信息资源、网络安全、改革创新、市民体验 8 个一级指标，下设若干个二级指标（见表 7）。而在实施过程中，城市可根据自身特色上报，参照客观指标自行制定指标，反映本地的建设特色。

3. 与国外标准合作推出智慧城市标准化试点

2016 年 2 月，中英经贸联委会第 12 次会议宣布中英标准化合作委员会成立事宜，4 月 28 日，英国国家标准化机构总裁斯科特 · 斯蒂德曼及成都市政府、国内相关标准化研究机构、企业相关负责人等共计 170 余人参加了中英标准化合作委员会会议。中英双方签署了关于成立中英标准化合作委员会的谅解备忘录、中英首批标准互认清单和中英标准互认操作指南。包括英国国家标准化机构在内的国际标准组织将把更多国际先进理念、标准体系和经验做法引入成都，在互联网与信息技术、高科技制造、智慧城市建设等方面开展标准化深度合作，建立首个智慧城市标准化试点城市。

二　世界智慧城市标准发展趋势

（一）子领域系列国际标准有望全面开花

从国际层面来看，ISO、IEC、IEEE 等关于智慧城市的标准建设启动时间较早，从基础信息网络、智能电网、智能交通等单个细分领域的探索研究，到 ISO 城市可持续发展技术委员会、城市智能基础设施量化评估分技术委员会、智慧城市基础数据共享和模型工作组等子领域工作组的建立，首个关于智能基础设施的国际标准 ISO/TS 37151 的问世，ISO/IEC 的标准工作已经走上了正轨。同时，英国、美国、德国等在标准工作方面较为突出的国家，目前的研究主要聚集在整体框架、数据利用层面。但智慧城市的概念包

表 7　国家新型智慧城市评价指标分项及计算方法（2016 版）

一级指标及权重	二级指标及权重	二级指标释义及评价方法	二级指标分项及计算方法
惠民服务 L1（37%）	政务服务 L1P1（8%）	①本指标用于评价城市政府创新服务模式，推进政务服务事项“一号申请、一窗受理、一网通办”的情况。 ②本指标由以公民身份号码或法人和其他组织统一社会信用代码为唯一标识的电子证照使用率、一站式办理率、网上统一入口率等三个分项进行评价。 ③本指标评价得分 =8% ×三个分项分数之和	①以公民身份号码或法人和其他组织统一社会信用代码为唯一标识的电子证照使用率（L1P1 – A1）： 计算方法：L1P1 – A1 分项分数 = 30% ×（已实现使用以公民身份号码或法人和其他组织统一社会信用代码为唯一标识的电子证照办理的政务服务事项数量/政务服务事项总数）×100 数据要求：政务服务事项包括面向公民、法人和其他组织的政务服务事项，本分项中的政务服务事项总数由各省市根据相关法律法规和实际情况确定。已实现使用以公民身份号码或法人和其他组织统一社会信用代码为唯一标识的电子证照办理的政务服务事项，是指公民个人政务服务事项以公民身份号码为标识，法人和其他组织政务服务事项以统一社会信用代码为标识，并在办理过程中使用了电子证照的政务服务事项。数据取截至 2016 年 10 月底的数据。 数据来源：地方政府政务办或相关部门
			②一站式办理率（L1P1 – A2）： 计算方法：L1P1 – A2 分项分数 = 30% ×（实现线下一站式办理的政务服务事项数量/政务服务事项总数）×100 数据要求：本分项中的政务服务事项总数与分项 L1P1 – A1 要求相同。实现线下一站式办理的政务服务事项，是指可以在同一地点或同一窗口即可办结的政务服务事项。数据取截至 2016 年 10 月底的数据。 数据来源：地方政府政务办或相关部门

续表

一级指标及权重	二级指标及权重	二级指标释义及评价方法	二级指标分项及计算方法
惠民服务 L1（37%）	政务服务 L1P1（8%）		③网上统一入口率（L1P1 - A3）： 计算方法：L1P1 - A3 分项分数 = 40% ×（支持统一身份认证的网上政务服务事项数量/政务服务事项总数）×100 数据要求：本分项中的政务服务事项总数与分项 L1P1 - A1 要求相同。支持统一身份认证的网上政务服务事项，是指在网上办理政务服务事项时，能够以公民身份号码或法人和其他组织统一社会信用代码为标识，实现"一次认证、多点互联"，无须在不同平台间进行多次认证。数据取截至 2016 年 10 月底的数据。 数据来源：地方政府政务办或相关部门
	交通服务 L1P2（3%）	①本指标用于评价城市发展"互联网 +"便捷交通，提供交通出行信息服务的情况。 ②本指标由城市交通运行指数发布情况、公共汽电车来车信息实时预报率、公共交通乘车电子支付使用率等三个分项进行评价。 ③本指标评价得分 =3% ×三个分项分数之和	①城市交通运行指数发布情况（L1P2 - A1）： 计算方法：L1P2 - A1 分项分数 = 40% ×（b1 + b2 + b3） b1：城市交通公共管理部门具有城市交通运行指数计算和分析能力，能够实时识别洞悉城市道路交通运行状况。如满足得 60 分；不满足则 b1 + b2 + b3 得 0 分，即本项整体不得分。 b2：具有公共发布能力（通过可变情报板、电视、广播、手机 APP 等公共媒介的至少一种发布）。如满足得 20 分，不满足得 0 分。 b3：城市交通运行指数分析达到次干路及以上（城市道路网包括快速路、主干路、次干路、支路）。如满足得 20 分，不满足得 0 分。 数据要求：数据取截至 2016 年 10 月底的数据。 数据来源：城市交通运输主管部门

续表

一级指标及权重	二级指标及权重	二级指标释义及评价方法	二级指标分项及计算方法
惠民服务L1（37%）	交通服务L1P2（3%）		②公共汽电车来车信息实时预报率(L1P2－A2)： 计算方法：L1P2－A2分项分数＝45%×(可提供来车信息实时预报服务的公共汽电车线路数/公共汽电车线路总数)×100 数据要求：提供来车信息实时预报服务的方式包括通过网络、手机、电子站牌等方式提供公共汽电车实时行驶或到站信息服务。数据取截至2016年10月底的数据。 数据来源：城市交通运输主管部门
			③公共交通乘车电子支付使用率(L1P2－A3)： 计算方法：L1P2－A3分项分数＝15%×(使用电子支付的人次/公共交通出行总人次)×100 数据要求：电子支付包括一卡通、移动支付、近场通信(NFC)支付等方式。公共交通出行包括城市轨道交通、公共汽电车等出行方式。数据取2016年度数据(截至10月底)。 数据来源：城市交通运输主管部门
	社保服务L1P3（3%）	①本指标用于评价城市社会保障领域拓展线上线下服务渠道，推动跨地区、跨层级业务协同联动的情况。 ②本指标由社保服务在线办理情况、社保自助服务开通率、社保异地业务联网办理情况等三个分项进行评价。 ③本指标评价得分＝3%×三个分项分数之和	①社保服务在线办理情况(L1P3－A1)： 计算方法：L1P3－A1分项分数＝30%×b b：通过网站实现业务经办、自助服务一体机、手机APP、12333电话及短信等4种创新服务模式，每实现1种得25分，满分100分。 数据要求：数据取截至2016年10月底的数据。 数据来源：城市人力资源和社会保障部门

续表

一级指标及权重	二级指标及权重	二级指标释义及评价方法	二级指标分项及计算方法
惠民服务 L1（37%）	社保服务 L1P3（3%）		②街道（乡镇）社区（行政村）社保自助服务开通率（L1P3 – A2）： 计算方法：L1P3 – A2 分项分数 = 30% ×［开通社保自助服务的街道（乡镇）社区（行政村）数/街道（乡镇）社区（行政村）总数］×100 数据要求：社保自助服务方式包括社会保险自助服务终端、社银服务自助终端等。暂不对开通的业务种类和设施数量进行要求。数据取截至 2016 年 10 月底的数据。 数据来源：城市人力资源和社会保障部门
			③社保异地业务联网办理情况（L1P3 – A3）： 计算方法：L1P3 – A3 分项分数 = 40% ×b b：通过与部、省级异地业务联通，实现社保关系转移、异地居住人员领取社会保险待遇资格协助认证、国家异地就医结算、养老保险待遇状态比对查询等 4 项异地业务的联网办理情况。实现 1 项异地业务办理得 25 分，满分 100 分。 数据要求：数据取截至 2016 年 10 月底的数据。 数据来源：城市人力资源和社会保障部门
	医疗服务 L1P4（3%）	①本指标用于评价城市发展智慧健康医疗的便民、惠民服务，提升健康医疗服务效率和质量的情况。 ②本指标由二级以上医疗机构的电子病历普及率、预约诊疗率和门诊健康档案调阅率等三个分项进行评价。 ③本指标评价得分 =3% ×三个分项分数之和	①二级以上医疗机构电子病历普及率（L1P4 – A1）： 计算方法：L1P4 – A1 分项分数 = 40% ×（已建立电子病历的二级以上医疗机构数/辖区二级以上医疗机构总数）×100 数据要求：数据取截至 2016 年 10 月底的数据。 数据来源：城市卫生计生主管部门

续表

一级指标及权重	二级指标及权重	二级指标释义及评价方法	二级指标分项及计算方法
惠民服务 L1（37%）	医疗服务 L1P4（3%）		②二级以上医疗机构预约诊疗率（L1P4 - A2）： 计算方法：L1P4 - A2 分项分数 = 30% ×（年度二级以上医疗机构预约诊疗人次/年度二级以上医疗机构总诊疗人次）×100 数据要求：预约诊疗包括通过电话、网站、手机 APP 等进行预约的挂号，在医院现场挂号预约的不计算在内。数据取 2016 年度数据（截至 10 月底）。 数据来源：城市卫生计生主管部门
			③二级以上医疗机构门诊健康档案调阅率（L1P4 - A3）： 计算方法：L1P4 - A3 分项分数 = 30% ×（年度二级以上医疗机构门诊健康档案调阅次数/年度二级以上医疗机构门诊总数）×100 数据要求：数据取 2016 年度数据（截至 10 月底）。 数据来源：城市卫生计生主管部门
	教育服务 L1P5（3%）	①本指标用于评价城市在教育领域为师生构建智慧学习环境，利用网络开展学习的情况。 ②本指标由学校多媒体教室普及率、师生网络学习空间覆盖率和学校无线网络覆盖率等三个分项进行评价。 ③本指标评价得分 =3% ×三个分项分数之和	①学校多媒体教室普及率（L1P5 - A1）： 计算方法：L1P5 - A1 分项分数 = 30% ×（全部教室配备多媒体教学设备的学校数/学校总数）×100 数据要求：学校范围为中小学校。数据取截至 2016 年 10 月底的数据。 数据来源：城市教育行政部门（全国教育信息化工作进展信息系统）

续表

一级指标及权重	二级指标及权重	二级指标释义及评价方法	二级指标分项及计算方法
惠民服务 L1（37%）	教育服务 L1P5（3%）		②师生网络学习空间覆盖率（L1P5 – A2）： 计算方法：L1P5 – A2 分项分数 = 40% ×［（教师开通网络学习空间数 + 学生开通网络学习空间数）/（教师总数 + 学生总数）］×100。比率如超过 1 则按 1 取值。 数据要求：学校范围为中小学校、职业院校、高等学校。数据取截至 2016 年 10 月底的数据。 数据来源：城市教育行政部门（全国教育信息化工作进展信息系统）
			③学校无线网络覆盖率（L1P5 – A3）： 计算方法：L1P5 – A3 分项分数 = 30% ×（统一提供并覆盖主要教学区域的无线网络的学校数/学校总数）×100 数据要求：学校范围为中小学校、职业院校、高等学校。数据取截至 2016 年 10 月底的数据。 数据来源：城市教育行政部门（全国教育信息化工作进展信息系统）
	就业服务 L1P6（3%）	①本指标用于评价城市推进多元化就业信息服务创新模式，以信息化提升就业服务水平的情况。 ②本指标由就业信息服务覆盖人群情况和就业服务在线办理情况两个分项进行评价。 ③本指标评价得分 =3% ×两个分项分数之和	①就业信息服务覆盖人群情况（L1P6 – A1）： 计算方法：L1P6 – A1 分项分数 = 50% × Σ（每类人群系统数据量/该类人群统计数据量）×100/3。若系统数据量超过统计数据量，即比例如超过 1，则按其倒数取值。 数据要求：人群类型分为城镇登记失业人口、就业困难人口、享受失业保险待遇人口等三类。按人群类型进行系统数据量与统计数据量的比对。数据取截至 2016 年 10 月底的数据。 数据来源：城市人力资源和社会保障部门

续表

一级指标及权重	二级指标及权重	二级指标释义及评价方法	二级指标分项及计算方法
惠民服务 L1（37%）	就业服务 L1P6（3%）		②就业服务在线办理情况（L1P6 – A2）： 计算方法：L1P6 – A2 分项分数 = 50% ×b b：通过网站实现业务经办、自助服务一体机、手机 APP、12333 电话及短信等 4 种创新服务模式，每实现 1 种得 25 分，满分 100 分。 数据要求：数据取截至 2016 年 10 月底的数据。 数据来源：城市人力资源和社会保障部门
	城市服务 L1P7（7%）	①本指标用于评价城市推进“互联网 +”城市服务，发展便民服务新业态，实现城市服务与信息通信技术深度融合的情况。 ②本指标由移动互联网城市服务提供情况、移动互联网城市服务公众使用情况、一卡通应用情况等三个分项进行评价。 ③本指标评价得分 =7% ×三个分项分数之和	①移动互联网城市服务提供情况（L1P7 – A1）： 计算方法：L1P7 – A1 分项分数 = 30% ×b b：得分由基础部分和加分部分组成。基础部分：生活缴费（至少包含水、电、燃气缴费）、医院预约挂号（覆盖 90% 二级及以上医院）、机动车违法查询、机动车罚款缴纳、客运交通购票、主要景区购票（覆盖 90% 三 A 级及以上景区）、旅游问题投诉等生活类服务，以及社保查询、公积金查询、税务服务、出入境业务、婚姻业务预约、生育证件业务、机动车及驾驶人证件业务、环保问题举报等政务类服务，以上 15 项业务通过移动互联网每开通 1 项得 2 分，满分为 30 分。加分部分：基础部分以外，通过移动互联网开通的其他城市服务每实现 1 项得 2 分，满分为 70 分，超出 35 项按满分 70 分记。 数据要求：移动互联网上开通的城市服务，是指各类移动智能终端 APP 可以使用的生活类和政务类服务。数据取截至 2016 年 10 月底的数据。 数据来源：地方政府

续表

一级指标及权重	二级指标及权重	二级指标释义及评价方法	二级指标分项及计算方法
惠民服务 L1（37%）	城市服务 L1P7（7%）		②移动互联网城市服务公众使用情况(L1P7 – A2)： 计算方法：L1P7 – A2 分项分数 = 40% ×（通过移动互联网使用过城市服务的用户数量/城市常住人口数量）×100 数据要求：通过移动互联网使用过城市服务的用户数量取 2016 年内至少使用过 1 次移动互联网城市服务的用户。城市常住人口数取 2015 年底的数据。 数据来源：通过移动互联网使用过城市服务的用户数量由腾讯公司微信平台和阿里巴巴支付宝平台提供，用户数量由两个平台统计出的用户数量(A 和 B)按比例取加权平均取值，即用户数量 = [A ×（A/（A + B））+ B ×（B/（A + B））]。该数据由部际协调工作组办公室统一计算并将结果反馈给各省级单位
			③一卡通应用情况（L1P7 – A3）： 计算方法：L1P7 – A3 分项分数 = 30% × b b：在城市综合交通（公共汽车、地铁、轻轨、轮渡、出租车、公共自行车）、公用事业缴费、社保服务、风景名胜区、社区、园区、停车场管理、商超支付、流动人口管理、社会养老助残等十个领域，在唯一的一张卡上每支持一个领域应用得 10 分，满分 100 分。 数据要求：卡的类型和管理部门不限，但应由选定的一张卡进行统计，不应是多张卡支持不同应用的叠加。数据取截至 2016 年 10 月底的数据。 数据来源：城市的一卡通运营机构

续表

一级指标及权重	二级指标及权重	二级指标释义及评价方法	二级指标分项及计算方法
惠民服务 L1（37%）	帮扶服务 L1P8（5%）	①本指标用于评价城市利用信息化手段对贫困人群、残疾人群等困难群体的帮扶情况。 ②本指标由困难户电子信息档案建档率和互联网残疾人无障碍访问情况两个分项进行评价。 ③本指标评价得分 =5% ×两个分项分数之和	①困难户电子信息档案建档率（L1P8 – A1）： 计算方法：L1P8 – A1 分项分数 = 60% ×（b1 ×0.5 + b2 ×0.5） b1：农村贫困户电子信息档案建档立卡率得分 =（农村已实现电子信息档案建档立卡的贫困户数量/农村贫困户总数）×100 b2：低保户电子信息档案建档率得分 =（已实现电子信息档案建档的低保户数量/低保户总数）×100 数据要求：b1 中农村贫困户应符合国家或当地扶贫识别标准。农村贫困户电子信息档案建档立卡是指贫困户信息已建立电子信息档案并已录入扶贫信息网络系统。b2 中低保户电子信息档案建档是指低保户基本信息和申请所附主要材料均实现电子化，并已录入相关系统建立电子信息档案。数据取截至 2016 年 10 月底的数据。 数据来源：城市扶贫主管部门、城市民政主管部门
			②互联网残疾人无障碍访问情况（L1P8 – A2）： 计算方法：L1P8 – A2 分项分数 = 40% ×（b1 + b2 + b3） b1：城市政府主门户网站支持无障碍访问情况，支持得 50 分，不支持得 0 分。 b2：城市政府各部门网站支持无障碍访问情况，90% 以上部门支持得 30 分，60% 以上部门支持得 20 分，30% 以上部门支持得 10 分，30% 以下部门支持得 0 分。 b3：城市主流新闻媒体网站支持无障碍访问情况，浏览量前三位的城市本地新闻媒体网站均支持得 20 分，2 家支持得 10 分，1 家支持得 5 分，均不支持得 0 分。 数据要求：数据取截至 2016 年 10 月底的数据。 数据来源：地方政府

续表

一级指标及权重	二级指标及权重	二级指标释义及评价方法	二级指标分项及计算方法
惠民服务 L1（37%）	电商服务 L1P9（2%）	①本指标用于评价电子商务中网络消费、跨境贸易等发展情况。 ②本指标由网上商品零售占比、跨境电商交易占比等两个分项进行评价。 ③本指标评价得分 =2% ×两个分项分数之和	①网上商品零售占比（L1P9 − A1）： 计算方法：L1P9 − A1 分项分数 = 50% ×（地区网上商品零售额/地区社会消费品零售总额）×100 数据要求：数据取 2016 年度数据（截至 10 月）。 数据来源：城市统计部门和第三方机构
			②跨境电商交易占比（L1P9 − A2）： 计算方法：L1P9 − A2 分项分数 = 50% ×（跨境电商交易额/进出口总额）×100 数据要求：数据取 2016 年度数据（截至 10 月）。 数据来源：城市海关和第三方机构
精准治理 L2（9%）	城市管理 L2P1（4%）	①本指标用于评价运用数字化手段对城市进行智慧管理，发展智能化市政基础设施的情况。 ②本指标由数字化城管情况、市政管网管线智能化监测率、综合管廊覆盖率等三个分项进行评价。 ③本指标评价得分 =4% ×三个分项分数之和	①数字化城管情况（L2P1 − A1）： 计算方法：L2P1 − A1 分项分数 = 25% ×（b1 + b2 + b3 + b4） b1：城市管理事部件的立案率得分 = 立案率不低于 95% 时 25 分，介于［90%，95%）时 20 分，介于［85%，90%）时 15 分，介于［80%，85%）时 10 分，低于 80% 时 0 分； b2：城市管理事部件办理的派遣正确率得分 = 派遣正确率不低于 90% 时 25 分，介于［85%，90%）时 20 分，介于［80%，85%）时 15 分，介于［75%，80%）时 10 分，低于 75% 时 0 分； b3：执行部门按时处置率得分 = 执行部门按时处置率不低于 80% 时 25 分，介于［75%，80%）时 20 分，介于［70%，75%）时 15 分，介于［65%，70%）时 10 分，低于 65% 时 0 分； b4：城市管理事部件的结案率得分 = 结案率不低于 90% 时 25 分，介于［85%，90%）时 20 分，介于［80%，85%）时 15 分，介于［75%，80%）时 10 分，低于 75% 时 0 分。 数据要求：数据取 2016 年度数据（截至 10 月）。 数据来源：数字化城市管理信息系统

续表

一级指标及权重	二级指标及权重	二级指标释义及评价方法	二级指标分项及计算方法
精准治理 L2（9%）	城市管理 L2P1（4%）		②市政管网管线智能化监测管理率（L2P1 – A2）： 计算方法：L2P1 – A2 分项分数 = 50% ×（可以由物联网等技术进行智能化监测管理的城市市政管网管线长度/城市市政管网管线总长度）×100 数据要求：管网管线包括水、电、气三类，长度按三类管网管线之和计算。数据取截至 2016 年 10 月底的数据。 数据来源：城市住建主管部门
			③综合管廊覆盖率（L2P1 – A3）： 计算方法：L2P1 – A3 分项分数 = 25% ×（城市新区、各类园区、成片开发区域的新建道路同步建设地下综合管廊长度/城市新区、各类园区、成片开发区域的新建道路长度）×100 数据要求：地下综合管廊长度和新建道路长度含已开工及完成建设的长度。数据取 2015 年以来的数据。 数据来源：城市住建主管部门
	公共安全 L2P2（5%）	①本指标用于评价城市构建立体化社会治安防控体系，开展公共安全视频监控建设联网应用的情况。 ②本指标由公共安全视频资源采集和覆盖情况、公共安全视频监控资源联网和共享程度，以及公共安全视频图像提升社会管理能力情况等三个分项进行评价。 ③ 本指标评价得分 =5% × 三个分项分数之和	①公共安全视频资源采集和覆盖情况（L2P2 – A1）： 计算方法：L2P2 – A1 分项分数 = 40% ×（b1 ×0.25 + b2 ×0.2 + b3 ×0.15 + b4 ×0.25 + b5 ×0.15） b1：城市重点公共区域视频监控覆盖率得分 =（视频监控已经覆盖的城市重点公共区域数量/视频监控应当覆盖的城市重点公共区域数量）×100； b2：城市重点公共区域高清摄像机比率得分 =（城市重点公共区域高清摄像机数量/城市重点公共区域摄像机总数量）×100； b3：城市重点行业、领域视频监控覆盖率得分 =（视频监控已经覆盖的城市重点行业、领域涉及公共安全的区域数量/视频监控应当覆盖的城市重点行业、领域涉及公共安全的区域数量）×100；

续表

一级指标及权重	二级指标及权重	二级指标释义及评价方法	二级指标分项及计算方法
			b4：城市重点公共区域安装的摄像机完好率得分 =（城市重点公共区域完好摄像机数量/城市重点公共区域摄像机总数量）×100； b5：城市重点行业、领域安装的涉及公共安全的摄像机完好率得分 =（城市重点行业、领域安装的涉及公共安全的完好摄像机数量/城市重点行业、领域安装的涉及公共安全的摄像机总数量）×100。 数据要求：指标中提及的城市重点区域，城市重点行业、领域的范围按照公安主管部门有关要求并结合城市情况确定。数据取截至 2016 年 10 月底的数据。 数据来源：城市公安主管部门
精准治理 L2（9%）	公共安全 L2P2（5%）		②公共安全视频监控资源联网和共享程度（L2P2 – A2）： 计算方法：L2P2 – A2 分项分数 = 30% ×（b1 ×0.3 + b2 ×0.2 + b3 ×0.5） b1：城市重点公共区域视频监控联网率得分 =（已经接入视频图像共享平台的城市重点公共区域内视频监控摄像机数量/城市重点公共区域内视频监控摄像机总数量）×100； b2：城市重点行业、领域涉及公共安全的视频图像资源联网率得分 =（已经接入视频图像共享平台的城市重点行业、领域涉及公共安全的区域内视频监控摄像机数量/城市重点行业、领域涉及公共安全的区域内视频监控摄像机总数量）×100； b3：城市政府部门间公共安全视频图像共享协议有无情况得分，如有得 100 分，没有得 0 分。 数据要求：指标中提及的城市重点区域，城市重点行业、领域的范围按照公安主管部门有关要求并结合城市情况确定。数据取截至 2016 年 10 月底的数据。 数据来源：城市公安主管部门

续表

一级指标及权重	二级指标及权重	二级指标释义及评价方法	二级指标分项及计算方法
精准治理 L2（9%）	公共安全 L2P2（5%）		③公共安全视频图像提升社会管理能力情况（L2P2 – A3）： 计算方法：L2P2 – A3 分项分数 = 30% ×（b1 ×0.5 + b2 ×0.5） b1：安全视频图像支撑公安实战的贡献率得分 =（年度公安机关利用视频监控协助查破的刑事案件数量/年度公安机关查破的刑事案件总数）×100； b2：公共安全视频图像服务除公安以外政府部门情况得分，如个数多于 4 个得 100 分，否则得 0 分。 数据要求：数据取 2016 年度数据（截至 10 月）。 数据来源：城市公安主管部门
生态宜居 L3（8%）	智慧环保 L3P1（4%）	①本指标用于评价城市在环境保护方面开展智慧化监测，进行环境信息公开和环境问题处置等工作的情况。 ②本指标由重点污染源在线监测情况、企业事业单位环境信息公开率和城市环境问题处置率等三个分项进行评价。 ③ 本指标评价得分 =4% × 三个分项分数之和	①重点污染源在线监测情况（L3P1 – A1）： 计算方法：L3P1 – A1 分项分数 = 40% ×（实现自动在线监测的重点污染源数量/所有重点污染源数量）×100 数据要求：重点污染源包括国控、省控、市控各级污染源。数据取 2016 年度重点污染源的数据。 数据来源：城市环境保护主管部门
			②企业事业单位环境信息公开率（L3P1 – A2）： 计算方法：L3P1 – A2 分项分数 = 30% ×（公开环境信息的企业事业单位数/辖区内重点排污企业事业单位数）×100 数据要求：辖区内重点排污企业事业单位是指列入本地区重点排污单位名录的单位，公开环境信息的企业事业是指名录中在 2016 年公开了环境信息的企业事业单位。公开应通过政府网站、报刊、广播、电视等便于公众知晓的方式公布。 数据来源：城市环境保护主管部门

续表

一级指标及权重	二级指标及权重	二级指标释义及评价方法	二级指标分项及计算方法
生态宜居 L3（8%）	智慧环保 L3P1（4%）		③城市环境问题处置率（L3P1 - A3）： 计算方法：L3P1 - A3 分项分数 = 30% ×（环境事件处置数量/环境事件举报数量）×100 数据要求：环境事件处置数量是指被举报的环境事件中完成处置的事件数量。数据取 2016 年度数据（截至 10 月） 数据来源：城市环境保护主管部门
	绿色节能 L3P2（4%）	①本指标用于评价城市绿色发展，推动节能降耗的工作情况。 ②本指标由万元 GDP 能耗降低率、绿色建筑覆盖率和重点用能单位在线监测率等三个分项进行评价。 ③ 本指标评价得分 =4% × 三个分项分数之和	①万元 GDP 能耗降低率（L3P2 - A1）： 计算方法：L3P2 - A1 分项分数 = 30% ×b b：万元 GDP 能耗降低率得分 =［（年度能源消耗总量/年度地区生产总值）/（上一年度能源消耗总量/上一年度地区生产总值）- 1］×100。能耗降低取正数值计算分数，能耗升高按 0 分计算分数。 数据要求：数据优先取 2016 年度万元 GDP 能耗降低率数据，如无法统计，则可采用 2015 年度万元 GDP 能耗降低率数据。 数据来源：城市统计局、能源局、发改委
			②绿色建筑覆盖率（L3P2 - A2）： 计算方法：L3P2 - A2 分项分数 = 30% ×（新建绿色建筑总面积/城市新建建筑总面积）×100 数据要求：绿色建筑判定的标准为“绿色建筑评价”相关国标或地标。数据取 2015 年以来的数据。 数据来源：城市住建主管部门

续表

一级指标及权重	二级指标及权重	二级指标释义及评价方法	二级指标分项及计算方法
生态宜居 L3（8%）	绿色节能 L3P2（4%）		③重点用能单位在线监测率（L3P2 – A3）： 计算方法：L3P2 – A3 分项分数 = 40% ×（纳入在线监测的重点用能单位数量/所有重点用能单位数量）×100 数据要求：数据取 2016 年度重点用能单位的数据。 数据来源：城市能源局、发改委
智能设施 L4（7%）	宽带网络设施 L4P1（4%）	①本指标用于评价城市固定宽带网络和移动宽带网络发展的情况。 ②本指标由固定宽带家庭普及率、光纤到户用户渗透率、移动宽带用户普及率等三个分项进行评价。 ③ 本指标评价得分 =4% × 三个分项分数之和	①固定宽带家庭普及率（L4P1 – A1）： 计算方法：L4P1 – A1 分项分数 = 40% ×（家庭固定宽带接入用户数/城市总户数）×100。比率如超过 1 则按 1 取值。 数据要求：城市总户数包括城市家庭户数和集体户数。城市总户数取 2015 年底的数据。家庭固定宽带接入用户数取截至 2016 年 10 月底的数据。 数据来源：地方通信管理局
			②光纤到户用户渗透率（L4P1 – A2）： 计算方法：L4P1 – A2 分项分数 = 30% ×（光纤到户实际用户数/固定宽带接入用户总数）×100 数据要求：数据取截至 2016 年 10 月底的数据。 数据来源：地方通信管理局
			③移动宽带用户普及率（L4P1 – A3）： 计算方法：L4P1 – A3 分项分数 = 30% ×（3G 制式及以上移动电话用户数/城市常住人口数）×100。比率如超过 1 则按 1 取值。 数据要求：3G 制式及以上移动电话用户数包括 3G 移动电话用户数和 4G 移动电话用户数。3G 制式及以上移动电话用户数取截至 2016 年 10 月底的数据。城市常住人口数取 2015 年底的数据。 数据来源：地方通信管理局

续表

一级指标及权重	二级指标及权重	二级指标释义及评价方法	二级指标分项及计算方法
智能设施 L4（7%）	时空信息平台 L4P2（3%）	①本指标用于评价城市建立时空信息服务体系，开展时空信息服务的情况。 ②本指标由多尺度地理信息覆盖和更新情况、平台在线为部门及公众提供空间信息应用情况，以及为用户提供高精度位置服务情况等三个分项进行评价。 ③ 本指标评价得分 =3% × 三个分项分数之和	①多尺度地理信息覆盖度和更新情况（L4P2 - A1）： 计算方法：L4P2 - A1 分项分数 = 40% ×（b1 ×0.5 + b2 ×0.5） b1：（城市大比例尺地形图覆盖面积/建成区面积）×100 b2：（0.5/更新周期）×100 数据要求：更新周期以半年为单位，小于半年的，更新周期按 0.5 计算。数据取截至 2016 年 10 月底的数据。 数据来源：城市测绘地理信息主管部门
			②平台在线为部门及公众提供空间信息应用情况（L4P2 - A2）： 计算方法：L4P2 - A2 分项分数 = 40% ×（b1 ×0.5 + b2 ×0.5） b1：（实际应用部门数量/部门总数量）×100 b2：（平台活跃用户数量/城市常住人口数量）×100 数据要求：部门数量指各地方政府委办局数量。城市常住人口数量取 2015 年底的数据。其他数据取截至 2016 年 10 月底的数据。 数据来源：城市测绘地理信息主管部门
			③为用户提供高精度位置服务情况（L4P2 - A3）： 计算方法：L4P2 - A3 分项分数 = 20% ×（b1 ×0.5 + b2 ×0.5） b1：（厘米级企事业单位用户数量/城市测绘资质单位总数）×100 b2：（实际应用部门数量/部门总数量）×100 数据要求：部门数量指各地方政府委办局数量。数据取截至 2016 年 10 月底的数据。 数据来源：城市测绘地理信息主管部门

续表

一级指标及权重	二级指标及权重	二级指标释义及评价方法	二级指标分项及计算方法
信息资源 L5（7%）	开放共享 L5P1（4%）	①本指标用于评价城市政府部门数据共享和公共信息资源向社会开放的情况。 ②本指标由公共信息资源社会开放率和信息资源部门间共享率两个分项进行评价。 ③ 本指标评价得分 =4% ×两个分项分数之和	①公共信息资源社会开放率（L5P1－A1）： 计算方法：L5P1－A1 分项分数 = 50% ×（可 API 访问的已开放的公共信息资源类别数量/需要开放的公共信息资源类别总数）×100 数据要求：需要开放的公共信息资源类别总数为 20，具体包括信用、公安、交通、医疗、卫生、就业、社保、地理、文化、教育、科技、资源、农业、环境、安监、金融、质量、统计、气象、企业登记监管等 20 类民生保障服务相关领域的政府数据集。暂不对每个类别中可 API 访问的已开放的公共信息资源具体种类和数量进行要求。数据取截至 2016 年 10 月底的数据。 数据来源：地方政府
			②信息资源部门间共享率（L5P1－A2）： 计算方法：L5P1－A2 分项分数 = 50% ×（制定信息资源目录并提供共享的部门数量/政府部门总数量）×100 数据要求：制定信息资源目录并提供共享是指制定了部门权责范围内的信息资源目录并将非密信息资源全部共享给其他部门，如仅向其他部门共享少量信息资源不应计算在内。数据取截至 2016 年 10 月底的数据。 数据来源：地方政府
	开发利用 L5P2（3%）	①本指标用于评价政企合作对城市基础信息资源开发利用，发展创新服务，推动城市精准化治理的情况。 ②本指标由政企合作对基础信息资源的开发情况进行评价。 ③ 本指标评价得分 =3% ×分项分数	①政企合作对基础信息资源的开发情况（L5P2－A1）： 计算方法：L5P2－A1 分项分数 = 宏观调控决策支持、企业监管、质量安全、节能降耗、环境保护、食品安全、安全生产、信用体系建设、旅游服务、应急处突等 10 类城市治理领域，每 1 类领域实现 2 个及以上开发应用案例得 10 分，满分 100 分。 数据要求：开发应用案例应是近 2 年内城市通过政企合作，利用主要基础信息资源开发的，已正式运营半年以上的案例数量，正在开发的、试用的、上线运营时间小于半年的都不应计算在内。 数据来源：地方政府

续表

<table>
<tr><th>一级指标
及权重</th><th>二级指标
及权重</th><th>二级指标释义及评价方法</th><th>二级指标分项及计算方法</th></tr>
<tr><td rowspan="2">网络安全 L6
（8%）</td><td rowspan="2">网络安全管理 L6P1
（4%）</td><td rowspan="2">①本指标用于评价智慧城市在建设和管理过程中落实安全责任制，加强智慧城市网络安全工作的统筹协调和顶层设计，全面落实信息安全等级保护制度的情况。在智慧城市运营过程中加强网络安全监测、通报预警和信息共享，全力提高网络安全风险抵御能力和应急能力的情况。
②本指标由智慧城市网络安全组织协调机制的建立情况；建立通报机构及机制，对信息进行共享和通报预警，提高防范控制能力情况；建立完善网络安全应急机制，提高风险应对能力，并对重大网络安全事件进行及时有效的响应和处置等三个分项进行评价。
③本指标评价得分 =4% ×三个分项分数之和</td><td>①智慧城市网络安全组织协调机制的建立情况（L6P1 – A1）：
计算方法：L6P1 – A1 分项分数 = 以文件形式发布，并落实 2 项要求，得 30 分；以正式文件形式发布，落实 1 项要求，得 10 分；否则，得 0 分。
说明：应以正式文件形式，按照党委网信领导小组领导，依托智慧城市建设组织协调机制：建立智慧城市网络安全工作机制；落实各级网络安全责任。
数据要求：取截至 2016 年 10 月底的数据。
数据来源：地方党委、政府</td></tr>
<tr><td>②建立通报机构及机制，对信息进行共享和通报预警，提高防范控制能力情况（L6P1 – A2）：
计算方法：L6P1 – A2 分项分数 = 建立起有效的通报预警机制，通报成员单位范围覆盖所有关键信息基础设施，并对通报事件或隐患进行及时整改，得 30 分；建立通报预警机制，通报成员单位范围覆盖关键信息基础设施 90% 以上，并对通报事件或隐患进行及时整改，得 20 分；建立通报预警机制，通报成员单位范围覆盖关键信息基础设施 80% 以上，并对通报事件或隐患进行及时整改，得 10 分；否则，得 0 分。
数据要求：取截至 2016 年 10 月底的数据。
数据来源：安全检查结果</td></tr>
</table>

续表

一级指标及权重	二级指标及权重	二级指标释义及评价方法	二级指标分项及计算方法
网络安全 L6（8%）	网络安全管理 L6P1（4%）		③建立完善网络安全应急机制，提高风险应对能力，并对重大网络安全事件进行及时有效的响应和处置（L6P1 - A3）： 计算方法：L6P1 - A3 分项分数 = 满足 4 项要求，得 40 分；满足 3 项要求，得 30 分；满足 2 项要求，得 20 分；否则，得 0 分。当不满足第 4 项要求时，得 0 分。 四项要求为：制定有效的应急预案并定期演练；应急资源包括专业技术支撑服务单位；建立起与网信、公安、通信等部门的应急协作机制；出现重大网络安全事件后，及时响应，有效处置，责任追究到位。 数据要求：取截至 2016 年 10 月底的数据。 数据来源：安全检查结果
	系统与数据安全 L6P2（4%）	①本指标用于评价确保智慧城市关键信息基础设施的安全保障的情况。 ② 本指标由梳理并形成关键信息基础设施名录，并完成相关备案工作情况；根据风险评估结果和等级保护要求，对关键信息基础设施实施有效的安全防护；关键信息基础设施监管情况等三个分项进行评价。 ③本指标评价得分 =4% ×三个分项分数之和	①梳理并形成关键信息基础设施名录，并完成相关备案工作情况（L6P2 - A1）： 计算方法：L6P2 - A1 分项分数 = 具有关键信息基础设施名录，且完成全部备案工作，得 30 分；备案率大于 90%，得 20 分；备案率小于或等于 90%，且大于 80%，得 10 分；否则，为 0 分。 数据要求：取截至 2016 年 10 月底的数据。 数据来源：安全检查结果
			②根据风险评估结果和等级保护要求，对关键信息基础设施实施有效的安全防护（L6P2 - A2）： 计算方法：L6P2 - A2 分项分数 = 完成风险评估和等级测评，并进行了整改，得 30 分；完成率大于 90%，得 20 分；完成率小于或等于 90%，且大于 80%，得 10 分；否则，为 0 分。 数据要求：取截至 2016 年 10 月底的数据。 数据来源：风险评估报告、等保测评数据、安全检查结果

续表

一级指标及权重	二级指标及权重	二级指标释义及评价方法	二级指标分项及计算方法
网络安全 L6（8%）	系统与数据安全 L6P2（4%）		③关键信息基础设施监管情况（L6P2 – A3）： 计算方法：L6P1 – A3 分项分数 = 每年定期对关键信息基础设施开展安全检查，得 40 分；否则，得 0 分。 数据要求：取截至 2016 年 10 月底的数据。 数据来源：安全检查结果
改革创新 L7（4%）	体制机制 L7P1（4%）	①本指标用于评价智慧城市统筹机制和管理机制建设，进行运营机制改革创新的情况。 ②本指标由智慧城市统筹机制、管理机制、运营机制等三个分项进行评价。 ③ 本指标评价得分 =4% × 三个分项分数之和	①智慧城市统筹机制（L7P1 – A1）： 计算方法：L7P1 – A1 分项分数 = 30% ×（b1 + b2） b1：是否设立领导组织机构及领导体制：设立得 50 分，未设立得 0 分。 b2：领导组织机构是否有实际工作内容：有得 50 分，无得 0 分。 数据要求：数据取 2016 年数据，即 2016 年领导组织机构是否正常运转并开展实际工作。 数据来源：地方政府
			②智慧城市管理机制（L7P1 – A2）： 计算方法：L7P1 – A2 分项分数 = 30% ×（b1 + b2） b1：是否纳入政府绩效考核体系：纳入得 50 分，未纳入得 0 分。 b2：是否建立智慧城市项目管理制度：建立得 50 分，未建立得 0 分。 数据要求：数据取 2016 年数据，即 2016 年智慧城市重点项目是否纳入考核体系并按制度进行项目管理。 数据来源：地方政府

续表

一级指标及权重	二级指标及权重	二级指标释义及评价方法	二级指标分项及计算方法
改革创新 L7（4%）	体制机制 L7P1（4%）		③智慧城市运营机制（L7P1 - A3）： 计算方法：L7P1 - A3 分项分数 = 40% ×（b1 + b2） b1：政府和社会资本合作比率得分 =（社会资本数量/总投资数）×50 b2：是否有第三方运营：有得 50 分，无得 0 分。 数据要求：数据取截至 2016 年 10 月底的数据。 数据来源：地方政府
市民体验 L8（20%）	市民体验调查 L8P1（20%）	①本指标用于评价公众对智慧城市发展效果切身感受的情况。 ②本指标评价通过调查问卷完成，评价得分方法由调查问卷确定	—

资料来源：《新型智慧城市评价指标（2016 年）》。

含了城市网络、治理、生活、娱乐、经济发展、生态环境等方方面面，国际智慧社区组织、欧盟中等城市智慧城市评估、德国智慧城市标准化路线图等给出的总体标准框架也列出了一系列细分领域。因此，未来一年，很可能在智慧城市概念下的领域范围内，出现单个行业或者应用领域的国际标准。

（二）智慧城市综合性标准展现融合态势

由于历史、文化、地理和经济环境的差异，城市发展和完善的方式也不尽相同，全球各城市中的基础设施、系统应用、大型平台等往往由不同类型的企业和供应商建设，且负责维护的不同机构又各行其是，这就需要统一标准的存在。但就目前来看，国际电信联盟、国际电工委员会、国际标准化组织、国际电气与电子工程师协会、欧洲标准化委员会、欧洲电工标准化委员会、欧洲电信标准协会等全球各大标准在智慧城市领域的标准化工作都各有推进。全球各主要标准机构已经召开会议，讨论改进并加快各组织机构的标准化工作，以支持智慧城市建设。各个机构已经决定，在相互尊重、透明、开放和共享新成果的原则下加强合作，共同制定可行的合作框架。城市是复杂、多维的系统体系。没有一个单一的标准组织能够提供城市所需的一切。如同其他领域一样，智慧城市领域亦需要广泛的合作。因此，在未来几年内，智慧城市标准化工作领域，尤其是综合性的标准将呈现各领域协同合作、各标准融合提升的态势。

（三）我国有望领跑智慧城市国际标准工作

从我国企业主导的 Polar Code（极化码）方案成为国际 5G 编码控制信道方案，到我国向 JTC1 规划特别工作组提交了《JTC1 在智慧城市领域潜在工作建议》，提出建议 JTC1 成立智慧城市研究组，综合研究和整体规划信息技术领域的智慧城市国际标准工作，以及我国工业和信息化部电子工业标准化研究院袁媛担任国际标准化组织国际电工委员会第 1 联合技术委员会（ISO/IECJTC1）的召集人，我国在智慧城市国际标准工作中的地位呈现越来越重要的态势，我国在智慧城市国际标准领域的领导地位基本建立，并且在未来将有望领跑智慧城市国际标准工作。

（四）更关注智慧城市标准在实际中的验证作用

从中国和英国合作推动智慧城市标准化工作并且将中国成都作为首个试点，以及印度、南非等智慧城市建设较为落后的城市采用英国标准协会（BSI）公布的相关建设标准等来看，标准工作的推进必将伴随将标准融合进城市建设进行检验的过程。未来，我国将大力组织和推进智慧城市标准在我国智慧城市建设中的验证应用，积极支撑国家发改委、工业和信息化部、科学技术部、国家标准委等部门组织的智慧城市政策研究和试点示范工作，建立围绕智慧城市国家标准的宣传、培训、咨询、测试、评价等标准化服务体系，为北京、上海、浙江、河北、山东、南京、扬州、兰州、金昌、淮南等各省市提供智慧城市标准服务，不断提升智慧城市建设中的标准化服务水平和能力。

（五）智慧城市标准领域将产生新的市场

智慧城市的标准化工作，对于智慧城市发展意义重大。对于准备开展智慧城市建设的城市来说，评价框架和指标可以对其发展目标、工程布局制定提供前瞻性指导，起到良好的导向作用；对于正在开展智慧城市实践的城市来说，评价框架和指标可以便于决策者及时调整方案、纠正错误，起到标准优化作用；对于智慧城市建设已经取得一定效果的城市，可以科学地衡量智慧城市建设水平，梳理最佳实践和经验教训，优化建设方案，用好建设成果，便于总结提高。仅从中国来看，住建部自2012年开始共开展了277个试点，工信部在2013年分别公布了两批信息消费试点，科技部和国标委2013年在20个城市开展了智慧城市示范工作，国家发改委2014年发布了80个信息惠民试点，国家测绘局在2012年数字城市地理信息空间基础上提出了9个智慧城市时空信息平台试点，已经开始建设的智慧城市数量达数百个。国际智慧社区论坛、欧盟中等城市智慧城市评估等评估机构每年收到的全球关于智慧城市的评比申请书数量也在数百个以上，智慧城市标准化工作目前仅处于初级阶段，在权威标准机构的综合性整体标准框架发布以后，这些处于建设阶段的城市将迎来一轮对标调整期，标准化建设将推动智慧城市建设与信息咨询行业新的爆发，产生新的市场。

B.6 世界智慧城市技术发展与展望

孙倩文　赵　千*

摘　要：　2016 年，国内外智慧城市建设如火如荼，相关的各类 ICT 技术发展迅速，基础网络技术仍旧保持较快的发展势头，千兆宽带进入应用阶段。开放数据技术应用逐渐成熟，物联网技术应用持续普及和完善，整体性、平台性解决方案成为主流。未来计算、虚拟现实等新兴技术在智慧城市建设中的应用进入初级阶段，但大部分的新兴技术仍需要 5～10 年才能在智慧城市建设中进入主流应用时期。

关键词：　移动互联网　未来计算　人工智能　5G

2016 年，随着全球社会与经济数字化水平日益提升，信息通信技术与计算技术的进步在国内外智慧城市建设范畴内创造了更大的影响力。在智慧基础设施方面，全球 5G 信息通信技术发展推进速度加快，美国堪萨斯城、西雅图、旧金山等已经开始使用千兆宽带服务；国内以中国电信、中国移动为引领的千兆宽带建设如火如荼。在城市服务应用方面，以先进计算技术为核心的新型计算机、新型算法及新型应用不断充实到智慧城市建设的各个领域，基于先进计算技术的智慧城市范畴内的商业服务问世，认知服务、城市计算等新类型的智慧城市应用服务在北京等大型城市落地。开放数据与统一

---

* 孙倩文，理学硕士，国家工业信息安全发展研究中心工程师，主要研究智慧城市建设、新型智慧城市测评、未来计算等；赵千，管理学硕士，国家工业信息安全发展研究中心助理工程师，主要研究大数据、信息产业等。

接口平台的成熟运用，使城市数据的潜力释放，城市大数据催生多种多样的智能应用。物联网、虚拟现实等新兴技术进入消费级元年，应用形态从展示逐渐扩展到娱乐、消费等与城市生活相关的领域。智慧城市产生的数据量日益增加，企业已经开始利用高性能计算技术与云计算技术的结合，衍生出新的技术方案和智慧城市解决方案。预计在未来的几年之内，网络随手可及的时代即将到来，并且是以移动互联网、宽带网、物联网等各类网络技术融合发展为基础而促成的；同时，随着智慧城市建设的持续推进，智能家居、人工智能等智能技术将率先迎来突破发展期。

一　世界智慧城市技术发展态势与特点

（一）网络技术成为基础技术，无线关键技术研发提速

1. 宽带技术向千兆布局

同目前主流宽带技术相比，千兆宽带基于高效快速的千兆光网，能满足各种家居智能设备、智能监控等的数据采集，如 3D 全息视频、智能驾驶、从虚拟现实（VR）到智能传感器等；同时，也能实现远程视频医疗、远程视频教育、政府远程紧急救援等。2015 年之后，随着城市建设、市场需求、国家政策及运营商自身发展变化等因素，千兆宽带已经被提上重要议事日程；进入 2016 年，发达国家的运营商们似乎正在紧锣密鼓地加快千兆布局，试图以差异化商业应用和家用产品先攻下千兆宽带潜在市场。宽带业务咨询公司 Point Topic 的咨询报告显示，到 2020 年全球千兆级固定宽带接入用户至少有 1 亿，并预测从目前到 2020 年千兆宽带用户的年复合增长率将达到 65%，并且接近 70% 的增长来自亚太地区。截至 2016 年 2 月下旬，在世界上最早提出千兆宽带服务的 Google Fiber，目前已经在堪萨斯城、密苏里州、普洛佛、犹他州、奥斯汀、德克萨斯和亚特兰大等多个城市推出了价格十分实惠的千兆宽带服务，并计划向圣安东尼奥、田纳西州纳什维尔等城市布局；美国 Verizon 等电信巨头，也在千兆光纤宽带领域不断开发新产品和服

务；2 月，美国国有电力企业在阿拉巴马州的亨茨维尔宣布其将租赁谷歌的光纤线，从 2017 年开始提供千兆服务来服务企业和居民用户；3 月，美国 Comcast 宣布在亚特兰大上线 1Gbps 宽带服务，为非对称速率，下行 1Gbps（128MB/s）、上行 35Mbps，签署三年套餐可享受无限流量，包月价格是 70 美元（见表 1）。

越来越多的城市意识到，要成为理想中的智慧城市，在城市区域范围内实现宽带基础设施的普遍性服务已经成为一种必需项目，同时宽带速度应普遍地保持在 100～1000 兆。2016 年，西雅图市在市政宽带服务方面启动了一个全局性的布局计划，将价格定在了 4.8 亿～6.85 亿美元；波士顿等城市已经把宽带看成了类似于水、电一类的基础资源；旧金山正在布局覆盖全城的千兆宽带，如果旧金山的计划付诸实施，很可能成为美国最大的千兆城市。根据 Highspeedgeek.com（一个宽带运营商）统计的数据，美国至少有 48 个城市在为市民住宅提供某种千兆服务，其中田纳西州的查特怒加市是最著名、规模最大的将千兆宽带服务作为市政服务向公众提供的城市。

表 1　能够提供千兆宽带服务的运营商和城市

国别	运营商	千兆宽带服务/城市
美国	Google	Google Fiber，堪萨斯城、密苏里州、普洛佛、犹他州、奥斯汀、德克萨斯和亚特兰大等
美国	Verizon	—
美国	国有电力企业	阿拉巴马州的亨茨维尔
美国	Comcast	亚特兰大
英国	英国电信 BT	NGA1.0 和 NGA2.0 采用 G.fast
德国	M-net	华为 G.fast 千兆接入网络
瑞士	MSO	G.fast 技术
中国	中国电信	上海、成都、无锡、福建
中国	中国移动	徐州

资料来源：国家工业信息安全发展研究中心分析整理。

从国内来看，以主要运营商中国电信为主导，已有部分城市上线千兆宽带试点，或者开始布局千兆宽带建设项目。2015 年 12 月 27 日，国务院印发的《“十三五”国家信息化规划》对宽带网络方面也制定了明确的目标，要求固定宽带家庭普及率达到中等发达国家水平，城镇地区能够提供1000兆比特/秒（Mbps）以上接入服务能力。2016年1月，广东电信召开千兆宽带新产品发布会，将千兆宽带产品推出市场，广东省目前每天都有超过2万的新用户选择使用光纤宽带，这一数据还在不断增长中。早在2015年5·17电信日，中国电信已经在上海、成都、无锡等多城市试点了千兆宽带，市场反响普遍良好。10月22日，中国电信上海公司正式启动千兆宽带规模化发展计划，将投资超过10亿元全面部署、扩容设备，2018年实现千兆宽带全市覆盖，上海电信高层表示，千兆宽带采用的对称10G－EPON FTTH技术，在带宽和技术成熟度方面较其他技术制式有更优秀的表现。12月17日，中国电信在福建率先建成全光省，并启动18个小区的千兆光宽带试点建设，领跑千兆宽带进入寻常百姓家。12月16日，徐州移动组织召开“开启千兆时代、共建光网徐州”新闻发布会，宣布启动千兆宽带小区建设。

2. 无线关键技术研发应用双提速

2015年，3GPP（the 3rd Generation Partnership Project）已经启动了若干面向5G的研究工作，包括面向5G的业务需求、新一代系统架构、RAN需求、信道模型等研究项目。同时，在大规模天线阵列、超密集组网、新型多址、全频谱接入、新型多载波、先进调制编码、灵活双工、全双工、D2D、频谱共享等5G的无线关键技术方面已经在国内外达成了共识，5G应该有一个统一的技术框架，能够整合所有的技术模块，并通过灵活的配置来满足各种场景业务需求。目前，概念已经被业界很多公司所接受。

我国非常重视5G，2013年初成立IMT－2020（5G）5G工作推进组，推进组承担了我国5G总体推进工作，发布了很多成果，支撑了ITU和3GPP的5G相关标准化工作。工信部已启动了很多相关推进实施计划，并在2016年启动重大专项三等5G自动驾驶等课题。2015年10月，中、欧、美、日、韩五方共同签署了合作备忘录，2016年初，我国5G技术试验正式启动，成为我国通信业同国际同步的一个重要信号。一些通信技术较为领先的国家与地区，例如欧盟、韩国等，也成立了专门的科研组织机构，纷纷启动了5G相关技术的重大科研计划，具体情况如表2所示。

表2　与5G相关的国家（地区）级重大科研计划（项目）

项目名称	主要内容
METIS	作为欧盟第七框架计划中的一部分，项目研究组由爱立信、法国电信及欧洲部分学术机构共29个成员组成，旨在5G的远景规划、技术研究等
5GPPP	由政府（欧盟）出资管理项目吸引民间企业与组织参加，其机制类似于我国的重大科技专项，计划发展800个成员，包括ICT的各个领域
5G Forum	由韩国发起的5G组织，成员涵盖政府、产业、运营商和高校，主要愿景是引领和推进全球5G技术

资料来源：《互联网+金融》。

在无线网络（WiFi）技术方面，从标准到技术在2016年都有所突破。在标准方面，2016年初，WiFi联盟公布了新的802.11ah WiFi标准——HaLow。与物联网时代的发展需求相契合，HaLow具备了低功耗、长距离的特点。同时，该技术采用低于当前WiFi的2.4GHz和5GHz频段的900MHz频段，所以功耗很低，同时具备很强的穿墙能力，对于传感器和智能手表等设备来说很重要。另外，其相对于当前的WiFi技术覆盖距离更远，可以达到1公里，信号更强，且不容易被干扰，目前国内外多家芯片厂商也在802.11ah标准芯片方面加快研发进度。从应用场景来看，HaLow适用于电池供电的小尺寸可穿戴设备，以及工业基础设施的部署，同时也适用于介于两者之间的应用。另外，HaLow非常适合智能家居、智慧城市，以及工业市场的独特需求，较之前有了很大的进步。

纽约的千兆WiFi

2014年11月17日，纽约市制订“LinkNYC”（“连通纽约”）的新计划，重新架设“多功能电子立柱”来代替之前的传统公用电话亭，这种多功能电子立柱可以作为WiFi热点，同时具备充电功能和户外广告功能，可以每周7天，每天24小时，提供“千兆”级别的网速，并能提供完全免费的美国国内电话服务（包括911、311特殊电话）。

2015年底，纽约工作人员正式开始了名为LinkNYC的热点搭建，它将为市民提供免费、加密、速度达到千兆的WiFi信号。“连通纽约”使用的“千兆”网速，基于802.11ac WiFi协议。2016年1月20日起，首批安装到位的LinkNYC项目公共WiFi热点已经投入使用，位于纽约第三大道第10街~15街的4个LinkNYC亭开启了测试，供纽约市民使用，虽然仍处于测试阶段，但市民发现这些公共WiFi热点提供的网速相当快，据外媒TheVergea测试，上行和下行速度都超过了300Mbps。

图1　在纽约首批投入使用的LinkNYC电话亭

（二）未来计算成为新的建设基础，商业应用初现端倪

1. 未来计算技术全链条突破

据IDC统计，全球已经启动或正在兴建中的智慧城市已达1000多个，

每年的复合增长率达到20%。智慧城市建设一直致力于改善城市环境、交通、规划等问题，随着感知技术和计算环境的成熟，各种大数据在城市里悄然而生，通过对多种异构数据的整合、分析和挖掘，提取知识和智能，构建多种城市应用。过去几年，智慧城市建设围绕城市大数据的构建和使用，产生了海量的数据。

在数据爆炸暴露计算能力瓶颈后，人类已在多领域着重开展计算方面的突破和创新。放眼当下，大计算时代已经近在眼前，它包括大基础设施、大数据与大任务。大基础设施即空、天、地一体化的新型网络基础设施，大任务是指充分集成的复杂计算分析任务。因此，未来计算今后十年新的转变不仅是当前计算模式下性能的逐步提升，更将是大计算模式的转换。现在，人类正在计算机原理、材料、工艺、器件、设备、系统算法和应用上试图进行全链条和全体系突破创新（见图2）。

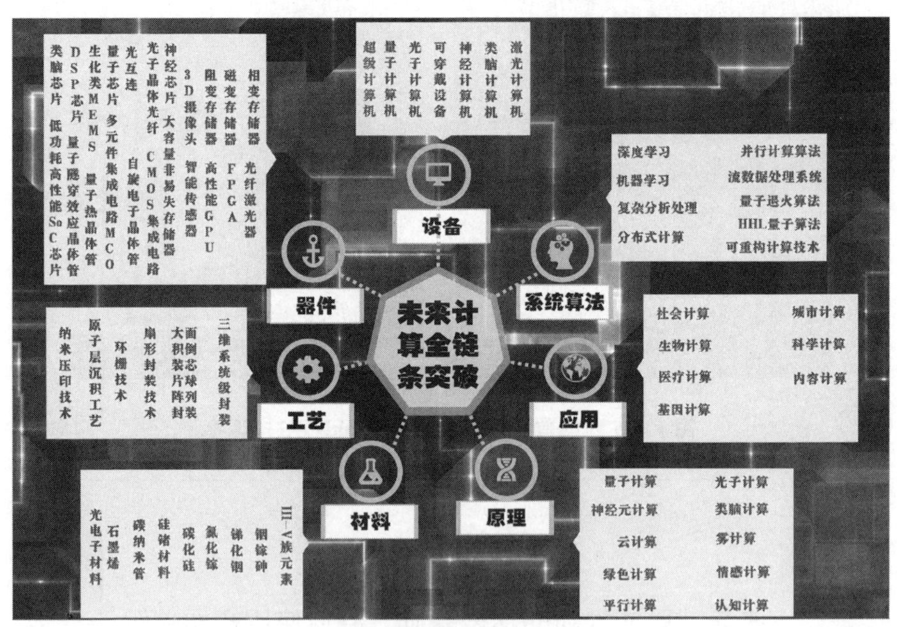

图2　未来计算全链条突破概览

资料来源：国家工业信息安全发展研究中心，《未来计算绿皮书（征求意见稿）》。

原理方面。以类脑计算、情感计算、认知计算为代表的模拟人类大脑的生理运转及感受的计算成为新计算原理的突破方向。这些新的原理将仿生科学和信息技术深度融合，实现在计算能耗、计算能力与效率、人机交互等诸多方面的大幅改进。IBM 研制的仿人脑神经芯片“TrueNorth”包含 54 亿个晶体管，模拟 100 万个神经元和 2. 56 亿个神经突触，具有 4096 个处理核。这些处理核相互连接，形成一个网状结构进行类脑计算。

材料方面。以 DNA 计算机、石墨烯等为代表的碳基材料、光电子材料等是当前新材料发展热点。以色列、日本、美国的高校已相继开发出新型 DNA 生物计算机，该计算机可以用于基因诊断、生物信息存储和互动游戏；美国采用碳纳米管复合材料将现有最精尖的晶体管制程从 14nm 缩减到了 1nm，虽然尚处于实验室技术突破阶段，但其对处理器的性能将是巨大的提升；韩国三星电子在石墨烯晶体管制造方面取得突破；维也纳工业大学、亚琛工业大学和曼彻斯特大学的科学家合作在石墨烯上创造出“人造原子”，并可以直接改变石墨烯的性能，使量子计算成为可能；德国卡尔斯鲁厄理工学院（KIT）的国际研究团队首次成功将一个完整的量子光学结构集成到芯片上，在促进光量子计算机用于数据加密、大数据超快计算及高度复杂系统量子模拟方面取得突破。

工艺方面。主要在制备和封装两大工艺上有所突破。在器件制备层面，电浆蚀刻技术、纳米印压技术、光刻工艺、原子层沉积工艺等日渐成熟，3D 打印器件技术成为新的突破口。电浆蚀刻在成良率、均匀度控制、补偿制程控制等多项指标上取得进展，3D 打印电子器件已处于研究阶段。在封装层面，以晶圆级芯片封装 WLCSP 和系统级封装 SiP 技术为代表的先进封装工艺正在超越传统封装和倒装封装，成为主流封装工艺。苹果的最新技术蓝图已决定将 SiP 列为未来重要封装架构，并在苹果 7 手机芯片中率先使用。

器件方面。主要是芯片在原有架构、新原理方面的多点突破。一方面在现有计算机硬件架构下，开发低功耗高性能 SoC 芯片、多元件集成电路 MCO、高性能 GPU 与 FPGA 等依然是业界研究的重要方向。如英特尔推出全新多核低功耗系统芯片，并于 2016 年推出至强融核第二代众核协处理器 Knight Landing，为更快速的数据分析提供了强劲的计算引擎与坚实的创新基石；Marvell 全线无线 MCU 平台集成了微控制器的单芯片 SoC；高通预期将在 2018 年推出首款 5G SoC 芯片。另一方面基于新原理的类脑芯片、量子芯片、量子隧穿效应晶体管、光互连、光纤激光器等新型器件蓬勃发展。2011 年，IBM 首先推出了单核含 256 个神经元，256×256 个突触和 256 个轴突的芯片原型，2014 年 IBM 正式发布基于脉冲神经网络的 TrueNorth 芯片。2016 年，我国发布了“寒武纪”芯片，是全球首个能够“深度学习”的“神经网络”处理器芯片。

设备方面。主要是量子计算机、光子计算机、可穿戴设备、类脑计算机的探索与研发。IBM 于 2015 年完成四个量子比特原型电路的研发工作，目前正研发基于超导效应的量子逻辑门架构的通用量子计算机。英特尔与荷兰量子计算机研究机构“QuTech”合作研究“量子门”量子计算机。谷歌则着力探寻检测和修复错误量子比特系统。微软在 GitHub 上公布了被称为“语言集成量子操作模拟器”（LIQUi|>）源代码，在这一领域中取得了重大进展。

系统算法方面。以认知、感知、情感计算为代表的新算法成为未来应用焦点。IBM 在 2015 年 3 月收购 AlchemyAPI，协助其在“认知计算”领域的战略研究，利用深度学习人工智能技术，以搜集企业、网站、广告主发行的图片、文字等各类信息为基础，支撑相应的文本和数据分析。德勤预测，未来全球软件公司 100 强中有 80 余家公司会将机器学习、自然语言处理或语音识别等认知技术运用到其开发的产品中。此外，欧洲许多大学纷纷成立情感与智能关系研究小组，例如日内瓦大学的情绪研究实验室、布鲁塞尔自由大学的情绪机器人研究小组以及英国伯明翰大学的“认知和影响项目”（Cognition and Affect Project）。

应用方面。未来计算在医疗、基因、生物、城市、社会、科学等方面均有不同程度应用。2013 年，微软亚洲研究院启动城市计算主题研究计划，形成了城市计算基本框架，分别是城市感知及数据捕获、数据管理、城市数据分析和服务提供四个模块，利用云计算、大数据以及 Windows Azure，着重研究计算在城市规划、社交娱乐、城市安全、应急响应、智能交通、环境、能源和经济等多方面的应用。以虹膜识别、眼纹识别、指纹识别、声纹识别、步态识别、笔迹识别等为代表的生物识别成为毫秒级大数据计算的未来应用方向之一。日本 NEC 公司成功研发出根据人耳共鸣方式的不同而进行身份识别的新型生物识别技术，并将进一步开发“身份识别”耳机。德国萨尔大学和斯图加特大学研发出基于谷歌眼镜的“SkullConduct”生物识别系统，正确率达 97%。

2. 未来计算技术在城市中的应用

如今的智慧城市建设已经离不开互联网和大数据，随着云计算、大数据、移动社交和信息安全等一系列技术的更迭，许多智慧城市的咨询建设企业与机构，以信息技术在城市中的应用为核心，推出了新的概念。计算领域的突破，为智慧城市带来颠覆性的变化。目前，“智慧的地球”概念的提出者 IBM 公司已经展示了若干个与未来计算在城市中应用相关行业的技术创新，认知计算、大数据分析、物联网、异构计算、神经元芯片 Synapse、认知型机器系统等一批新兴前沿技术应用正逐步走进新能源利用、污染防治、城市管理、生态改善以及医疗、交通、食品安全追溯、社区服务等领域，IBM 为其大数据与分析平台赋予了一个新的名字——Watson Foundations，“沃森”（Watson）所代表的“认知计算”将成为 IBM 的大数据战略方向。同时，微软启动城市计算主题研究计划，提出城市计算基本框架，利用云计算、大数据以及 Windows Azure，着重研究计算在城市规划管理、交通运行、环境治理、经济运行、安全保障、社交娱乐、能源监管等多方面的应用。例如，在环境保护方面，依托北京市区域内总共约 30 多个空气质量监测站点，一方面，可以实时采集现有站点检测到的空气质量，也包括历史数据；另一方面，融合人口移动性、道路结构（例如红绿灯数量）、气象（刮风下雨）、交通流量等数据，训练出若干个成熟的模型，最终形成一个实用的系统。即使某些区域缺乏站点，模型也能够依据相关数据和历史情况，估计出某片区域的空气质量（见图 3）。

图 3 描绘了城市计算的基本运作流程，自下向上分别是城市感知与数据捕获、城市数据管理、城市数据分析、服务提供四个环节。与自然语言分析和图像处理等“单数据单任务”的系统不同，城市计算是一个“多数据多任务”的系统。城市计算有潜力在缓解交通拥堵、减少能源消耗、保护自然环境、改进城市规划等城市重大问题中发挥重要作用。城市计算结合 Windows Azure 云计算平台，能够更好地解决城市问题，提高城市生活质量和促进可持续发展。

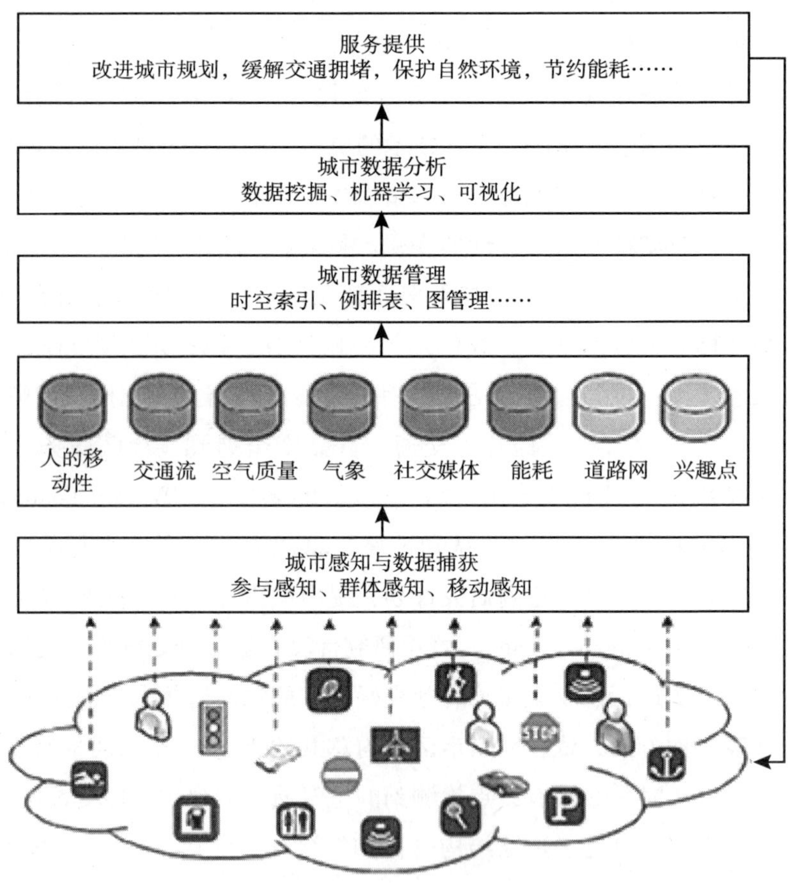

图 3　微软亚洲研究院城市计算的基本框架

资料来源：微软亚洲研究院。

（三）开放数据与接口平台结合，催生多种智能应用

2016年，英国开放式数据研究所（The Open Data Institute，ODI）发布的《利用开放数据和自发地理信息建设智慧城市》文章认为，智慧城市建设应把握好数据开放这个切入点。文章认为，不同领域数据资源通过充分整合和利用，能够很好地支撑智慧城市的建设与发展，数据的开放与共享也将极大地推动智慧城市的建设进程。开放数据技术在智慧城市建设领域的有效应用，在满足公众基本生活需求、提高公共服务质量、提升城市智能化水平、促进社会创新和拉动就业等众多领域都有很大的作用。智能手机和移动便携设备的普及化发展，对API的发展提出了更高要求，越来越多的城市意识到城市将开放数据与API技术结合，使在城市里创建的应用越来越智能。

成熟的API可以利用数据查询技术来提供一些解决方案。城市公共自行车并不是一个新鲜事物，从20世纪60年代开始，欧洲就已经出现了城市自行车系统。但在2016年，越来越多的城市构建了或开始构建全新市政公共自行车系统，将平台思想和数据开放相结合。例如中国北京和上海的摩拜单车（见图4）。摩拜单车的每辆自行车都不会固定出现在城市的某个位置，当用户寻找可用单车时，可以打开APP查看整个区域的摩拜单车分布，在每辆单车内置物联网SIM卡和GPS定位系统运作支撑下，地图上会显示距离已注册用户最近的单车，通过扫描二维码开锁就可以骑走。用户只要找到路边可以免费停放自行车的白线，手动关上车锁，其他用户就能够在地图上看到这辆车，扫码骑走这辆单车。在城市公共自行车的案例中，被开放的信息即为地理信息，这种信息常被称为“自发地理信息”（Volunteered Geographic Information，VGI），编程者可以以在线操作手持GPS终端的方式，参考已经开放获取的高分辨率遥感影像等，创建、编辑、管理、维护地理信息，创建一系列基于地理信息的应用。

开放的API不仅为应用开发者和数据创造了一种新的链接方式，其对于市民和开发者也起到了很好的激励作用，使开发者们能够做更多有效的开发。在西班牙的巴塞罗那，政府创造了覆盖所有部门的API，通过这一API

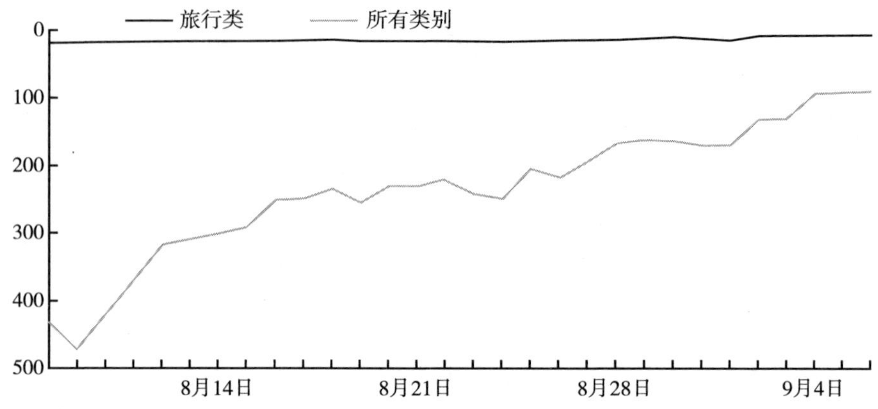

图4　摩拜单车进入北京之后的 APP Store 下载量排名变化（2016 年）

资料来源：腾讯科技。

可以连接到包括交通、环境、土地使用和业务等数据；同时，巴塞罗那也部署了一个开源的基础设施平台，可以使用 API 来访问传感器数据，温度和空气质量监控数据，垃圾搜集、停车和行人流动数据。API 对于智慧城市的发展越来越重要，欧盟发起了一项被称为城市服务开发的工具包，用于统一构建能够促进城市发展的互操作性和统一的 API，通过 API 获得 311 系统的数据，并用这些数据开发出新类型的服务，例如链接交通数据和地理数据来形成新的移动式解决方案，通过这些 API 也可以为游客提供定位服务。在美国，包括波士顿、纽约、旧金山、西雅图等城市，其对开放数据和建设统一 API 抱有浓厚的兴趣，目前费城已经成为最大的使用 GitHub（开放数据管理软件）的城市，有效地使用城市的开放数据服务市民。

（四）物联网技术应用加速，形成整体性解决方案

在白宫宣布斥资 50 亿美元启动新智慧城市战略之后，包括物联网等 60 项城市计划在 2016 年内启动，投入超过 1.6 亿美元的新的智慧城市发展计划，成为美国智慧城市整体战略的一环，通过中央提供的庞大资源，与全美国超过 20 个城市共同合作。同时，英国要建造物联网专用网络，2015 年打通全英 10 个城市物联网络，英国将计划建造高速网络外新的“物联网专用

网络”，以应对未来数百万台物联网公共设备的联网需求。如果说2015年对英特尔和IBM这样的厂商来说是发布全新物联网平台的一年，那么2016年就是授权分销商抛出这些物联网产品的一年，也是物联网真正融入市民生活、城市运营更加合理化的一年。Gartner关于2016年智慧城市相关技术分析报告显示，物联网在智慧城市的应用在2016年处于顶峰状态。

智慧城市的物联网包括专用的物理对象、嵌入式技术、感知技术以及物理设备的内部和外部环境。物联网技术创造了一个将数据沟通、程序应用和数据分析囊括到一起的生态系统。在智慧城市的实施领域，物联网的应用从简单到复杂都有所涉及，例如简单的智能电表、城市基础设施以及制造业的自动化应用等。2016年，物联网技术的成本下降，供应商数量的增加以及实施经验的增加，对物联网技术应用起到了很好的促进作用；相反地，物联网的安全问题以及不确定的经济问题对物联网技术应用的增长有一定的放缓作用。

同时，Gartner认为物联网平台（IoT Platform）在2016年也达到了使用的顶峰状态。在国内，2016年10月30日到11月1日于江苏无锡举行的世界物联网博览会上，无锡市物联网平台建设渐出成果。在市民生活方面，“物联网数字化能源监管平台”能够监管温度、水资源、家用电子设备等各种能源设备的运行状态，直接定位具体区域和房间的位置，实时记录并发送警告短信，“长明灯、长流水”的浪费现象可以在最大限度上杜绝；在市政服务方面，物联网平台与地理位置信息结合，时刻保护市民的财产，市民将一种类似智能黑匣子的无线传输设备“车卫士”安置在电动自行车上，车主的智能手机或者电脑登录在线平台后可以与车辆相连，车辆发生移动，以及车辆的位置和行驶轨迹都可以被实时查询或通过警告短信的形式告知车主，车辆一旦电瓶断电，终端同样发送告警短信给车主；在工业生产方面，无锡市的智能工厂布设了数以十万计的传感终端，配套装备数十套信息系统，形成整体的传感网络和平台，对产品的质量、安全生产、能耗等多方面的情况进行实时监控，产品的质量控制水平提升，整体实现集约增长和成本下降，每年仅电费就节省近800万元。在国外，法国蔚蓝海岸中心之城——尼斯目前已经完成了城市物联网平台设计和建设，尼斯智慧城市物联网平台主要涵盖智能交通、智能照明、智能环卫（废弃物管理）和智慧环境（环境在线监管）四大方面（见表3）。

表3 尼斯智慧城市物联网平台的整体内容解析

领域	项目	内容
智能交通	EzPark 智能停车系统	该系统可以为用户传送实时的停车位信息；对到目标停车场的路径进行实时测算并计算行程距离；提供实时的停车场价格信息，并可通过手机或 NFC 进行支付
	EzMove 智能公共交通系统	通过该系统用户可以掌握公共交通及电动汽车的实时信息、行程计算信息；可以享受公共电动汽车的预订服务和 NFC 服务
	EzCity 智慧城市生活系统	通过和零售商在交易领域的合作，为用户提供便捷的电子商务服务
	Back Office 监控管理中心系统	可实现间隔管理；分析对比实地的停车付费情况以及停车位预订信息；可公示相关信息。
智能照明	街道路灯管理	按照照度传感器和交通流量传感器反馈的信息，管理系统可自动控制路灯的亮度，并配置多种类型传感器以适应各种情况：如自然光监测（白天或晚上）、天气条件监测（如雾天需要更多的光源）、汽车监测（用路灯照明取代汽车大灯照明）以及行人监测（行人较少时提高亮度，较多时适当降低亮度），从而使城市交通在舒适和安全之间达到平衡
	后台监控工具	系统支持对每盏路灯的远程开关控制，取代了传统的按区域进行统一开关的模式；此外，实时监控可以对系统进行实时诊断，清晰识别灯泡、电路插座、电路网络的各项技术故障；将节能量进行公示；支持按不同优先级策略继续控制
智能环卫（废弃物管理）	垃圾收集	垃圾里安装有传感器，可实时探测垃圾物的填充量，并通过应用程序（APP）按区域、垃圾种类对垃圾进行统计
	废物公害	通过实时监测，该系统可防止垃圾回收的火灾风险；废物传感器与环境传感器整合有效改变了传统垃圾的收集规则；在夏天，可通过增加运输车辆的方法清运垃圾，避免垃圾在高温环境下长时间存放发酵后影响环境
智慧环境（环境在线监管）	环境状况公布	按照欧洲官方的要求提供详尽的数据，帮助城市管理者符合法律关于义务方面的规定
	环境监管	判断潜在的环境污染风险，可第一时间通知给市政当局用户，提前做出适当应对；通过多种方式和途径公布相关信息：多媒体终端、门户网站、APP 等
	预测建模	对历史数据进行存储、处理和分析，以支持各种预测模型

资料来源：《城市物联网（IoT for City）——“智慧城市”共享平台及应用案例》，《智能建筑》2014 年第 3 期。

（五）虚拟现实（VR）与可穿戴设备结合，进入消费级元年

据 IDC 测算，2015 年可穿戴设备的发货量增长了 164%。虚拟现实方面，预计 2020 年在游戏和媒体业将产生 1600 亿美元的收入。目前，通过结合可穿戴设备和云计算技术已经催生多种应用，例如帮助盲人阅读的“手指阅读器”，当视觉障碍患者的手指在书本或者屏幕表面扫过，文字信息就转化成语音，可以通过蓝牙耳机播报给用户。虚拟现实和增强现实可以在培训、旅游、医疗、娱乐、在线销售、模拟设计等方面应用，且潜力巨大。2016 年，虚拟现实技术以及虚拟现实和可穿戴设备的结合，引领了智慧城市新变革。国内的虚拟现实科技大多停留在教育、游戏和娱乐消费层面。在教育领域，北京市中关村二小等小学开设高年级公开课使用了 VR 无障碍系统应用于教学过程，VR 技术使教学突破了物理条件障碍和师资力量限制，使优秀教育资源的受众变多，同时结合“IES 沉浸式课堂系统”一键式统计和分析功能，教师可全程进行注意力管控，根据需要调整教学策略。在娱乐消费领域，国内外多家购物中心、百货和超市已经引进了 VR 试衣间，顾客使用触屏功能，选中屏幕中想要试穿的服装，调整站姿之后衣服会自动穿在顾客身上，随着实景购物等先进技术的不断普及，未来商场若随之配置这种先进技术，那么人们对实体试衣间的需求将越来越小。

2016 年以来，中国北方多地遭遇年度最大范围的强降雨，多城市老旧的地下基础设施难以应对排水问题，这种尴尬局面让舆论开始关注城市地下的老旧基础设施问题。不久之后，“城市综合管廊专家”将现场实景搭建、触摸互动和数字沙盘技术相结合，将位于珠海横琴的综合管廊项目实景全貌展示出来。参观者在场馆内，却有置身地下管廊的身临其境的感觉——各种管线通过统一集中梳理和管理，将各类基础信息归拢监管，当城市管线出现问题时，可以以在线视频监控、远程自动报警，自动智能化控制等多种手段相结合，实现各类城市管道线的安全、透明、可视化实时管理。这种高科技手段的地下管廊是一般直埋管道寿命的两倍，长达 50 年。

（六）高性能计算与云服务结合，提升智慧基础设施能力

全球高性能计算巨头中科曙光推出了智慧城市和城市云项目，将高性能计算能力与云计算技术相结合，实现资源共享和业务协同，提升城市管理和公共服务能力。目前中科曙光的城市云解决方案能够覆盖城市地理信息系统（UGIS）、城市应急、电子政务、平安城市、数字化医院、数字环保、数字社区、数字物流、智能交通这几个领域，在我国温州、泉阳、宜昌、陕西、无锡、深圳、成都等城市和区域成功应用。

湖北宜昌的案例

曙光公司与宜昌市政府共建“三峡云计算中心”，利用云计算中心，宜昌市构建了统一的网络接入、统一的基础设施、统一的存储体系、统一的安全体系和统一的信息资源中心，并提供统一的高标准运维服务。以云计算中心强大的支撑能力和全面的运维为依托，宜昌市全面开展了社会管理创新平台的建设，将城区的112个社区划分为1110个网格，配置了1110个网格员，网格员利用“社区e通”手持设备直接将社情信息上传到全市人口基础信息系统，信息实时传送到公安信息平台，实现人口、房屋动态管理。

浙江温州的案例

项目建设紧密围绕“资源大集中、业务大协同”的总体建设目标，借助云计算技术，因地制宜，建设智慧温州云计算平台，为智慧温州各类智慧应用系统提供统一的数据存储、数据备份、数据处理、网络信息安全和系统管理等服务。以市云计算平台建设为契机，逐步完善信息网络、信息资源目录与交换体系、信息安全基础设施等信息化基础设施，完善信息化建设标准体系，理顺信息化管理体制，全面打造温州市“技术先进、自主安全、资源共享、业务协同”的云格局。

智慧温州云平台包括云计算系统和云存储系统两部分。云计算系统包含智慧城市云运营管理区、智慧城市应用云资源支撑区和数据库区三部分；云存储系统包含大数据处理区、非结构化数据存储资源池、软硬一体备份系统及高端云存储系统。云计算系统和云存储系统都由自主开发设计的软硬件产品构建。

二　世界智慧城市技术发展趋势

（一）网络随手可及的时代即将到来

根据思科的预测数据，全球视频占全网流量的比例将从 2015 年的 37.4% 增加到 2019 年的 52%，同时预测全球移动 IP 占 IP 总流量的比例将增加 57%；移动视频流量在 2015～2020 年将增加 62%；智能手机 2015 年的平均月流量为 929M，2020 年将达到 4.4G，总量将增加 5 倍。截至 2016 年 7 月，我国移动通信用户普及率已经超过 95%，其中 3/4 以上用户使用手机上网，移动宽带用户占比近 2/3，移动用户总数约 1/2 为 4G 用户。因此从数据来看，人们对网络的需求量越来越大。同时，5G 的研发正如火如荼进行，同 4G 相比，5G 的用户体验数据率将提高 10 倍，频谱效率提高 3 倍，移动性提高 1 倍，无线接口连续节省 90%，连接密度提高 10 倍，能效提高 100 倍，流量密度提高 100 倍，峰值速率提高 30 倍，已经表现了巨大的潜力。2016 年 6 月，NB-IOT 的技术标准在韩国釜山通过，窄带互联网的发展也进入了实质的推进阶段，窄带互联网用多载波的办法分出很多信道，只需要在现有运营商的网上成本上增加 1%～2% 就可以实现在全国的物联网的覆盖，将来会更适用于低功耗的环境监测、可穿戴设备联网，以及智慧城市建设的其他领域应用。

（二）移动互联网和物联网技术的融合步伐加快

已经有相当一部分行业专家表示，5G 就是为了物联网服务的。在智慧

城市建设的推动下，万物互联的时代即将到来，智慧交通、智能环保、智慧医疗、智能家居……进入 5G 时代之后，车联网会兴起，无人驾驶也不是梦。2016 年初 WiFi 联盟发布了主打低功耗特性的 802. 11ah WiFi 标准，这一标准能够在低功率设备上使用全新的 WiFi 技术，让 WiFi 信号传播得更远，具有超强的穿墙性能，因此在健身追踪器、家庭感应器、安保摄像头或其他家庭设备中应用前景广泛。除此之外，HaLow 技术还能直接与路由器相连，也就是说能够直接与互联网相连。5G 及新的 WiFi 技术将能够处理巨量连接到物联网的设备，推动物联网和移动互联网的融合。目前，智能家庭和物联网都处于初期起步阶段，未来几年 HaLow 将在物联网领域发挥巨大的作用。

（三）大多数技术仍需5 ~10年进入主流应用时期

根据 Gartner 于 2016 年发布的新兴技术成熟度曲线（见图 5），我们认为，大部分相关技术仍需要 5 ~ 10 年才能进入主流应用时期。在 2 年内，只有智能照明一项技术能够步入主流应用时期；在 2 ~ 5 年内，信息通信、水资源管理、智能交通、分享汽车服务以及智能路灯技术将进入主流应用

效益	进入主流应用期所需时间（截至2017年）			
	少于2年	2~5年	5~10年	10年以上
颠覆性的	智能照明	智能路灯	大数据 城市运营中心 信息安全 分布式发电 智慧城市整体框架 物联网 物联网整体平台 许可及权利管理 智能监控	
较高的		分享汽车服务 智能交通 水资源管理	智慧公共基础设施 微型电网 可持续发展咨询服务 单元数据分析	消费能源存储 汽车电网
中等的		IT/OT通信	客户网关 移动健康监测服务	无线充电汽车
较低的				

图 5　Gartner 新兴技术成熟度曲线

时期；而在5～10年内，大数据、城市运营中心、信息安全、分布式发电、智慧城市整体框架、物联网、物联网整体平台、许可及权利管理、智能监控、智慧公共基础设施、微型电网、可持续发展咨询服务、单元数据分析等一大批技术能够进入主流应用时期；同时，消费能源存储、汽车电网、无线充电汽车三项应用仍需要10年以上的时间才能进入主流的应用阶段。因此，从整体来看，大多数智慧城市的相关技术仍旧在持续发展的过程中。

（四）智能家居领域相关技术有望取得实质性突破

2016年，苹果、谷歌等互联网巨头开始发布各类型智能家居产品，将市场扩展到智能家居领域，包括分别推出Google Home和HOME，力争打造家庭设备的控制中心，成为智能家居中枢的亚马逊也扩展了其Echo产品线。目前，将不同功能的智能家居设备汇集在一起形成生态系统是智能家居企业的主要做法，其短期重点目标是扩展生态系统内的产品种类，而AI技术的高低将决定谁能成为最终赢家，现在亚马逊Echo暂时处于领先地位，但谷歌和苹果也在奋起直追。在国内，BAT、小米等互联网企业，海尔、海

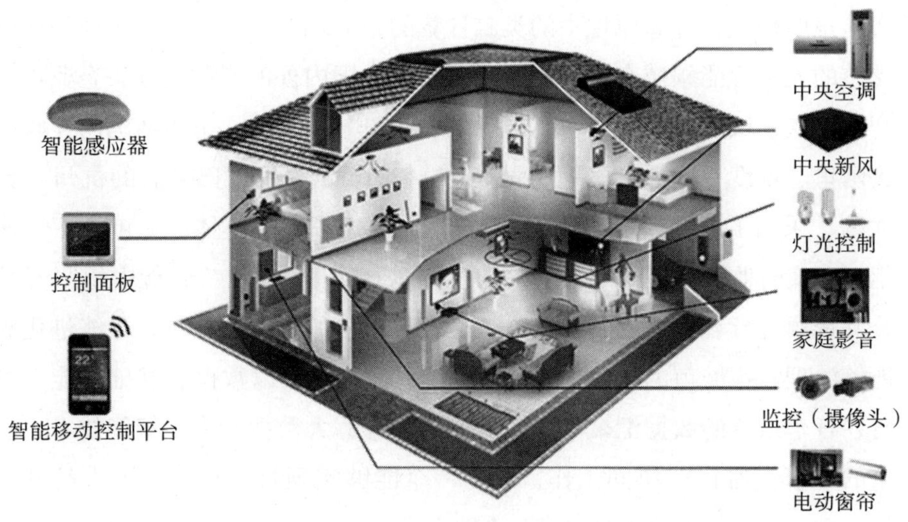

图6 智能家居的一个整体解决方案模型

信、美的等传统家电企业，以及中兴、华为、移动、电信等通信运营企业，都在开始智能家居的布局和探索。与此同时，智能电视、冰箱、门锁等产品层出不穷，例如海尔就开启了 U + 战略，用一个 APP 实现了家电之间的互联互通，把电器变成了网器，用人工智能赋予家电智慧大脑。冰箱可以识别人类语言并进行对话，通过物体感知技术识别不同的食材，甚至可以根据用户的饮食习惯提供合理的食材搭配建议。海尔的洗衣机，可以识别衣物的材质，感知天气情况，给出合理的洗涤建议。飞利浦也推出了 Hue 智能灯泡等产品，还有智能门锁，可与手机匹配开门、远程授权，并与其他设备联动，比如开门后门廊的智能灯泡自动点亮等。市场研究公司 Statista 曾预测，2015 年中国智能家居市场规模达 403.4 亿元，预计到 2018 年将达 1300 亿元。这显然是一个极具爆发性的行业，更是下一个最有可能的万亿级市场，预示了智能家居即将全面来临。

（五）类脑计算支持下的人工智能有望率先发展

智慧城市发展对未来计算技术的需求一直保持持续增长的态势，未来计算从材料、工艺、器件、设备、系统算法、应用及原理方面都有所发展，但从实施角度来看，计算原理中的类脑计算的企业端布局最多，而以类脑智能为支撑的人工智能领域有望率先发展。目前，国内外的互联网领头企业在人工智能大脑领域纷纷布局，包括国际领先的 IBM、谷歌，也包括国内互联网巨头阿里、百度、科大讯飞等（见表 4）。2016 年阿里巴巴开启的杭州“城市大脑”采用了阿里云 ET 人工智能技术，构建了一个整体的城市人工智能中枢，以实时监管为基础对整个城市全局进行实时分析，“智能中枢”对城市公共资源进行合理调配，自动修正运行过程中的错误与漏洞，最终进化成为能够治理整座城市的超级人工智能。“城市大脑”以数据为基础，能够将散落在各个角落的数据汇聚到一起，使用云计算大数据和人工智能技术，让城市的各个“器官”协同工作，成为一个能够实现自我调节、与人类进行良性互动的有机体。在今后几年，“城市大脑”在城市中的应用能够使城市变得更聪明、更智慧。

表4 全球大型互联网企业人工智能布局情况

企业	项目	年份	主要内容
谷歌	谷歌大脑	2011	通过谷歌庞大的数据中心来打造人工智能系统，模拟人类的大脑神经系统
IBM	Compass	2012	建造一个体积足够小的、复杂度可以与人类大脑媲美的计算机
美国 HRL 实验室 + IBM + 惠普	SyNAPSE	2008	把众多芯片连接在一起，制造出一个虚拟神经系统
科大讯飞	讯飞超脑	2014	实现基于人类神经网络的认知智能
百度	百度大脑	2014	融合"深度学习"算法、数据建模、大规模 GPU 并行化平台等技术，构造深度神经网络
京东	京东大脑计划	2015	基于京东数据，利用人工智能方法及技术，深入、准确地理解电商内容
爱奇艺	爱奇艺大脑	2015	基于视频数据理解人类行为的视频大脑，让机器能够理解视频内容，从而协助制作、生产、运营、消费视频
阿里	"城市大脑"的中枢神经系统	2016	对整个城市进行全局实时分析，自动调配公共资源，修正运行中的 Bug，最终将进化成为能够治理城市的超级人工智能

资料来源：国家工业信息安全发展研究中心，《未来计算绿皮书（征求意见稿）》。

专题研究篇

Topic Research Reports

B.7

新型智慧城市概念研究

田启家　孙倩文　高 焕*

摘　要：　关于信息化或信息技术应用的研究，一位中国信息化早期开创者提出过“是什么、为什么、怎么办”的经典三问，并指出，对这些问题我们还知之甚少。还有一位专家说过，我们现在看到的信息技术应用只是“冰山一角”。今天，智慧城市作为信息化浪潮的最前沿，建设实践是百花齐放、如火如荼，但理论研究显单一和滞后，对实践指导不足，尤其对智慧城市“是什么、为什么、怎么办”研究仍处初级阶段，理论视角下的智慧城市仍局限在“冰山一角”状态。本报告试

* 田启家，教授，博士生导师，主要研究决策分析和决策支持、人工智能、电子政务和电子商务、智能商务系统等；孙倩文，理学硕士，国家工业信息安全发展研究中心工程师，主要研究智慧城市建设、新型智慧城市测评、未来计算等；高焕，国家工业信息安全发展研究中心工程师，专注于国际合作、智慧城市等领域。

图按照“是什么、为什么、怎么办”的模式，在现有智慧城市建设和研究基础上，对智慧城市理念、内涵以及发展方向和潜力等做一个再思考和再探索，提出新型智慧城市的一个理论模型，探讨其概念特征、结构特征、运行特征等问题，并以北京城市信息化为例，对新型智慧城市概念框架进行验证，并依据这个框架对北京新型智慧城市建设的趋势进行预测，此外，报告还总结了智慧城市未来的研究方向。

关键词： 新型智慧城市概念 综合集成 数字城市

一 智慧城市概念的提出和演进

自“智慧城市”提出以来，国内外开展了大量建设实践活动和理论研究活动。对这个概念确切含义的探索，一方面，源自各城市为了总结各自各具特色的经验；另一方面，独立的专业机构，如 ISO、IEC、IEEE、Smart Cities Council 等，以及许多学者也进行了大量的理论探索。虽然这些实践和研究对智慧城市概念理解各有侧重，对“智慧城市”概念内涵理解丰富多彩，但有两点是肯定的：一是这些概念及其内涵都是对 IBM“智慧城市”概念的具体化、深化或推广，二是“智慧城市”概念正在不断丰富和发展中，并无统一定义。

（一）国外的主要研究

从 IBM 的“智慧城市”概念来看，其核心是四个基本特征和一个关键概念。

四个基本特征：

（1）全面物联：智能传感设备将城市公共设施物联成网；

（2）充分整合：物联网与互联网系统完全对接融合；

(3) 激励创新：政府、企业在智慧基础设施之上进行科技和业务的创新应用；

(4) 协同运作：城市的各个关键系统和参与者进行和谐高效的协作。

一个关键概念，就是“系统的系统”，应用层面的六大核心系统，即组织（人）、业务/政务、交通、通信、水和能源系统的建设，以及彼此联通起来形成协作的“系统的系统”。

简单分析可以看到，IBM“智慧城市”的这四个特征，前两个是说，在基础网络层面，“物联网”普及以及和互联网的完全联通；后两个是说，在应用和运行层面，六大应用系统完全联通并形成“系统的系统”。因此，IBM 的“智慧城市”可以归结为网络和应用两个层面的完全联通。

ISO/IEC 在综合众多研究的基础上认为，判定城市是否“智慧”的核心分野，是看其是否有效地、无缝地整合城市资源，换句话说，就是城市的各个系统，与包含在其中的人、组织、资金、设备以及基础设施，是各自地、独立地有效运行，还是整体地、协同地运行。并提出城市具有“智慧”的三个层次的八个特征。

(1) 数据层次：一是具有对城市生活不断增长的数据进行归集的装备和设施；二是从不同渠道和系统获得的数据应被容易地进行聚合，并据此获得关于城市运行情况的更强大的洞察力；三是根据不同人或系统的需要，数据应该具有不同的表现方式，包括可视化、易获得等。

(2) 数据应用层次：一是城市决策、管理、服务的各层级的人和系统，应容易获得详细、实时的城市运行状况数据；二是应具备数据分析和决策支持系统，以帮助城市管理和规划人员及市民进行实时决策。

(3) 城市运行层次：一是城市运行应可不依赖人直接干预自动运行，以便城市运行更可靠、有效；二是应具有城市协作空间网络，形成促进刺激创新和增长的动态群体组织；三是物质层面和数字层面的城市持续交互，推动决策过程更开放和包容，政府、企业、市民共同建管城市。

Smart Cities Council 的智慧城市概念的特色是突出宜居、宜业、可持续三个特点，将其定义为“运用信息通信技术提高城市的宜居性、宜业性和可持续发展性”，认为它是更大的物联网技术或者万物互联趋势的一部分。从技术实现上看，智慧城市需要开展三方面建设：密布传感器并归集数据，运用有线和无线网络实现数据交换共享，利用数据分析实现对正在发生什么的监控和将会发生什么的预测。智慧城市是水、能源、交通、应响应急、建筑环境等独立系统的系统，这些独立的系统每一个都与其他的相互影响，智慧城市通过合并分析这些系统的数据，可以获得对于城市更深刻的洞察能力，从而提高宜居、宜业、可持续发展等能力。

还有一些组织提出的智慧城市概念，特别强调对城市基础设施运行监测的重要性。例如，美国能源部科技信息办公室强调智慧城市对基础设施的作用，认为智慧城市是一个对所有关键基础设施（道路、桥梁、隧道、铁路、地铁、机场、港口、通信设施、水、电力以及主要建筑物等）运行状态的实时监控和信息集成，以便在最优化市民服务的同时，做到优化资源配置、规划预防性检修以及保障运行安全。Forrester Research 认为智慧城市应强调对基础设施和服务的监控，利用智慧技术使关键基础设施和服务（城市管理、教育、保健、公共安全、房地产、交通和公用设施）更加智能、互联和高效。英国学者 Rob Kitchin 认为，智慧城市是利用广泛的 ICT 基础设施，使城市可以被实时地监测和管理。

（二）国内的相关研究

一类研究从技术特征上进行考察，认为智慧城市是数字城市、网络城市等的升级版。例如，李德仁认为，智慧城市 = 数字城市 + 物联网 + 云计算；邬贺铨认为，智慧城市就是一种网络城市，其中，物联网应用是其核心标志；张永民认为，智慧城市是数字城市建设的延续，也是城市信息化发展到高级阶段的必然产物；王钦敏认为，智慧城市包括城市智能交通系统、城市指挥中心、能源管理系统、公共安全、环境保护等；八部委《关于促进智慧城市健康发展的指导意见》认为，智慧城市是运用物联网、云计算、大数据、空间地理信息集成等新一代信息技术，促进城市规划、建设、管理和服务智慧化的新理念和新模式；国土资源部开展数字城市向智慧城市转型升级工作。

另一类相关研究侧重从复杂巨系统论角度考察，认为智慧城市是一个复杂的巨系统。周干峙认为，城市及其区域是一个典型的开放复杂巨系统，城市系统结构具有相互紧密联系的层次和系列，城市系统具有层层叠叠的大系统套小系统，各系统之间既有统一性，又有各向异性。戴汝为认为，Internet 是一个开放的复杂巨系统，数字城市管理服务也可以设想为是一个人机结合的基于多智能体的巨型智能系统。王家耀认为，智慧城市建设是一项复杂巨系统工程，要保证其可持续发展，必须弄清楚什么是智慧城市，为什么要建设它，建成什么样，怎么样建设等问题。

还有一类研究从对城市本身的影响和变化出发，认为智慧城市是一种城市建设和管理新模式。《电信科学》文章认为，智慧城市是城市发展新模式，包括智慧技术高度集成、智慧城市产业高端发展和智慧服务高效便民三个要点。王钦敏认为，智慧城市是利用信息技术提供更好服务、创建绿色环境、建设和谐社会，促进可持续发展。仇保兴从对城市几大主体的影响角度来考察智慧城市内涵：从管理者角度来看，是利用信息技术促进城市“不得病”“少得病”或者得了病之后“快治病”；从企业角度讲，是利用智慧城市的技术手段，提升企业自身运营效力，降低运营成本，从而提升整体竞争力；从百姓角度讲，是让民众感受到智慧城市带来的“便民”“利民”“惠民”。

（三）对国内外研究的分析

总结 IBM、ISO/IEC 等国内外研究，可以看出，和之前的数字城市等城市信息化目标相比，智慧城市的概念具有几个独有的特征，可总结为：互联互通、协同运行、有机整体。即物联网、互联网以及移动互联网通过新一代网络技术互联互通、有机融合，城市各个功能系统之间通过大数据、云平台更加有机融合、系统运行，从而促进物理层面的城市与信息层面的城市更加有机融合，成为协调的、有机的整体，智慧城市成为“系统的系统”。

从具体的构建模块特征来看，在网络层面，突出了物联网、互联网特别是移动互联网的作用；在数据层面，突出了城市运行数据的综合归集，以及综合分析；在应用系统方面，提出了核心应用系统，例如 IBM 的 6 个核心系统，ISO/IEC 的 21 个基本服务系统；在运行方面，强调了决策支持、市民参与、自动运行等功能；在效果方面，突出为人以及组织之间提供协作空间，促进刺激创新和增长。

但是，现存智慧城市概念也存在局限性。总体上来看，最大的不足就是研究实践很丰富，但研究深度归纳不够，缺乏智慧城市整体形象、统一概念、核心特征，特别是目前的智慧城市概念还不足以把它和工业时代的城市概念进行实质的区隔，缺乏体现信息时代城市的本质特征。具体来看，有几个突出的局限。

一是在城市观上落后，就是对于什么是城市的认知上，还停留在把城市看作单纯的“物”来改造、重构、优化的层次，较少关注文化、性格等更高的精神层次，比较强调城市为“人”服务的这一面，较少关注人们也要去关心城市的“生存状况”的一面，这与现代城市规划理论“城市是有机体”的新认知有差距。

二是在探讨智慧城市理念的历史渊源和巨大包容性方面还不够深。智慧城市不论从概念上还是实践上，都是人类持续改造工业城市所做努力的一部分，也是一个重要历史节点，它可包容绿色、创新、平安、节约、全球等诸多之前提出的城市发展理念，在实践中，很多地方利用智慧城市建设推动一系列理念的实现，如日本智慧能源、欧盟绿色智慧城市都强调绿色，但是，目前对智慧城市到底能够包容哪些城市发展理念、如何包容等的研究还不够。

三是在智慧城市的特点挖掘上，存在用技术特征定义城市特征的倾向，通常把一个时期的流行技术作为城市的发展特征，例如互联网、物联网、移动互联网、云计算等，而信息技术进步很快，城市发展和进步却是一个历史过程，因而，如何抽象既照顾到技术特征，又考虑到城市发展阶段特征，为智慧城市抽象出一些相对稳定的特征是当前考虑不够的。

四是把智慧城市放在中国来看，其战略作用到底为何是一个值得探讨的问题。之前，我们认为信息化是覆盖现代化全局的战略举措，智慧城市作为信息化发展到今天的重要代表，与新型工业化、新型城镇化、农业现代化关系如何，与当前经济结构战略关系到底如何等重大问题的探讨有待深入研究。

二 新型智慧城市的基本理念和概念特征

我们试图站在城市学的基础上，理解智慧城市。力图与现代城市规划理论关于城市“是什么”“为什么”的最新研究成果进行接轨，回答智慧城市“是什么”“为什么”，而不是仅仅模糊、笼统地说是通过应用新技术为了城市更好地发展。我们也试图把之前各个研究所体现的“智慧城市”的各个侧面、各个特点、各种方法综合起来，为新型智慧城市建立一种新概念、形成一个完整形象，使之可以区分工业时代的城市和信息时代的城市。我们也试图在理念概念、建设模型上具有一定前瞻性和探索性，对未来工作有一定启发。

我们认为，相较原来意义上的“智慧城市”，“新型智慧城市”的“新型”，在概念上用一个术语来总结就是“综合集成”，具体体现在以下六个特征。

第一，新型智慧城市，在城市观上，是对有关城市具有生命属性的城市观的一个综合集成。它把物化城市变成具有生命特征（智慧、情绪、性格、DNA）以及可沟通的“人格化”城市。因此，新型智慧城市是有生命特征、人格化的城市。

在城市规划理论中，一些学者尝试用生命理论解释城市演进中的现象。1967 年萨里宁提出“城市是个有机体”，将城市比作生物的活的机体，将城市片区比作细胞组织，单体建筑比作单个细胞，并把交通拥挤、贫民窟、无序扩张等看成细胞组织坏死等。朱勍在系统论、复杂理论、自组织理论的研究基础上，提出“城市具有生命特征”和“城市生命力”等观点，认为要反思人类对于城市的态度，要将城市由一个“无痛痒感觉的复杂机器”的实体认识转变为“有生命特征、有生命力需求和自身运转规律”的主体认识，用善待生命的态度善待城市，不能主观、肆意地对待城市。杭州国际城市学研究中心认为，城市是一个有机的“生命体”，有起源、有发展、有演变、有兴衰，也有人文精神、有性格特征、有文化意蕴、有个性魅力，有其自身发展的内在规律，有着自己的生命信息和“遗传密码”。要感受城市的生命存在，分辨城市的生命容颜，把握城市的生命脉搏，识别城市的性格差异，倾听城市的情感诉求，捕捉城市的精神意象，进而发现、把握、应用城市的生命信息和“遗传密码”。国外IT领域学者认为，信息系统在工业城市可被看作皮肤和骨架，在后工业城市、信息化城市就是有机整体，构建一个人工神经系统，其中数字感知网络就是神经系统，嵌入式智能系统就是大脑，传感器和标签就是感觉器官，软件就是知识和认知能力。相关的研究还有很多，比如，仇保兴所说的智慧城市促进城市“不得病”“少得病”或者得了病之后“快治病”，以及我们常常把城市比作“母体”等，都是类似的观点。在建设实践中，同方公司把智慧城市看成一个人，认为城市只有具备了视觉、听觉、嗅觉、味觉、感觉等各种神经，才能是健全的，才知道哪里缺水、哪里拥堵、哪里污染、哪里发生了突发事件等，并由此提出“城市运行体征管理”的理念。

第二，新型智慧城市，在发展理念上，是诸多城市发展理念的综合集成，包含生态、绿色、低碳、创新、海绵、节约、平安等一切美好的工业城市改造理念。新型智慧城市是诸现代城市发展理念集大成的城市。

从城市发展进化历史看，随着时代的变迁，人们不断提出优化工业时代城市的新理念和新模式。这些理念可以分为两条主线，一条主线是针对城市发展过程中出现的经济社会问题而提出的，如精明增长城市、创新城市、紧凑城市、低碳城市、绿色城市、生态城市、平安城市、法治城市、宜居城市、节约型城市等，另一条主线是进入信息社会以来，围绕如何有效运用信息技术去建设更好的城市而出现的一系列新理念和模式，即城市信息化，如网络城市、数字城市、无所不在城市、智能城市等。到2008年IBM提出智慧城市，出现两条主线的全面融合，城市信息化在经历信息技术在城市管理中的普及和应用之后，出现了利用信息技术全面改造城市、革新城市的理念和总体设计。智慧城市的理念，事实上不是一个单纯的理念，而是很多理念的集合，例如指出智慧城市包含智能城市、知识城市、泛在城市、可持续城市、数字城市等。在建设实践中，很多城市通过建设智慧城市实现了一些其他理念，比如以欧洲和日本建设实践为代表，强调智慧城市建设对城市生态

环境的保护作用，尤其关注现代信息技术应用对能源使用效率的提升，以及对应对气候变化方面的突出作用。在日本，相比“智慧城市”，以智慧能源的使用为核心的“智慧社区”的概念更为主流，倡导通过大量的下一代技术、前沿社会信息系统的有效集成和利用，加快热能等可再生能源的使用效率，推动本地交通系统和市民生活质量的提升。在欧洲，“绿色智慧城市”的概念由来已久，其中可再生能源的利用、应对气候变化、推动可持续发展、共享环境保护和低碳生活是建设核心；另外，欧盟利用自身在绿色智慧城市方面的建设实践和经验，在2013年前后同中国、日本分别开展了绿色智慧城市的合作项目。我们之所以说智慧城市是上述两条在智慧城市出现之前改造工业城市主线的融合，能够包容诸如绿色、节约、创新等一切美好的工业城市改造理念，这是因为信息技术本身具有外部性、融合性、革命性，是我们这个时代进行一切创新使用的主要工具，这个特点决定智慧城市可以包容一切的先进理念。

第三，新型智慧城市，从内部结构看，是城市诸系统的综合集成。它是城市物理诸系统及其数据系统、服务系统、治理系统等信息系统一起构成的开放的巨系统。因此，新型智慧城市是具有整体观的城市，是“系统的系统”。

城市是一个典型的开放复杂巨系统，城市系统具有层层叠叠的大系统套小系统，各系统之间既有统一性，又有各向异性。从最顶层看，智慧城市这个巨系统要把城市的物理对象、人、数据、服务融入一个整体，因此，其至少是城市的物理系统、社会系统、信息系统等三大系统的整合，是这三大系统的系统。ISO/ETC 的报告中给出的一个模型体现了这种思想，其认为智慧城市也可归结为“四个互联”，即物的互联、人的互联、数据的互联以及服务的互联。我们把它细化为六个方面的互联，增加了政府的互联和企业的互联（见图 1）。

在智慧城市物理系统、社会系统和信息系统的三大顶层系统之下，又各自分别包含若干小的子系统，这些子系统之间也要互联，促使物理系统、社会系统、信息系统又要构成各自小的子系统的系统。例如，在物理系统中，智慧城市特别强调的是物联网和互联网的互联，这其实还只是万物互联趋势

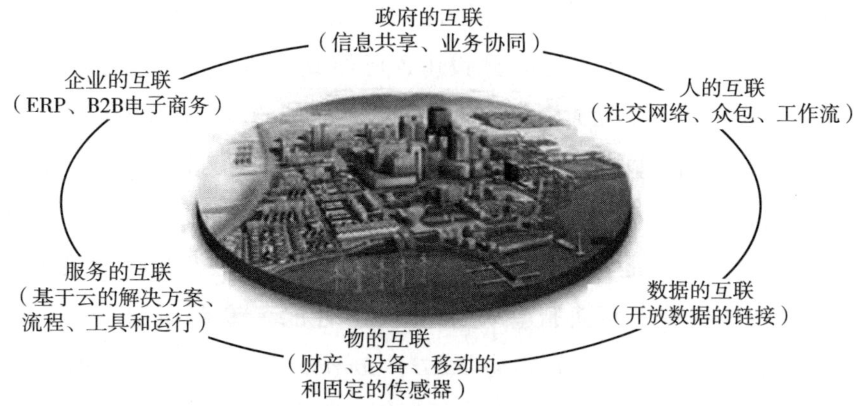

图1　智慧城市互联模型

资料来源：国家工业信息安全发展研究中心分析整理。

的雏形，推动万物互联已经成为一种趋势，美国推动的信息物理系统（CPS）就是一例，何积丰院士认为，CPS 的意义在于将物理设备联网，特别是连接到互联网上，使物理设备具有计算、通信、精确控制、远程协调和自治等五大功能。在社会系统中，人的互联，既包含通过社会网络、众包等创新的组织法则将人连接成新的社会团体，更重要的是，要对现有规范人行为的社会规则进行有效改革、创新，以适应新的社会形态发展。在信息系统中，数据的互联以及服务的互联，是智慧城市追求的最基本、最直接的目标，在智慧城市的建设和研究中，最先强调就是对城市分散的、封闭的数据进行归集整合，形成开放共享的城市大数据平台，以及各种独立运行服务子系统的整合形成更加高效的服务云。因此，智慧城市的整体观，不但体现在把物理对象、人、数据、服务融入一个整体，更包含对其中的系统规则，形成更高效的整体。

第四，新型智慧城市，从技术应用层面看，是迄今信息技术在城市领域应用的综合和集成。因此，新型智慧城市是数字城市、智能城市、智慧城市的升级版。

ISO/IEC 的报告总结了智慧城市核心技术的趋势，包括泛在计算、网络技术、开放数据、大数据、GIS、云计算、SOA（面向服务的体系结构）、电子政务、嵌入式网络、物联网。除了这些相对成熟的技术之外，信息技术最前沿的技术如何应用在智慧城市建设中，已经成为学术界探讨的热门话题，研究蓬勃开展，显示了巨大潜力。人工智能最权威的国际会议 IJCAI 在 2013 年会议上举办了语义城市专题研讨会，在 2015 年的会议上安排了“人工智能：用开放数据创新智慧城市”的讲座。美国人工智能协会 AAAI 从 2011 年起也举办智慧城市的语义学、语义城市等系列研讨会，2013 年意大利博洛尼亚大学举办了“面向智慧城市的人工智能”专题研讨会等。*IEEE internet computing*、*IBM Journal of R&D*、*Journal of Urban Technology*、*The European Journal of Social Science Research* 等国际期刊出版与智慧城市相关的专刊。人工智能在智慧城市的建设中应用十分广泛，例如城市数据开发，学界已将数据开放、深度应用且连带经济增长的城市称为语义城市（semantic city），并重点探索智能数据处理、语义 Web 技术在开发利用城市数据方面的潜力。此外，机器学习在城市数据挖掘中的作用十分明显，例如，通过城市大数据挖掘识别和应对谣言的方法对于信息时代城市的作用是巨大的。IBM 专家认为，我们正在进入“认知计算”和“认知城市”的时代，人工智能就像是液态的建筑材料，越来越渗透到城市的每个角落。

第五，新型智慧城市，从运行特征上看，是城市围绕城市物理的资源和设施的运行，以及围绕社会的人及组织的运行的综合集成，而这些运行都是基于网络和计算设备的。因此，新型智慧城市是运行在硅片和 CPU 上的城市。

从网格化城市管理新模式开始，现代城市的管理和运行越来越依赖信息技术。就目前来看，明显的趋势就是，其一，越来越多的设施、主体都逐步纳入信息系统精确管理范围。其二，管理的手段越来越智能。回顾最初的万米单元网格化管理新模式，从范围看，管理的对象仅仅是雨水井、井盖、树木等物理设施，把它们以图形方式精确定位在地图之上；从方式看，由监督员运用“城管通”对其进行全时段监控，是一种典型的非智能的物体被管理模式。之后，网格化管理模式得到极大拓展，从管理范围看，拓展到社会领域，如北京先后建设了“社会治安网格化”“社会服务管理网”等，其后又推进这两张网与“城市管理网”的融合；从方式上看，物联网普及和应用，将城市物理设施由被管理变成智能地参与管理，例如，海淀区通过利用物联网技术，自动识别部件身份，动态掌握部件状态，建立数字化、智能化、精细化城市管理平台。从未来看，不论是破解“九龙治水”体制带来的城市管理“协同性”差的老大难问题，还是适应信息时代城市生活节奏提高城市管理服务响应的实时性、可靠性，都不是单独依靠人的反应能力和速度所能应付的，只有把更多的物理设施、人、组织接入信息系统，依靠强大的计算设备的能力和速度才能解决。也正因如此，在ISO/IEC的报告中，把具有“自动运行”能力作为智慧城市的一个特征。而从更长远的历史看，在工业时代，美国号称“运行在车轮上的国家”，体现美国速度和强盛，而在信息时代，国家或者城市的速度和强盛应该体现在芯片和CPU上。

第六，新型智慧城市，从国家发展的战略全局看，是推动城市实现创新、协调、绿色、开放、共享诸理念工作手段的综合集成。因此，新型智慧城市也必然是率先实现创新、协调、绿色、开放、共享五大发展理念的城市。

一方面，五大理念是指导智慧城市发展的指南。一般来看，智慧城市是实现先进城市发展理念的手段，用五大理念指导智慧城市发展符合智慧城市的一般规律；更应看到的是，五大理念为中国智慧城市发展指出了重点和路径，要把智慧城市建设和智慧城市实现五大理念紧紧结合在一起作为首要任务。另一方面，智慧城市建设，应当发挥信息技术的创新性、外部性、融合性等优势，当仁不让地承担起五大理念实现的先行者角色。习近平在网信工作座谈会上的讲话指出，“网信事业代表着新的生产力、新的发展方向，应该也能够在践行新发展理念上先行一步”“要以信息化推进国家治理体系和治理能力现代化，统筹发展电子政务，构建一体化在线服务平台，分级分类推进新型智慧城市建设，打通信息壁垒，构建全国信息资源共享体系，更好用信息化手段感知社会态势、畅通沟通渠道、辅助科学决策”。这都要求智慧城市必然是率先实现五大理念的先行城市。

三 新型智慧城市的结构特征

（一）现有结构模型分析

与对智慧城市概念的理解和着力点千差万别一样，对于智慧城市结构的理解也是百花齐放。从不同的智慧城市概念出发，对智慧城市结构的理解也存在差异。但是从这些模型的基本构件来看，可以分为两类，一类是能力构件，另一类是效果构件，每种模型中，构件的颗粒度不尽一致，两类构件的比例也不尽相同。其中，能力构件主要包括网络、数据、服务等物理构件，而效果构建主要是从效果角度看，如智慧经济、智慧管理、人的互联、物的互联等。

ISO/IEC 的报告中给出 14 类比较典型的结构模型。ISO/IEC 指出，因为智慧城市的复杂性，每个智慧城市都是从一个侧面描述了智慧城市的特征，完整的模型需要把所有这些侧面模型全部包括在内。但是，归纳分析这些模型，也大致可以分为以下三类。

第一类，包含较多效果构件。以城市整体发展为中心，在刻画智慧城市 ICT 维度的结构特征之外，也同时较多刻画被 ICT 应用提升和改进的若干领域，即可以称为广义智慧城市结构模型，如图 2 和图 3 中所示的两个模型。

在图 2 的 ISO－A5 模型中，智慧城市，除了底层的基础设施之外，重点在于上两层的智慧产业与服务以及智慧政务与目标。而图 3 的 ISO － A8 模型，与下面将要陈述的第二类模型很类似，其六层模型，有四层在刻画智慧城市的 ICT 结构特征，其特别之处在于在最下面两层（0 层和 1 层），特别是 1 层包含的“绿色城市”结构，具有广义智慧城市的结构特征。

社长致辞

伴随着今冬的第一场雪，2017年很快就要到了。世界每天都在发生着让人眼花缭乱的变化，而唯一不变的，是面向未来无数的可能性。作为个体，如何获取专业信息以备不时之需？作为行政主体或企事业主体，如何提高决策的科学性让这个世界变得更好而不是更糟？原创、实证、专业、前沿、及时、持续，这是1997年“皮书系列”品牌创立的初衷。

1997～2017，从最初一个出版社的学术产品名称到媒体和公众使用频率极高的热点词语，从专业术语到大众话语，从官方文件到独特的出版型态，作为重要的智库成果，“皮书”始终致力于成为海量信息时代的信息过滤器，成为经济社会发展的记录仪，成为政策制定、评估、调整的智力源，社会科学研究的资料集成库。“皮书”的概念不断延展，“皮书”的种类更加丰富，“皮书”的功能日渐完善。

1997～2017，皮书及皮书数据库已成为中国新型智库建设不可或缺的抓手与平台，成为政府、企业和各类社会组织决策的利器，成为人文社科研究最基本的资料库，成为世界系统完整及时认知当代中国的窗口和通道！“皮书”所具有的凝聚力正在形成一种无形的力量，吸引着社会各界关注中国的发展，参与中国的发展。

二十年的“皮书”正值青春，愿每一位皮书人付出的年华与智慧不辜负这个时代！

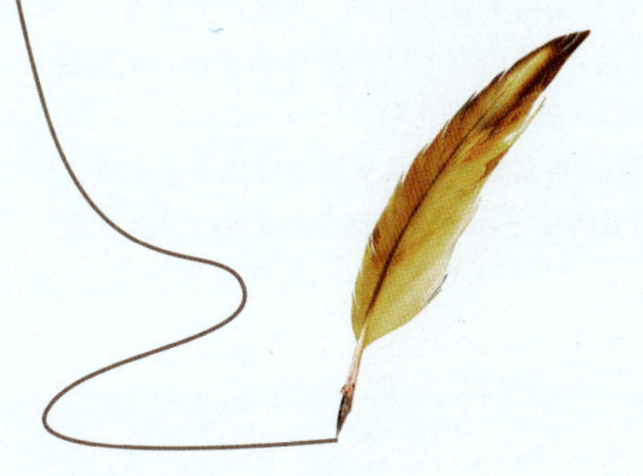

社会科学文献出版社社长
中国社会学会秘书长

2016年11月

社会科学文献出版社简介

社会科学文献出版社成立于1985年，是直属于中国社会科学院的人文社会科学专业学术出版机构。

成立以来，社科文献依托于中国社会科学院丰厚的学术出版和专家学者资源，坚持“创社科经典，出传世文献”的出版理念和“权威、前沿、原创”的产品定位，逐步走上了智库产品与专业学术成果系列化、规模化、数字化、国际化、市场化发展的经营道路，取得了令人瞩目的成绩。

学术出版 社科文献先后策划出版了“皮书”系列、“列国志”、“社科文献精品译库”、“全球化译丛”、“全面深化改革研究书系”、“近世中国”、“甲骨文”、“中国史话”等一大批既有学术影响又有市场价值的图书品牌和学术品牌，形成了较强的学术出版能力和资源整合能力。2016年社科文献发稿5.5亿字，出版图书2000余种，承印发行中国社会科学院院属期刊72种。

数字出版 凭借着雄厚的出版资源整合能力，社科文献长期以来一直致力于从内容资源和数字平台两个方面实现传统出版的再造，并先后推出了皮书数据库、列国志数据库、中国田野调查数据库等一系列数字产品。2016年数字化加工图书近4000种，文字处理量达10亿字。数字出版已经初步形成了产品设计、内容开发、编辑标引、产品运营、技术支持、营销推广等全流程体系。

国际出版 社科文献通过学术交流和国际书展等方式积极参与国际学术和国际出版的交流合作，努力将中国优秀的人文社会科学研究成果推向世界，从构建国际话语体系的角度推动学术出版国际化。目前已与英、荷、法、德、美、日、韩等国及港澳台地区近 40 家出版和学术文化机构建立了长期稳定的合作关系。

融合发展 紧紧围绕融合发展战略，社科文献全面布局融合发展和数字化转型升级，成效显著。以核心资源和重点项目为主的社科文献数据库产品群和数字出版体系日臻成熟，“一带一路”系列研究成果与专题数据库、阿拉伯问题研究国别基础库及中阿文化交流数据库平台等项目开启了社科文献向专业知识服务商转型的新篇章，成为行业领先。

此外，社科文献充分利用网络媒体平台，积极与各类媒体合作，并联合大型书店、学术书店、机场书店、网络书店、图书馆，构建起强大的学术图书内容传播平台，学术图书的媒体曝光率居全国之首，图书馆藏率居于全国出版机构前十位。

有温度，有情怀，有视野，更有梦想。未来社科文献将继续坚持专业化学术出版之路不动摇，着力搭建最具影响力的智库产品整合及传播平台、学术资源共享平台，为实现“社科文献梦”奠定坚实基础。

经 济 类

经济类皮书涵盖宏观经济、城市经济、大区域经济，
提供权威、前沿的分析与预测

经济蓝皮书

2017 年中国经济形势分析与预测

李扬 / 主编　2016 年 12 月出版　定价：89.00 元

◆　本书为总理基金项目，由著名经济学家李扬领衔，联合中国社会科学院等数十家科研机构、国家部委和高等院校的专家共同撰写，系统分析了 2016 年的中国经济形势并预测 2017 年我国经济运行情况。

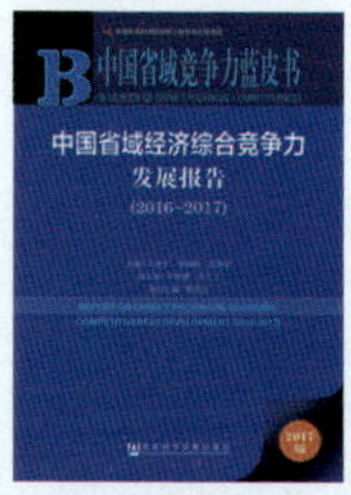

中国省域竞争力蓝皮书

中国省域经济综合竞争力发展报告（2015 ~ 2016）

李建平　李闽榕　高燕京 / 主编　2017 年 2 月出版　估价：198.00 元

◆　本书融多学科的理论为一体，深入追踪研究了省域经济发展与中国国家竞争力的内在关系，为提升中国省域经济综合竞争力提供有价值的决策依据。

城市蓝皮书

中国城市发展报告 No.10

潘家华　单菁菁 / 主编　2017 年 9 月出版　估价：89.00 元

◆　本书是由中国社会科学院城市发展与环境研究中心编著的，多角度、全方位地立体展示了中国城市的发展状况，并对中国城市的未来发展提出了许多建议。该书有强烈的时代感，对中国城市发展实践有重要的参考价值。

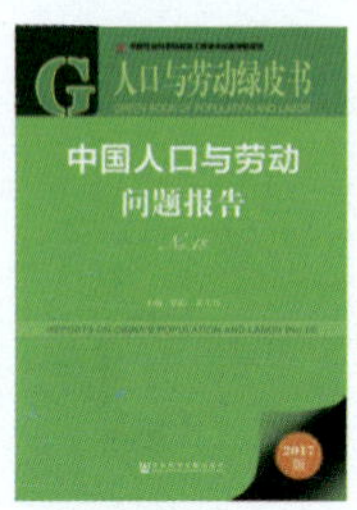

人口与劳动绿皮书

中国人口与劳动问题报告 No.18

蔡昉　张车伟 / 主编　2017 年 10 月出版　估价：89.00 元

◆　本书为中国社科院人口与劳动经济研究所主编的年度报告，对当前中国人口与劳动形势做了比较全面和系统的深入讨论，为研究我国人口与劳动问题提供了一个专业性的视角。

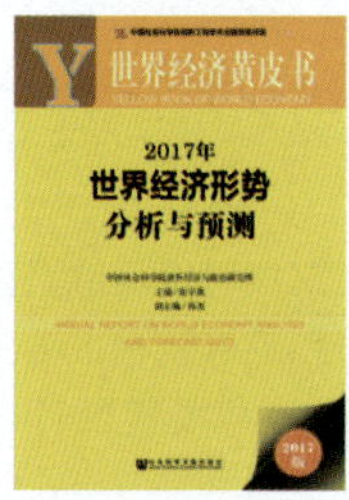

世界经济黄皮书

2017 年世界经济形势分析与预测

张宇燕 / 主编　2016 年 12 月出版　定价：89.00 元

◆　本书由中国社会科学院世界经济与政治研究所的研究团队撰写，2016 年世界经济增速进一步放缓，就业增长放慢。世界经济面临许多重大挑战同时，地缘政治风险、难民危机、大国政治周期、恐怖主义等问题也仍然在影响世界经济的稳定与发展。预计 2017 年按 PPP 计算的世界 GDP 增长率约为 3.0%。

国际城市蓝皮书

国际城市发展报告（2017）

屠启宇 / 主编　2017 年 2 月出版　估价：89.00 元

◆　本书作者以上海社会科学院从事国际城市研究的学者团队为核心，汇集同济大学、华东师范大学、复旦大学、上海交通大学、南京大学、浙江大学相关城市研究专业学者。立足动态跟踪介绍国际城市发展时间中，最新出现的重大战略、重大理念、重大项目、重大报告和最佳案例。

金融蓝皮书

中国金融发展报告（2017）

李扬　王国刚 / 主编　2017 年 1 月出版　估价：89.00 元

◆　本书由中国社会科学院金融研究所组织编写，概括和分析了 2016 年中国金融发展和运行中的各方面情况，研讨和评论了 2016 年发生的主要金融事件，有利于读者了解掌握 2016 年中国的金融状况，把握 2017 年中国金融的走势。

农村绿皮书

中国农村经济形势分析与预测（2016 ~ 2017）

魏后凯　杜志雄　黄秉信 / 著　2017 年 4 月出版　估价：89.00 元

◆　本书描述了 2016 年中国农业农村经济发展的一些主要指标和变化，并对 2017 年中国农业农村经济形势的一些展望和预测，提出相应的政策建议。

西部蓝皮书

中国西部发展报告（2017）

姚慧琴　徐璋勇 / 主编　2017 年 9 月出版　估价：89.00 元

◆　本书由西北大学中国西部经济发展研究中心主编，汇集了源自西部本土以及国内研究西部问题的权威专家的第一手资料，对国家实施西部大开发战略进行年度动态跟踪，并对 2017 年西部经济、社会发展态势进行预测和展望。

经济蓝皮书·夏季号

中国经济增长报告（2016 ~ 2017）

李扬 / 主编　2017 年 9 月出版　估价：98.00 元

◆　中国经济增长报告主要探讨 2016~2017 年中国经济增长问题，以专业视角解读中国经济增长，力求将其打造成一个研究中国经济增长、服务宏微观各级决策的周期性、权威性读物。

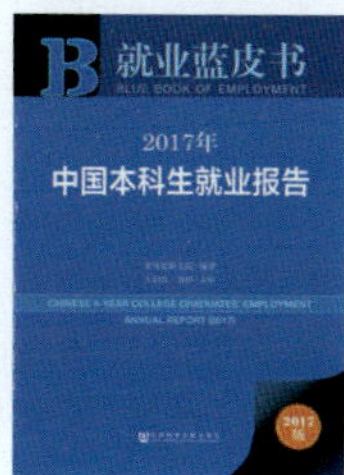

就业蓝皮书

2017 年中国本科生就业报告

麦可思研究院 / 编著　2017 年 6 月出版　估价：98.00 元

◆　本书基于大量的数据和调研，内容翔实，调查独到，分析到位，用数据说话，对我国大学生教育与发展起到了很好的建言献策作用。

社会政法类

社会政法类皮书聚焦社会发展领域的热点、难点问题，提供权威、原创的资讯与视点

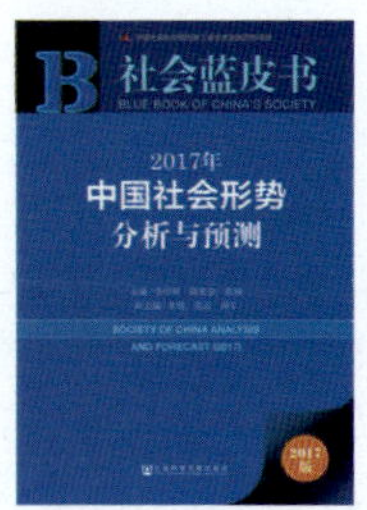

社会蓝皮书

2017年中国社会形势分析与预测

李培林　陈光金　张翼 / 主编　2016 年 12 月出版　定价：89.00 元

◆　本书由中国社会科学院社会学研究所组织研究机构专家、高校学者和政府研究人员撰写，聚焦当下社会热点，对 2016 年中国社会发展的各个方面内容进行了权威解读，同时对 2017 年社会形势发展趋势进行了预测。

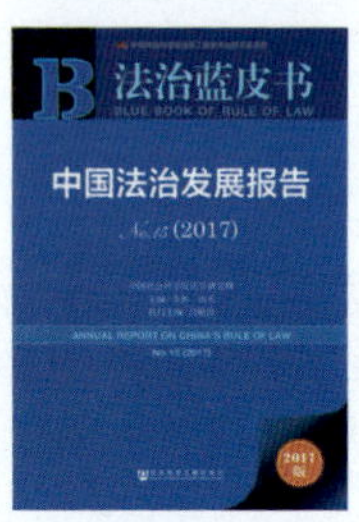

法治蓝皮书

中国法治发展报告 No.15（2017）

李林　田禾 / 主编　2017 年 3 月出版　估价：118.00 元

◆　本年度法治蓝皮书回顾总结了 2016 年度中国法治发展取得的成就和存在的不足，并对 2017 年中国法治发展形势进行了预测和展望。

社会体制蓝皮书

中国社会体制改革报告 No.5（2017）

龚维斌 / 主编　2017 年 4 月出版　估价：89.00 元

◆　本书由国家行政学院社会治理研究中心和北京师范大学中国社会管理研究院共同组织编写，主要对 2016 年社会体制改革情况进行回顾和总结，对 2017 年的改革走向进行分析，提出相关政策建议。

社会心态蓝皮书

中国社会心态研究报告（2017）

王俊秀　杨宜音 / 主编　2017 年 12 月出版　估价：89.00 元

◆　本书是中国社会科学院社会学研究所社会心理研究中心“社会心态蓝皮书课题组”的年度研究成果，运用社会心理学、社会学、经济学、传播学等多种学科的方法进行了调查和研究，对于目前我国社会心态状况有较广泛和深入的揭示。

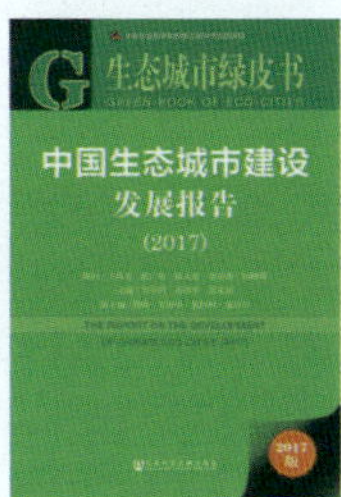

生态城市绿皮书

中国生态城市建设发展报告（2017）

刘举科　孙伟平　胡文臻 / 主编　2017 年 7 月出版　估价：118.00 元

◆　报告以绿色发展、循环经济、低碳生活、民生宜居为理念，以更新民众观念、提供决策咨询、指导工程实践、引领绿色发展为宗旨，试图探索一条具有中国特色的城市生态文明建设新路。

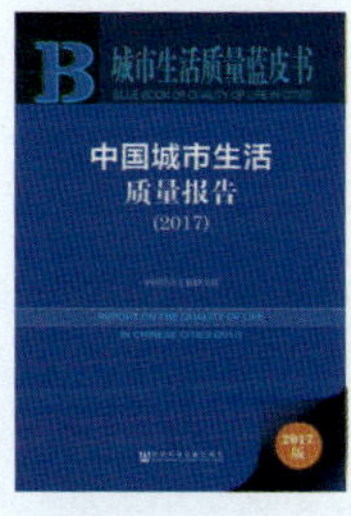

城市生活质量蓝皮书

中国城市生活质量报告（2017）

中国经济实验研究院 / 主编　2017 年 7 月出版　估价：89.00 元

◆　本书对全国 35 个城市居民的生活质量主观满意度进行了电话调查，同时对 35 个城市居民的客观生活质量指数进行了计算，为我国城市居民生活质量的提升，提出了针对性的政策建议。

公共服务蓝皮书

中国城市基本公共服务力评价（2017）

钟君　吴正杲 / 主编　2017 年 12 月出版　估价：89.00 元

◆　中国社会科学院经济与社会建设研究室与华图政信调查组成联合课题组，从 2010 年开始对基本公共服务力进行研究，研创了基本公共服务力评价指标体系，为政府考核公共服务与社会管理工作提供了理论工具。

行业报告类

行业报告类皮书立足重点行业、新兴行业领域，
提供及时、前瞻的数据与信息

企业社会责任蓝皮书

中国企业社会责任研究报告（2017）

黄群慧　钟宏武　张蒽　翟利峰 / 著　2017 年 10 月出版　估价：89.00 元

◆　本书剖析了中国企业社会责任在 2016 ~ 2017 年度的最新发展特征，详细解读了省域国有企业在社会责任方面的阶段性特征，生动呈现了国内外优秀企业的社会责任实践。对了解中国企业社会责任履行现状、未来发展，以及推动社会责任建设有重要的参考价值。

新能源汽车蓝皮书

中国新能源汽车产业发展报告（2017）

黄中国汽车技术研究中心　日产（中国）投资有限公司
东风汽车有限公司 / 编著　2017 年 7 月出版　估价：98.00 元

◆　本书对我国 2016 年新能源汽车产业发展进行了全面系统的分析，并介绍了国外的发展经验。有助于相关机构、行业和社会公众等了解中国新能源汽车产业发展的最新动态，为政府部门出台新能源汽车产业相关政策法规、企业制定相关战略规划，提供必要的借鉴和参考。

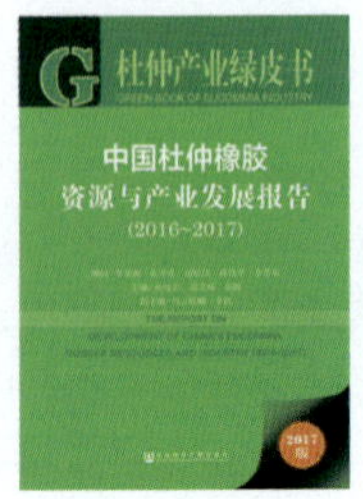

杜仲产业绿皮书

中国杜仲橡胶资源与产业发展报告（2016 ~ 2017）

杜红岩　胡文臻　俞锐 / 主编　2017 年 1 月出版　估价：85.00 元

◆　本书对 2016 年来的杜仲产业的发展情况、研究团队在杜仲研究方面取得的重要成果、部分地区杜仲产业发展的具体情况、杜仲新标准的制定情况等进行了较为详细的分析与介绍，使广大关心杜仲产业发展的读者能够及时跟踪产业最新进展。

企业蓝皮书

中国企业绿色发展报告 No.2（2017）

李红玉　朱光辉 / 主编　　2017 年 8 月出版　　估价：89.00 元

◆　本书深入分析中国企业能源消费、资源利用、绿色金融、绿色产品、绿色管理、信息化、绿色发展政策及绿色文化方面的现状，并对目前存在的问题进行研究，剖析因果，谋划对策。为企业绿色发展提供借鉴，为我国生态文明建设提供支撑。

中国上市公司蓝皮书

中国上市公司发展报告（2017）

张平　王宏淼 / 主编　　2017 年 10 月出版　　估价：98.00 元

◆　本书由中国社会科学院上市公司研究中心组织编写的，着力于全面、真实、客观反映当前中国上市公司财务状况和价值评估的综合性年度报告。本书详尽分析了 2016 年中国上市公司情况，特别是现实中暴露出的制度性、基础性问题，并对资本市场改革进行了探讨。

资产管理蓝皮书

中国资产管理行业发展报告（2017）

智信资产管理研究院 / 编著　　2017 年 6 月出版　　估价：89.00 元

◆　中国资产管理行业刚刚兴起，未来将中国金融市场最有看点的行业。本书主要分析了 2016 年度资产管理行业的发展情况，同时对资产管理行业的未来发展做出科学的预测。

体育蓝皮书

中国体育产业发展报告（2017）

阮伟　钟秉枢 / 主编　　2017 年 12 月出版　　估价：89.00 元

◆　本书运用多种研究方法，在对于体育竞赛业、体育用品业、体育场馆业、体育传媒业等传统产业研究的基础上，紧紧围绕 2016 年体育领域内的各种热点事件进行研究和梳理，进一步拓宽了研究的广度、提升了研究的高度、挖掘了研究的深度。

国别与地区类

国别与地区类皮书关注全球重点国家与地区，
提供全面、独特的解读与研究

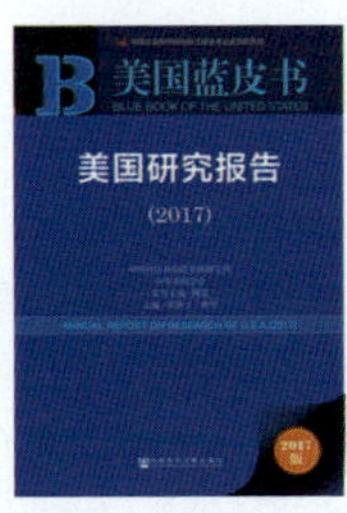

美国蓝皮书

美国研究报告（2017）

郑秉文　黄平 / 主编　2017 年 6 月出版　估价：89.00 元

◆　本书是由中国社会科学院美国所主持完成的研究成果，它回顾了美国 2016 年的经济、政治形势与外交战略，对 2017 年以来美国内政外交发生的重大事件及重要政策进行了较为全面的回顾和梳理。

日本蓝皮书

日本研究报告（2017）

杨伯江 / 主编　2017 年 5 月出版　估价：89.00 元

◆　本书对 2016 年拉丁美洲和加勒比地区诸国的政治、经济、社会、外交等方面的发展情况做了系统介绍，对该地区相关国家的热点及焦点问题进行了总结和分析，并在此基础上对该地区各国 2017 年的发展前景做出预测。

亚太蓝皮书

亚太地区发展报告（2017）

李向阳 / 主编　2017 年 3 月出版　估价：89.00 元

◆　本书是中国社会科学院亚太与全球战略研究院的集体研究成果。2016 年的“亚太蓝皮书”继续关注中国周边环境的变化。该书盘点了 2016 年亚太地区的焦点和热点问题，为深入了解 2016 年及未来中国与周边环境的复杂形势提供了重要参考。

德国蓝皮书

德国发展报告（2017）

郑春荣 / 主编　2017 年 6 月出版　估价：89.00 元

◆　本报告由同济大学德国研究所组织编撰，由该领域的专家学者对德国的政治、经济、社会文化、外交等方面的形势发展情况，进行全面的阐述与分析。

日本经济蓝皮书

日本经济与中日经贸关系研究报告（2017）

王洛林　张季风 / 编著　2017 年 5 月出版　估价：89.00 元

◆　本书系统、详细地介绍了 2016 年日本经济以及中日经贸关系发展情况，在进行了大量数据分析的基础上，对 2017 年日本经济以及中日经贸关系的大致发展趋势进行了分析与预测。

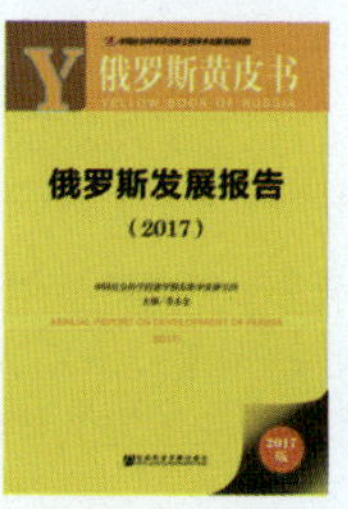

俄罗斯黄皮书

俄罗斯发展报告（2017）

李永全 / 编著　2017 年 7 月出版　估价：89.00 元

◆　本书系统介绍了 2016 年俄罗斯经济政治情况，并对 2016 年该地区发生的焦点、热点问题进行了分析与回顾；在此基础上，对该地区 2017 年的发展前景进行了预测。

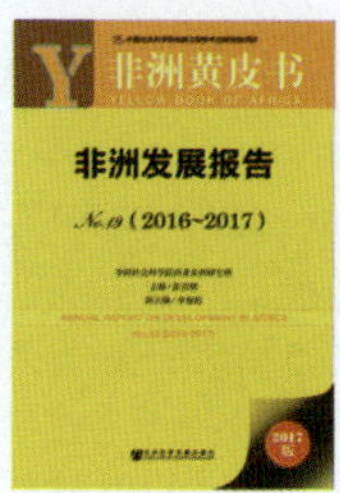

非洲黄皮书

非洲发展报告 No.19（2016 ~ 2017）

张宏明 / 主编　2017 年 8 月出版　估价：89.00 元

◆　本书是由中国社会科学院西亚非洲研究所组织编撰的非洲形势年度报告，比较全面、系统地分析了 2016 年非洲政治形势和热点问题，探讨了非洲经济形势和市场走向，剖析了大国对非洲关系的新动向；此外，还介绍了国内非洲研究的新成果。

地方发展类

地方发展类皮书关注中国各省份、经济区域，
提供科学、多元的预判与资政信息

北京蓝皮书

北京公共服务发展报告（2016~2017）

施昌奎 / 主编　2017 年 2 月出版　估价：89.00 元

◆　本书是由北京市政府职能部门的领导、首都著名高校的教授、知名研究机构的专家共同完成的关于北京市公共服务发展与创新的研究成果。

河南蓝皮书

河南经济发展报告（2017）

张占仓 / 编著　2017 年 3 月出版　估价：89.00 元

◆　本书以国内外经济发展环境和走向为背景，主要分析当前河南经济形势，预测未来发展趋势，全面反映河南经济发展的最新动态、热点和问题，为地方经济发展和领导决策提供参考。

广州蓝皮书

2017 年中国广州经济形势分析与预测

庾建设　陈浩钿　谢博能 / 主编　2017 年 7 月出版　估价：85.00 元

◆　本书由广州大学与广州市委政策研究室、广州市统计局联合主编，汇集了广州科研团体、高等院校和政府部门诸多经济问题研究专家、学者和实际部门工作者的最新研究成果，是关于广州经济运行情况和相关专题分析、预测的重要参考资料。

文化传媒类

文化传媒类皮书透视文化领域、文化产业，
探索文化大繁荣、大发展的路径

新媒体蓝皮书

中国新媒体发展报告 No.8（2017）

唐绪军 / 主编　2017 年 6 月出版　估价：89.00 元

◆　本书是由中国社会科学院新闻与传播研究所组织编写的关于新媒体发展的最新年度报告，旨在全面分析中国新媒体的发展现状，解读新媒体的发展趋势，探析新媒体的深刻影响。

移动互联网蓝皮书

中国移动互联网发展报告（2017）

官建文 / 编著　2017 年 6 月出版　估价：89.00 元

◆　本书着眼于对中国移动互联网 2016 年度的发展情况做深入解析，对未来发展趋势进行预测，力求从不同视角、不同层面全面剖析中国移动互联网发展的现状、年度突破及热点趋势等。

传媒蓝皮书

中国传媒产业发展报告（2017）

崔保国 / 主编　2017 年 5 月出版　估价：98.00 元

◆　“传媒蓝皮书”连续十多年跟踪观察和系统研究中国传媒产业发展。本报告在对传媒产业总体以及各细分行业发展状况与趋势进行深入分析基础上，对年度发展热点进行跟踪，剖析新技术引领下的商业模式，对传媒各领域发展趋势、内体经营、传媒投资进行解析，为中国传媒产业正在发生的变革提供前瞻行参考。

经济类

“三农”互联网金融蓝皮书
中国“三农”互联网金融发展报告（2017）
著(编)者：李勇坚 王弢　　2017年8月出版 / 估价：98.00元
PSN B-2016-561-1/1

G20国家创新竞争力黄皮书
二十国集团（G20）国家创新竞争力发展报告（2016~2017）
著(编)者：李建平 李闽榕 赵新力　周天勇
2017年8月出版 / 估价：158.00元
PSN Y-2011-229-1/1

产业蓝皮书
中国产业竞争力报告（2017）No.7
著(编)者：张其仔　2017年12月出版 / 估价：98.00元
PSN B-2010-175-1/1

城市创新蓝皮书
中国城市创新报告（2017）
著(编)者：周天勇 旷建伟　2017年11月出版 / 估价：89.00元
PSN B-2013-340-1/1

城市蓝皮书
中国城市发展报告 No.10
著(编)者：潘家华 单菁菁　2017年9月出版 / 估价：89.00元
PSN B-2007-091-1/1

城乡一体化蓝皮书
中国城乡一体化发展报告（2016~2017）
著(编)者：汝信 付崇兰　2017年7月出版 / 估价：85.00元
PSN B-2011-226-1/2

城镇化蓝皮书
中国新型城镇化健康发展报告（2017）
著(编)者：张占斌　2017年8月出版 / 估价：89.00元
PSN B-2014-396-1/1

创新蓝皮书
创新型国家建设报告（2016~2017）
著(编)者：詹正茂　2017年12月出版 / 估价：89.00元
PSN B-2009-140-1/1

创业蓝皮书
中国创业发展报告（2016~2017）
著(编)者：黄群慧 赵卫星 钟宏武等
2017年11月出版 / 估价：89.00元
PSN B-2016-578-1/1

低碳发展蓝皮书
中国低碳发展报告（2016~2017）
著(编)者：齐晔 张希良　2017年3月出版 / 估价：98.00元
PSN B-2011-223-1/1

低碳经济蓝皮书
中国低碳经济发展报告（2017）
著(编)者：薛进军 赵忠秀　2017年6月出版 / 估价：85.00元
PSN B-2011-194-1/1

东北蓝皮书
中国东北地区发展报告（2017）
著(编)者：朱宇 张新颖　2017年12月出版 / 估价：89.00元
PSN B-2006-067-1/1

发展与改革蓝皮书
中国经济发展和体制改革报告No.8
著(编)者：邹东涛 王再文　2017年1月出版 / 估价：98.00元
PSN B-2008-122-1/1

工业化蓝皮书
中国工业化进程报告（2017）
著(编)者：黄群慧　2017年12月出版 / 估价：158.00元
PSN B-2007-095-1/1

管理蓝皮书
中国管理发展报告（2017）
著(编)者：张晓东　2017年10月出版 / 估价：98.00元
PSN B-2014-416-1/1

国际城市蓝皮书
国际城市发展报告（2017）
著(编)者：屠启宇　2017年2月出版 / 估价：89.00元
PSN B-2012-260-1/1

国家创新蓝皮书
中国创新发展报告（2017）
著(编)者：陈劲　2017年12月出版 / 估价：89.00元
PSN B-2014-370-1/1

金融蓝皮书
中国金融发展报告（2017）
著(编)者：李杨　王国刚　2017年12月出版 / 估价：89.00元
PSN B-2004-031-1/6

京津冀金融蓝皮书
京津冀金融发展报告（2017）
著(编)者：王爱俭 李向前
2017年3月出版 / 估价：89.00元
PSN B-2016-528-1/1

京津冀蓝皮书
京津冀发展报告（2017）
著(编)者：文魁 祝尔娟　2017年4月出版 / 估价：89.00元
PSN B-2012-262-1/1

经济蓝皮书
2017年中国经济形势分析与预测
著(编)者：李扬　2016年12月出版 / 定价：89.00元
PSN B-1996-001-1/1

经济蓝皮书·春季号
2017年中国经济前景分析
著(编)者：李扬　2017年6月出版 / 估价：89.00元
PSN B-1999-008-1/1

经济蓝皮书·夏季号
中国经济增长报告（2016~2017）
著(编)者：李扬　2017年9月出版 / 估价：98.00元
PSN B-2010-176-1/1

经济信息绿皮书
中国与世界经济发展报告（2017）
著(编)者：杜平　2017年12月出版 / 估价：89.00元
PSN G-2003-023-1/1

就业蓝皮书
2017年中国本科生就业报告
著(编)者：麦可思研究院　2017年6月出版 / 估价：98.00元
PSN B-2009-146-1/2

就业蓝皮书
2017年中国高职高专生就业报告
著(编)者：麦可思研究院　　2017年6月出版 / 估价：98.00元
PSN B-2015-472-2/2

科普能力蓝皮书
中国科普能力评价报告（2017）
著(编)者：李富 强李群　2017年8月出版 / 估价：89.00元
PSN B-2016-556-1/1

临空经济蓝皮书
中国临空经济发展报告（2017）
著(编)者：连玉明　2017年9月出版 / 估价：89.00元
PSN B-2014-421-1/1

农村绿皮书
中国农村经济形势分析与预测（2016～2017）
著(编)者：魏后凯 杜志雄 黄秉信
2017年4月出版 / 估价：89.00元
PSN G-1998-003-1/1

农业应对气候变化蓝皮书
气候变化对中国农业影响评估报告 No.3
著(编)者：矫梅燕　2017年8月出版 / 估价：98.00元
PSN B-2014-413-1/1

气候变化绿皮书
应对气候变化报告（2017）
著(编)者：王伟光 郑国光　　2017年6月出版 / 估价：89.00元
PSN G-2009-144-1/1

区域蓝皮书
中国区域经济发展报告（2016～2017）
著(编)者：赵弘　2017年6月出版 / 估价：89.00元
PSN B-2004-034-1/1

全球环境竞争力绿皮书
全球环境竞争力报告（2017）
著(编)者：李建平 李闽榕 王金南
2017年12月出版 / 估价：198.00元
PSN G-2013-363-1/1

人口与劳动绿皮书
中国人口与劳动问题报告 No.18
著(编)者：蔡昉 张车伟　2017年11月出版 / 估价：89.00元
PSN G-2000-012-1/1

商务中心区蓝皮书
中国商务中心区发展报告 No.3（2016）
著(编)者：李国红 单菁菁　2017年1月出版 / 估价：89.00元
PSN B-2015-444-1/1

世界经济黄皮书
2017年世界经济形势分析与预测
著(编)者：张宇燕　　2016年12月出版 / 定价：89.00元
PSN Y-1999-006-1/1

世界旅游城市绿皮书
世界旅游城市发展报告（2017）
著(编)者：宋宇　　2017年1月出版 / 估价：128.00元
PSN G-2014-400-1/1

土地市场蓝皮书
中国农村土地市场发展报告（2016～2017）
著(编)者：李光荣　2017年3月出版 / 估价：89.00元
PSN B-2016-527-1/1

西北蓝皮书
中国西北发展报告（2017）
著(编)者：高建龙　　2017年3月出版 / 估价：89.00元
PSN B-2012-261-1/1

西部蓝皮书
中国西部发展报告（2017）
著(编)者：姚慧琴 徐璋勇　2017年9月出版 / 估价：89.00元
PSN B-2005-039-1/1

新型城镇化蓝皮书
新型城镇化发展报告（2017）
著(编)者：李伟 宋敏 沈体雁　　2017年3月出版 / 估价：98.00元
PSN B-2014-431-1/1

新兴经济体蓝皮书
金砖国家发展报告（2017）
著(编)者：林跃勤 周文　　2017年12月出版 / 估价：89.00元
PSN B-2011-195-1/1

长三角蓝皮书
2017年新常态下深化一体化的长三角
著(编)者：王庆五　　2017年12月出版 / 估价：88.00元
PSN B-2005-038-1/1

中部竞争力蓝皮书
中国中部经济社会竞争力报告（2017）
著(编)者：教育部人文社会科学重点研究基地
南昌大学中国中部经济社会发展研究中心
2017年12月出版 / 估价：89.00元
PSN B-2012-276-1/1

中部蓝皮书
中国中部地区发展报告（2017）
著(编)者：宋亚平　2017年12月出版 / 估价：88.00元
PSN B-2007-089-1/1

中国省域竞争力蓝皮书
中国省域经济综合竞争力发展报告（2017）
著(编)者：李建平 李闽榕 高燕京
2017年2月出版 / 估价：198.00元
PSN B-2007-088-1/1

中三角蓝皮书
长江中游城市群发展报告（2017）
著(编)者：秦尊文　2017年9月出版 / 估价：89.00元
PSN B-2014-417-1/1

中小城市绿皮书
中国中小城市发展报告（2017）
著(编)者：中国城市经济学会中小城市经济发展委员会
中国城镇化促进会中小城市发展委员会
《中国中小城市发展报告》编纂委员会
中小城市发展战略研究院
2017年11月出版 / 估价：128.00元
PSN G-2010-161-1/1

中原蓝皮书
中原经济区发展报告（2017）
著(编)者：李英杰　2017年6月出版 / 估价：88.00元
PSN B-2011-192-1/1

自贸区蓝皮书
中国自贸区发展报告（2017）
著(编)者：王力　　2017年7月出版 / 估价：89.00元
PSN B-2016-559-1/1

社会政法类

北京蓝皮书
中国社区发展报告（2017）
著(编)者：于燕燕　　2017年2月出版 / 估价：89.00元
PSN B-2007-083-5/8

殡葬绿皮书
中国殡葬事业发展报告（2017）
著(编)者：李伯森　　2017年4月出版 / 估价：158.00元
PSN G-2010-180-1/1

城市管理蓝皮书
中国城市管理报告（2016~2017）
著(编)者：刘林　刘承水　2017年5月出版 / 估价：158.00元
PSN B-2013-336-1/1

城市生活质量蓝皮书
中国城市生活质量报告（2017）
著(编)者：中国经济实验研究院
2017年7月出版 / 估价：89.00元
PSN B-2013-326-1/1

城市政府能力蓝皮书
中国城市政府公共服务能力评估报告（2017）
著(编)者：何艳玲　　2017年4月出版 / 估价：89.00元
PSN B-2013-338-1/1

慈善蓝皮书
中国慈善发展报告（2017）
著(编)者：杨团　　2017年6月出版 / 估价：89.00元
PSN B-2009-142-1/1

党建蓝皮书
党的建设研究报告 No.2（2017）
著(编)者：崔建民　陈东平　　2017年2月出版 / 估价：89.00元
PSN B-2016-524-1/1

地方法治蓝皮书
中国地方法治发展报告 No.3（2017）
著(编)者：李林　田禾　2017年3出版 / 估价：108.00元
PSN B-2015-442-1/1

法治蓝皮书
中国法治发展报告 No.15（2017）
著(编)者：李林 田禾　　2017年3月出版 / 估价：118.00元
PSN B-2004-027-1/1

法治政府蓝皮书
中国法治政府发展报告（2017）
著(编)者：中国政法大学法治政府研究院
2017年2月出版 / 估价：98.00元
PSN B-2015-502-1/2

法治政府蓝皮书
中国法治政府评估报告（2017）
著(编)者：中国政法大学法治政府研究院
2016年11月出版 / 估价：98.00元
PSN B-2016-577-2/2

反腐倡廉蓝皮书
中国反腐倡廉建设报告 No.7
著(编)者：张英伟　　2017年12月出版 / 估价：89.00元
PSN B-2012-259-1/1

非传统安全蓝皮书
中国非传统安全研究报告（2016～2017）
著(编)者：余潇枫 魏志江　　2017年6月出版 / 估价：89.00元
PSN B-2012-273-1/1

妇女发展蓝皮书
中国妇女发展报告 No.7
著(编)者：王金玲　　2017年9月出版 / 估价：148.00元
PSN B-2006-069-1/1

妇女教育蓝皮书
中国妇女教育发展报告 No.4
著(编)者：张李玺　　2017年10月出版 / 估价：78.00元
PSN B-2008-121-1/1

妇女绿皮书
中国性别平等与妇女发展报告（2017）
著(编)者：谭琳　　2017年12月出版 / 估价：99.00元
PSN G-2006-073-1/1

公共服务蓝皮书
中国城市基本公共服务力评价（2017）
著(编)者：钟君 吴正杲　　2017年12月出版 / 估价：89.00元
PSN B-2011-214-1/1

公民科学素质蓝皮书
中国公民科学素质报告（2016～2017）
著(编)者：李群　陈雄　马宗文
2017年1月出版 / 估价：89.00元
PSN B-2014-379-1/1

公共关系蓝皮书
中国公共关系发展报告（2017）
著(编)者：柳斌杰　　2017年11月出版 / 估价：89.00元
PSN B-2016-580-1/1

公益蓝皮书
中国公益慈善发展报告（2017）
著(编)者：朱健刚　　2017年4月出版 / 估价：118.00元
PSN B-2012-283-1/1

国际人才蓝皮书
海外华侨华人专业人士报告（2017）
著(编)者：王辉耀 苗绿　　2017年8月出版 / 估价：89.00元
PSN B-2014-409-4/4

国际人才蓝皮书
中国国际移民报告（2017）
著(编)者：王辉耀　　2017年2月出版 / 估价：89.00元
PSN B-2012-304-3/4

国际人才蓝皮书
中国留学发展报告（2017）No.5
著(编)者：王辉耀 苗绿　　2017年10月出版 / 估价：89.00元
PSN B-2012-244-2/4

海洋社会蓝皮书
中国海洋社会发展报告（2017）
著(编)者：崔凤 宋宁而　　2017年7月出版 / 估价：89.00元
PSN B-2015-478-1/1

行政改革蓝皮书
中国行政体制改革报告（2017）No.6
著(编)者：魏礼群　2017年5月出版 / 估价：98.00元
PSN B-2011-231-1/1

华侨华人蓝皮书
华侨华人研究报告（2017）
著(编)者：贾益民　2017年12月出版 / 估价：128.00元
PSN B-2011-204-1/1

环境竞争力绿皮书
中国省域环境竞争力发展报告（2017）
著(编)者：李建平 李闽榕 王金南
2017年11月出版 / 估价：198.00元
PSN G-2010-165-1/1

环境绿皮书
中国环境发展报告（2017）
著(编)者：刘鉴强　2017年11月出版 / 估价：89.00元
PSN G-2006-048-1/1

基金会蓝皮书
中国基金会发展报告（2016~2017）
著(编)者：中国基金会发展报告课题组
2017年4月出版 / 估价：85.00元
PSN B-2013-368-1/1

基金会绿皮书
中国基金会发展独立研究报告（2017）
著(编)者：基金会中心网 中央民族大学基金会研究中心
2017年6月出版 / 估价：88.00元
PSN G-2011-213-1/1

基金会透明度蓝皮书
中国基金会透明度发展研究报告（2017）
著(编)者：基金会中心网 清华大学廉政与治理研究中心
2017年12月出版 / 估价：89.00元
PSN B-2015-509-1/1

家庭蓝皮书
中国“创建幸福家庭活动”评估报告（2017）
国务院发展研究中心“创建幸福家庭活动评估”课题组著
2017年8月出版 / 估价：89.00元
PSN B-2012-261-1/1

健康城市蓝皮书
中国健康城市建设研究报告（2017）
著(编)者：王鸿春 解树江 盛继洪
2017年9月出版 / 估价：89.00元
PSN B-2016-565-2/2

教师蓝皮书
中国中小学教师发展报告（2017）
著(编)者：曾晓东 鱼霞　2017年6月出版 / 估价：89.00元
PSN B-2012-289-1/1

教育蓝皮书
中国教育发展报告（2017）
著(编)者：杨东平　2017年4月出版 / 估价：89.00元
PSN B-2006-047-1/1

科普蓝皮书
中国基层科普发展报告（2016～2017）
著(编)者：赵立 新陈玲　2017年9月出版 / 估价：89.00元
PSN B-2016-569-3/3

科普蓝皮书
中国科普基础设施发展报告（2017）
著(编)者：任福君　2017年6月出版 / 估价：89.00元
PSN B-2010-174-1/3

科普蓝皮书
中国科普人才发展报告（2017）
著(编)者：郑念 任嵘嵘　2017年4月出版 / 估价：98.00元
PSN B-2015-513-2/3

科学教育蓝皮书
中国科学教育发展报告（2017）
著(编)者：罗晖 王康友　2017年10月出版 / 估价：89.00元
PSN B-2015-487-1/1

劳动保障蓝皮书
中国劳动保障发展报告（2017）
著(编)者：刘燕斌　2017年9月出版 / 估价：188.00元
PSN B-2014-415-1/1

老龄蓝皮书
中国老年宜居环境发展报告（2017）
著(编)者：党俊武 周燕珉　2017年1月出版 / 估价：89.00元
PSN B-2013-320-1/1

连片特困区蓝皮书
中国连片特困区发展报告（2017）
著(编)者：游俊 冷志明 丁建军
2017年3月出版 / 估价：98.00元
PSN B-2013-321-1/1

民间组织蓝皮书
中国民间组织报告（2017）
著(编)者：黄晓勇　2017年12月出版 / 估价：89.00元
PSN B-2008-118-1/1

民调蓝皮书
中国民生调查报告（2017）
著(编)者：谢耘耕　2017年12月出版 / 估价：98.00元
PSN B-2014-398-1/1

民族发展蓝皮书
中国民族发展报告（2017）
著(编)者：郝时远 王延中 王希恩
2017年4月出版 / 估价：98.00元
PSN B-2006-070-1/1

女性生活蓝皮书
中国女性生活状况报告 No.11（2017）
著(编)者：韩湘景　2017年10月出版 / 估价：98.00元
PSN B-2006-071-1/1

汽车社会蓝皮书
中国汽车社会发展报告（2017）
著(编)者：王俊秀　2017年1月出版 / 估价：89.00元
PSN B-2011-224-1/1

青年蓝皮书
中国青年发展报告（2017）No.3
著(编)者：廉思 等　2017年4月出版 / 估价：89.00元
PSN B-2013-333-1/1

青少年蓝皮书
中国未成年人互联网运用报告（2017）
著(编)者：李文革 沈杰 季为民
2017年11月出版 / 估价：89.00元
PSN B-2010-156-1/1

青少年体育蓝皮书
中国青少年体育发展报告（2017）
著(编)者：郭建军 杨桦　2017年9月出版 / 估价：89.00元
PSN B-2015-482-1/1

群众体育蓝皮书
中国群众体育发展报告（2017）
著(编)者：刘国永 杨桦　2017年12月出版 / 估价：89.00元
PSN B-2016-519-2/3

人权蓝皮书
中国人权事业发展报告 No.7（2017）
著(编)者：李君如　2017年9月出版 / 估价：98.00元
PSN B-2011-215-1/1

社会保障绿皮书
中国社会保障发展报告（2017）No.9
著(编)者：王延中　2017年4月出版 / 估价：89.00元
PSN G-2001-014-1/1

社会风险评估蓝皮书
风险评估与危机预警评估报告（2017）
著(编)者：唐钧　2017年8月出版 / 估价：85.00元
PSN B-2016-521-1/1

社会工作蓝皮书
中国社会工作发展报告（2017）
著(编)者：民政部社会工作研究中心
2017年8月出版 / 估价：89.00元
PSN B-2009-141-1/1

社会管理蓝皮书
中国社会管理创新报告 No.5
著(编)者：连玉明　2017年11月出版 / 估价：89.00元
PSN B-2012-300-1/1

社会蓝皮书
2017年中国社会形势分析与预测
著(编)者：李培林　陈光金　张翼
2016年12月出版 / 定价：89.00元
PSN B-1998-002-1/1

社会体制蓝皮书
中国社会体制改革报告No.5（2017）
著(编)者：龚维斌　2017年4月出版 / 估价：89.00元
PSN B-2013-330-1/1

社会心态蓝皮书
中国社会心态研究报告（2017）
著(编)者：王俊秀 杨宜音　2017年12月出版 / 估价：89.00元
PSN B-2011-199-1/1

社会组织蓝皮书
中国社会组织评估发展报告（2017）
著(编)者：徐家良 廖鸿　2017年12月出版 / 估价：89.00元
PSN B-2013-366-1/1

生态城市绿皮书
中国生态城市建设发展报告（2017）
著(编)者：刘举科 孙伟平 胡文臻
2017年9月出版 / 估价：118.00元
PSN G-2012-269-1/1

生态文明绿皮书
中国省域生态文明建设评价报告（ECI 2017）
著(编)者：严耕　2017年12月出版 / 估价：98.00元
PSN G-2010-170-1/1

体育蓝皮书
中国公共体育服务发展报告（2017）
著(编)者：戴健　2017年12月出版 / 估价：89.00元
PSN B-2013-367-2/4

土地整治蓝皮书
中国土地整治发展研究报告 No.4
著(编)者：国土资源部土地整治中心
2017年7月出版 / 估价：89.00元
PSN B-2014-401-1/1

土地政策蓝皮书
中国土地政策研究报告（2017）
著(编)者：高延利 李宪文
2017年12月出版 / 估价：89.00元
PSN B-2015-506-1/1

医改蓝皮书
中国医药卫生体制改革报告（2017）
著(编)者：文学国　房志武　2017年11月出版 / 估价：98.00元
PSN B-2014-432-1/1

医疗卫生绿皮书
中国医疗卫生发展报告 No.7（2017）
著(编)者：申宝忠 韩玉珍　2017年4月出版 / 估价：85.00元
PSN G-2004-033-1/1

应急管理蓝皮书
中国应急管理报告（2017）
著(编)者：宋英华　2017年9月出版 / 估价：98.00元
PSN B-2016-563-1/1

政治参与蓝皮书
中国政治参与报告（2017）
著(编)者：房宁　2017年9月出版 / 估价：118.00元
PSN B-2011-200-1/1

中国农村妇女发展蓝皮书
农村流动女性城市生活发展报告（2017）
著(编)者：谢丽华　2017年12月出版 / 估价：89.00元
PSN B-2014-434-1/1

宗教蓝皮书
中国宗教报告（2017）
著(编)者：邱永辉　2017年4月出版 / 估价：89.00元
PSN B-2008-117-1/1

行业报告类

SUV蓝皮书
中国SUV市场发展报告（2016~2017）
著(编)者：靳军　　2017年9月出版 / 估价：89.00元
PSN B-2016-572-1/1

保健蓝皮书
中国保健服务产业发展报告 No.2
著(编)者：中国保健协会 中共中央党校
2017年7月出版 / 估价：198.00元
PSN B-2012-272-3/3

保健蓝皮书
中国保健食品产业发展报告 No.2
著(编)者：中国保健协会
中国社会科学院食品药品产业发展与监管研究中心
2017年7月出版 / 估价：198.00元
PSN B-2012-271-2/3

保健蓝皮书
中国保健用品产业发展报告 No.2
著(编)者：中国保健协会
国务院国有资产监督管理委员会研究中心
2017年3月出版 / 估价：198.00元
PSN B-2012-270-1/3

保险蓝皮书
中国保险业竞争力报告（2017）
著(编)者：项俊波　　2017年12月出版 / 估价：99.00元
PSN B-2013-311-1/1

冰雪蓝皮书
中国滑雪产业发展报告（2017）
著(编)者：孙承华 伍斌 魏庆华 张鸿俊
2017年8月出版 / 估价：89.00元
PSN B-2016-560-1/1

彩票蓝皮书
中国彩票发展报告（2017）
著(编)者：益彩基金　　2017年4月出版 / 估价：98.00元
PSN B-2015-462-1/1

餐饮产业蓝皮书
中国餐饮产业发展报告（2017）
著(编)者：邢颖　　2017年6月出版 / 估价：98.00元
PSN B-2009-151-1/1

测绘地理信息蓝皮书
新常态下的测绘地理信息研究报告（2017）
著(编)者：库热西·买合苏提
2017年12月出版 / 估价：118.00元
PSN B-2009-145-1/1

茶业蓝皮书
中国茶产业发展报告（2017）
著(编)者：杨江帆 李闽榕　　2017年10月出版 / 估价：88.00元
PSN B-2010-164-1/1

产权市场蓝皮书
中国产权市场发展报告（2016~2017）
著(编)者：曹和平　　2017年5月出版 / 估价：89.00元
PSN B-2009-147-1/1

产业安全蓝皮书
中国出版传媒产业安全报告（2016~2017）
著(编)者：北京印刷学院文化产业安全研究院
2017年3月出版 / 估价：89.00元
PSN B-2014-384-13/14

产业安全蓝皮书
中国文化产业安全报告（2017）
著(编)者：北京印刷学院文化产业安全研究院
2017年12月出版 / 估价：89.00元
PSN B-2014-378-12/14

产业安全蓝皮书
中国新媒体产业安全报告（2017）
著(编)者：北京印刷学院文化产业安全研究院
2017年12月出版 / 估价：89.00元
PSN B-2015-500-14/14

城投蓝皮书
中国城投行业发展报告（2017）
著(编)者：王晨艳　丁伯康　　2017年11月出版 / 估价：300.00元
PSN B-2016-514-1/1

电子政务蓝皮书
中国电子政务发展报告（2016~2017）
著(编)者：李季 杜平　　2017年7月出版 / 估价：89.00元
PSN B-2003-022-1/1

杜仲产业绿皮书
中国杜仲橡胶资源与产业发展报告（2016～2017）
著(编)者：杜红岩 胡文臻 俞锐
2017年1月出版 / 估价：85.00元
PSN G-2013-350-1/1

房地产蓝皮书
中国房地产发展报告 No.14（2017）
著(编)者：李春华 王业强　　2017年5月出版 / 估价：89.00元
PSN B-2004-028-1/1

服务外包蓝皮书
中国服务外包产业发展报告（2017）
著(编)者：王晓红 刘德军
2017年6月出版 / 估价：89.00元
PSN B-2013-331-2/2

服务外包蓝皮书
中国服务外包竞争力报告（2017）
著(编)者：王力 刘春生 黄育华
2017年11月出版 / 估价：85.00元
PSN B-2011-216-1/2

工业和信息化蓝皮书
世界网络安全发展报告（2016~2017）
著(编)者：洪京一　　2017年4月出版 / 估价：89.00元
PSN B-2015-452-5/5

工业和信息化蓝皮书
世界信息化发展报告（2016~2017）
著(编)者：洪京一　　2017年4月出版 / 估价：89.00元
PSN B-2015-451-4/5

工业和信息化蓝皮书
世界信息技术产业发展报告（2016~2017）
著(编)者：洪京一　2017年4月出版 / 估价：89.00元
PSN B-2015-449-2/5

工业和信息化蓝皮书
移动互联网产业发展报告（2016~2017）
著(编)者：洪京一　2017年4月出版 / 估价：89.00元
PSN B-2015-448-1/5

工业和信息化蓝皮书
战略性新兴产业发展报告（2016~2017）
著(编)者：洪京一　2017年4月出版 / 估价：89.00元
PSN B-2015-450-3/5

工业设计蓝皮书
中国工业设计发展报告（2017）
著(编)者：王晓红 于炜 张立群
2017年9月出版 / 估价：138.00元
PSN B-2014-420-1/1

黄金市场蓝皮书
中国商业银行黄金业务发展报告（2016~2017）
著(编)者：平安银行　2017年3月出版 / 估价：98.00元
PSN B-2016-525-1/1

互联网金融蓝皮书
中国互联网金融发展报告（2017）
著(编)者：李东荣　2017年9月出版 / 估价：128.00元
PSN B-2014-374-1/1

互联网医疗蓝皮书
中国互联网医疗发展报告（2017）
著(编)者：宫晓东　2017年9月出版 / 估价：89.00元
PSN B-2016-568-1/1

会展蓝皮书
中外会展业动态评估年度报告（2017）
著(编)者：张敏　2017年1月出版 / 估价：88.00元
PSN B-2013-327-1/1

金融监管蓝皮书
中国金融监管报告（2017）
著(编)者：胡滨　2017年6月出版 / 估价：89.00元
PSN B-2012-281-1/1

金融蓝皮书
中国金融中心发展报告（2017）
著(编)者：王力 黄育华　2017年11月出版 / 估价：85.00元
PSN B-2011-186-6/6

建筑装饰蓝皮书
中国建筑装饰行业发展报告（2017）
著(编)者：刘晓一 葛顺道　2017年7月出版 / 估价：198.00元
PSN B-2016-554-1/1

客车蓝皮书
中国客车产业发展报告（2016~2017）
著(编)者：姚蔚　2017年10月出版 / 估价：85.00元
PSN B-2013-361-1/1

旅游安全蓝皮书
中国旅游安全报告（2017）
著(编)者：郑向敏 谢朝武　2017年5月出版 / 估价：128.00元
PSN B-2012-280-1/1

旅游绿皮书
2016～2017年中国旅游发展分析与预测
著(编)者：张广瑞 刘德谦　2017年4月出版 / 估价：89.00元
PSN G-2002-018-1/1

煤炭蓝皮书
中国煤炭工业发展报告（2017）
著(编)者：岳福斌　2017年12月出版 / 估价：85.00元
PSN B-2008-123-1/1

民营企业社会责任蓝皮书
中国民营企业社会责任报告（2017）
著(编)者：中华全国工商业联合会
2017年12月出版 / 估价：89.00元
PSN B-2015-511-1/1

民营医院蓝皮书
中国民营医院发展报告（2017）
著(编)者：庄一强　2017年10月出版 / 估价：85.00元
PSN B-2012-299-1/1

闽商蓝皮书
闽商发展报告（2017）
著(编)者：李闽榕 王日根 林琛
2017年12月出版 / 估价：89.00元
PSN B-2012-298-1/1

能源蓝皮书
中国能源发展报告（2017）
著(编)者：崔民选 王军生 陈义和
2017年10月出版 / 估价：98.00元
PSN B-2006-049-1/1

农产品流通蓝皮书
中国农产品流通产业发展报告（2017）
著(编)者：贾敬敦 张东科 张玉玺 张鹏毅 周伟
2017年1月出版 / 估价：89.00元
PSN B-2012-288-1/1

企业公益蓝皮书
中国企业公益研究报告（2017）
著(编)者：钟宏武 汪杰 顾一 黄晓娟 等
2017年12月出版 / 估价：89.00元
PSN B-2015-501-1/1

企业国际化蓝皮书
中国企业国际化报告（2017）
著(编)者：王辉耀　2017年11月出版 / 估价：98.00元
PSN B-2014-427-1/1

企业蓝皮书
中国企业绿色发展报告 No.2（2017）
著(编)者：李红玉 朱光辉　2017年8月出版 / 估价：89.00元
PSN B-2015-481-2/2

企业社会责任蓝皮书
中国企业社会责任研究报告（2017）
著(编)者：黄群慧 钟宏武 张蒽 翟利峰
2017年11月出版 / 估价：89.00元
PSN B-2009-149-1/1

汽车安全蓝皮书
中国汽车安全发展报告（2017）
著(编)者：中国汽车技术研究中心
2017年7月出版 / 估价：89.00元
PSN B-2014-385-1/1

汽车电子商务蓝皮书
中国汽车电子商务发展报告（2017）
著(编)者：中华全国工商业联合会汽车经销商商会
北京易观智库网络科技有限公司
2017年10月出版 / 估价：128.00元
PSN B-2015-485-1/1

汽车工业蓝皮书
中国汽车工业发展年度报告（2017）
著(编)者：中国汽车工业协会 中国汽车技术研究中心
丰田汽车（中国）投资有限公司
2017年4月出版 / 估价：128.00元
PSN B-2015-463-1/2

汽车工业蓝皮书
中国汽车零部件产业发展报告（2017）
著(编)者：中国汽车工业协会 中国汽车工程研究院
2017年10月出版 / 估价：98.00元
PSN B-2016-515-2/2

汽车蓝皮书
中国汽车产业发展报告（2017）
著(编)者：国务院发展研究中心产业经济研究部
中国汽车工程学会 大众汽车集团（中国）
2017年8月出版 / 估价：98.00元
PSN B-2008-124-1/1

人力资源蓝皮书
中国人力资源发展报告（2017）
著(编)者：余兴安　2017年11月出版 / 估价：89.00元
PSN B-2012-287-1/1

融资租赁蓝皮书
中国融资租赁业发展报告（2016～2017）
著(编)者：李光荣 王力　2017年8月出版 / 估价：89.00元
PSN B-2015-443-1/1

商会蓝皮书
中国商会发展报告No.5（2017）
著(编)者：王钦敏　2017年7月出版 / 估价：89.00元
PSN B-2008-125-1/1

输血服务蓝皮书
中国输血行业发展报告（2017）
著(编)者：朱永明 耿鸿武　2016年8月出版 / 估价：89.00元
PSN B-2016-583-1/1

上市公司蓝皮书
中国上市公司社会责任信息披露报告（2017）
著(编)者：张旺 张杨　2017年11月出版 / 估价：89.00元
PSN B-2011-234-1/2

社会责任管理蓝皮书
中国上市公司社会责任能力成熟度报告（2017）No.2
著(编)者：肖红军 王晓光 李伟阳
2017年12月出版 / 估价：98.00元
PSN B-2015-507-2/2

社会责任管理蓝皮书
中国企业公众透明度报告(2017)No.3
著(编)者：黄速建 熊梦 王晓光 肖红军
2017年1月出版 / 估价：98.00元
PSN B-2015-440-1/2

食品药品蓝皮书
食品药品安全与监管政策研究报告（2016～2017）
著(编)者：唐民皓　2017年6月出版 / 估价：89.00元
PSN B-2009-129-1/1

世界能源蓝皮书
世界能源发展报告（2017）
著(编)者：黄晓勇　2017年6月出版 / 估价：99.00元
PSN B-2013-349-1/1

水利风景区蓝皮书
中国水利风景区发展报告（2017）
著(编)者：谢婵才 兰思仁　2017年5月出版 / 估价：89.00元
PSN B-2015-480-1/1

私募市场蓝皮书
中国私募股权市场发展报告（2017）
著(编)者：曹和平　2017年12月出版 / 估价：89.00元
PSN B-2010-162-1/1

碳市场蓝皮书
中国碳市场报告（2017）
著(编)者：定金彪　2017年11月出版 / 估价：89.00元
PSN B-2014-430-1/1

体育蓝皮书
中国体育产业发展报告（2017）
著(编)者：阮伟 钟秉枢　2017年12月出版 / 估价：89.00元
PSN B-2010-179-1/4

网络空间安全蓝皮书
中国网络空间安全发展报告（2017）
著(编)者：惠志斌 唐涛　2017年4月出版 / 估价：89.00元
PSN B-2015-466-1/1

西部金融蓝皮书
中国西部金融发展报告（2017）
著(编)者：李忠民　2017年8月出版 / 估价：85.00元
PSN B-2010-160-1/1

协会商会蓝皮书
中国行业协会商会发展报告（2017）
著(编)者：景朝阳 李勇　2017年4月出版 / 估价：99.00元
PSN B-2015-461-1/1

新能源汽车蓝皮书
中国新能源汽车产业发展报告（2017）
著(编)者：中国汽车技术研究中心
日产（中国）投资有限公司 东风汽车有限公司
2017年7月出版 / 估价：98.00元
PSN B-2013-347-1/1

新三板蓝皮书
中国新三板市场发展报告（2017）
著(编)者：王力　2017年6月出版 / 估价：89.00元
PSN B-2016-534-1/1

信托市场蓝皮书
中国信托业市场报告（2016～2017）
著(编)者：用益信托工作室
2017年1月出版 / 估价：198.00元
PSN B-2014-371-1/1

信息化蓝皮书
中国信息化形势分析与预测（2016~2017）
著(编)者：周宏仁　2017年8月出版 / 估价：98.00元
PSN B-2010-168-1/1

信用蓝皮书
中国信用发展报告（2017）
著(编)者：章政 田侃　2017年4月出版 / 估价：99.00元
PSN B-2013-328-1/1

休闲绿皮书
2017年中国休闲发展报告
著(编)者：宋瑞　2017年10月出版 / 估价：89.00元
PSN G-2010-158-1/1

休闲体育蓝皮书
中国休闲体育发展报告（2016～2017）
著(编)者：李相如　钟炳枢　2017年10月出版 / 估价：89.00元
PSN G-2016-516-1/1

养老金融蓝皮书
中国养老金融发展报告（2017）
著(编)者：董克用　姚余栋
2017年6月出版 / 估价：89.00元
PSN B-2016-584-1/1

药品流通蓝皮书
中国药品流通行业发展报告（2017）
著(编)者：佘鲁林 温再兴　2017年8月出版 / 估价：158.00元
PSN B-2014-429-1/1

医院蓝皮书
中国医院竞争力报告（2017）
著(编)者：庄一强　曾益新　2017年3月出版 / 估价：128.00元
PSN B-2016-529-1/1

医药蓝皮书
中国中医药产业园战略发展报告（2017）
著(编)者：裴长洪 房书亭 吴滌心
2017年8月出版 / 估价：89.00元
PSN B-2012-305-1/1

邮轮绿皮书
中国邮轮产业发展报告（2017）
著(编)者：汪泓　2017年10月出版 / 估价：89.00元
PSN G-2014-419-1/1

智能养老蓝皮书
中国智能养老产业发展报告（2017）
著(编)者：朱勇　2017年10月出版 / 估价：89.00元
PSN B-2015-488-1/1

债券市场蓝皮书
中国债券市场发展报告（2016～2017）
著(编)者：杨农　2017年10月出版 / 估价：89.00元
PSN B-2016-573-1/1

中国节能汽车蓝皮书
中国节能汽车发展报告（2016~2017）
著(编)者：中国汽车工程研究院股份有限公司
2017年9月出版 / 估价：98.00元
PSN B-2016-566-1/1

中国上市公司蓝皮书
中国上市公司发展报告（2017）
著(编)者：张平 王宏淼
2017年10月出版 / 估价：98.00元
PSN B-2014-414-1/1

中国陶瓷产业蓝皮书
中国陶瓷产业发展报告（2017）
著(编)者：左和平 黄速建　2017年10月出版 / 估价：98.00元
PSN B-2016-574-1/1

中国总部经济蓝皮书
中国总部经济发展报告（2016～2017）
著(编)者：赵弘　2017年9月出版 / 估价：89.00元
PSN B-2005-036-1/1

中医文化蓝皮书
中国中医药文化传播发展报告（2017）
著(编)者：毛嘉陵　2017年7月出版 / 估价：89.00元
PSN B-2015-468-1/1

装备制造业蓝皮书
中国装备制造业发展报告（2017）
著(编)者：徐东华　2017年12月出版 / 估价：148.00元
PSN B-2015-505-1/1

资本市场蓝皮书
中国场外交易市场发展报告（2016～2017）
著(编)者：高峦　2017年3月出版 / 估价：89.00元
PSN B-2009-153-1/1

资产管理蓝皮书
中国资产管理行业发展报告（2017）
著(编)者：智信资产管理研究院
2017年6月出版 / 估价：89.00元
PSN B-2014-407-2/2

文化传媒类

传媒竞争力蓝皮书
中国传媒国际竞争力研究报告（2017）
著(编)者：李本乾 刘强
2017年11月出版 / 估价：148.00元
PSN B-2013-356-1/1

传媒蓝皮书
中国传媒产业发展报告（2017）
著(编)者：崔保国　2017年5月出版 / 估价：98.00元
PSN B-2005-035-1/1

传媒投资蓝皮书
中国传媒投资发展报告（2017）
著(编)者：张向东 谭云明
2017年6月出版 / 估价：128.00元
PSN B-2015-474-1/1

动漫蓝皮书
中国动漫产业发展报告（2017）
著(编)者：卢斌 郑玉明 牛兴侦
2017年9月出版 / 估价：89.00元
PSN B-2011-198-1/1

非物质文化遗产蓝皮书
中国非物质文化遗产发展报告（2017）
著(编)者：陈平　2017年5月出版 / 估价：98.00元
PSN B-2015-469-1/1

广电蓝皮书
中国广播电影电视发展报告（2017）
著(编)者：国家新闻出版广电总局发展研究中心
2017年7月出版 / 估价：98.00元
PSN B-2006-072-1/1

广告主蓝皮书
中国广告主营销传播趋势报告 No.9
著(编)者：黄升民 杜国清 邵华冬 等
2017年10月出版 / 估价：148.00元
PSN B-2005-041-1/1

国际传播蓝皮书
中国国际传播发展报告（2017）
著(编)者：胡正荣 李继东 姬德强
2017年11月出版 / 估价：89.00元
PSN B-2014-408-1/1

纪录片蓝皮书
中国纪录片发展报告（2017）
著(编)者：何苏六　2017年9月出版 / 估价：89.00元
PSN B-2011-222-1/1

科学传播蓝皮书
中国科学传播报告（2017）
著(编)者：詹正茂　2017年7月出版 / 估价：89.00元
PSN B-2008-120-1/1

两岸创意经济蓝皮书
两岸创意经济研究报告（2017）
著(编)者：罗昌智 林咏能
2017年10月出版 / 估价：98.00元
PSN B-2014-437-1/1

两岸文化蓝皮书
两岸文化产业合作发展报告（2017）
著(编)者：胡惠林 李保宗　2017年7月出版 / 估价：89.00元
PSN B-2012-285-1/1

媒介与女性蓝皮书
中国媒介与女性发展报告(2016~2017)
著(编)者：刘利群　2017年9月出版 / 估价：118.00元
PSN B-2013-345-1/1

媒体融合蓝皮书
中国媒体融合发展报告（2017）
著(编)者：梅宁华 宋建武　2017年7月出版 / 估价：89.00元
PSN B-2015-479-1/1

全球传媒蓝皮书
全球传媒发展报告（2017）
著(编)者：胡正荣 李继东 唐晓芬
2017年11月出版 / 估价：89.00元
PSN B-2012-237-1/1

少数民族非遗蓝皮书
中国少数民族非物质文化遗产发展报告（2017）
著(编)者：肖远平（彝） 柴立（满）
2017年8月出版 / 估价：98.00元
PSN B-2015-467-1/1

视听新媒体蓝皮书
中国视听新媒体发展报告（2017）
著(编)者：国家新闻出版广电总局发展研究中心
2017年7月出版 / 估价：98.00元
PSN B-2011-184-1/1

文化创新蓝皮书
中国文化创新报告（2017）No.7
著(编)者：于平 傅才武　2017年7月出版 / 估价：98.00元
PSN B-2009-143-1/1

文化建设蓝皮书
中国文化发展报告（2016~2017）
著(编)者：江畅 孙伟平 戴茂堂
2017年6月出版 / 估价：116.00元
PSN B-2014-392-1/1

文化科技蓝皮书
文化科技创新发展报告（2017）
著(编)者：于平 李凤亮　2017年11月出版 / 估价：89.00元
PSN B-2013-342-1/1

文化蓝皮书
中国公共文化服务发展报告（2017）
著(编)者：刘新成 张永新 张旭
2017年12月出版 / 估价：98.00元
PSN B-2007-093-2/10

文化蓝皮书
中国公共文化投入增长测评报告（2017）
著(编)者：王亚南　2017年4月出版 / 估价：89.00元
PSN B-2014-435-10/10

文化蓝皮书
中国少数民族文化发展报告（2016~2017）
著(编)者：武翠英 张晓明 任乌晶
2017年9月出版 / 估价：89.00元
PSN B-2013-369-9/10

文化蓝皮书
中国文化产业发展报告（2016~2017）
著(编)者：张晓明 王家新 章建刚
2017年2月出版 / 估价：89.00元
PSN B-2002-019-1/10

文化蓝皮书
中国文化产业供需协调检测报告（2017）
著(编)者：王亚南　2017年2月出版 / 估价：89.00元
PSN B-2013-323-8/10

文化蓝皮书
中国文化消费需求景气评价报告（2017）
著(编)者：王亚南　2017年4月出版 / 估价：89.00元
PSN B-2011-236-4/10

文化品牌蓝皮书
中国文化品牌发展报告（2017）
著(编)者：欧阳友权　2017年5月出版 / 估价：98.00元
PSN B-2012-277-1/1

文化遗产蓝皮书
中国文化遗产事业发展报告（2017）
著(编)者：苏杨 张颖岚 王宇飞
2017年8月出版 / 估价：98.00元
PSN B-2008-119-1/1

文学蓝皮书
中国文情报告（2016～2017）
著(编)者：白烨　2017年5月出版 / 估价：49.00元
PSN B-2011-221-1/1

新媒体蓝皮书
中国新媒体发展报告No.8（2017）
著(编)者：唐绪军　2017年6月出版 / 估价：89.00元
PSN B-2010-169-1/1

新媒体社会责任蓝皮书
中国新媒体社会责任研究报告（2017）
著(编)者：钟瑛　2017年11月出版 / 估价：89.00元
PSN B-2014-423-1/1

移动互联网蓝皮书
中国移动互联网发展报告（2017）
著(编)者：官建文　2017年6月出版 / 估价：89.00元
PSN B-2012-282-1/1

舆情蓝皮书
中国社会舆情与危机管理报告（2017）
著(编)者：谢耘耕　2017年9月出版 / 估价：128.00元
PSN B-2011-235-1/1

影视风控蓝皮书
中国影视舆情与风控报告 （2017）
著(编)者：司若　2017年4月出版 / 估价：138.00元
PSN B-2016-530-1/1

地方发展类

安徽经济蓝皮书
合芜蚌国家自主创新综合示范区研究报告（2016～2017）
著(编)者：王开玉　2017年11月出版 / 估价：89.00元
PSN B-2014-383-1/1

安徽蓝皮书
安徽社会发展报告（2017）
著(编)者：程桦　2017年4月出版 / 估价：89.00元
PSN B-2013-325-1/1

安徽社会建设蓝皮书
安徽社会建设分析报告（2016～2017）
著(编)者：黄家海 王开玉 蔡宪
2016年4月出版 / 估价：89.00元
PSN B-2013-322-1/1

澳门蓝皮书
澳门经济社会发展报告（2016～2017）
著(编)者：吴志良 郝雨凡　2017年6月出版 / 估价：98.00元
PSN B-2009-138-1/1

北京蓝皮书
北京公共服务发展报告（2016～2017）
著(编)者：施昌奎　2017年2月出版 / 估价：89.00元
PSN B-2008-103-7/8

北京蓝皮书
北京经济发展报告（2016～2017）
著(编)者：杨松　2017年6月出版 / 估价：89.00元
PSN B-2006-054-2/8

北京蓝皮书
北京社会发展报告（2016～2017）
著(编)者：李伟东　2017年6月出版 / 估价：89.00元
PSN B-2006-055-3/8

北京蓝皮书
北京社会治理发展报告（2016～2017）
著(编)者：殷星辰　2017年5月出版 / 估价：89.00元
PSN B-2014-391-8/8

北京蓝皮书
北京文化发展报告（2016～2017）
著(编)者：李建盛　2017年4月出版 / 估价：89.00元
PSN B-2007-082-4/8

北京律师绿皮书
北京律师发展报告No.3（2017）
著(编)者：王隽　2017年7月出版 / 估价：88.00元
PSN G-2012-301-1/1

北京旅游蓝皮书
北京旅游发展报告（2017）
著(编)者：北京旅游学会　2017年1月出版 / 估价：88.00元
PSN B-2011-217-1/1

北京人才蓝皮书
北京人才发展报告（2017）
著(编)者：于淼　2017年12月出版 / 估价：128.00元
PSN B-2011-201-1/1

北京社会心态蓝皮书
北京社会心态分析报告（2016～2017）
著(编)者：北京社会心理研究所
2017年8月出版 / 估价：89.00元
PSN B-2014-422-1/1

北京社会组织管理蓝皮书
北京社会组织发展与管理（2016～2017）
著(编)者：黄江松　2017年4月出版 / 估价：88.00元
PSN B-2015-446-1/1

北京体育蓝皮书
北京体育产业发展报告（2016～2017）
著(编)者：钟秉枢 陈杰 杨铁黎
2017年9月出版 / 估价：89.00元
PSN B-2015-475-1/1

北京养老产业蓝皮书
北京养老产业发展报告（2017）
著(编)者：周明明 冯喜良　2017年8月出版 / 估价：89.00元
PSN B-2015-465-1/1

滨海金融蓝皮书
滨海新区金融发展报告（2017）
著(编)者：王爱俭 张锐钢　2017年12月出版 / 估价：89.00元
PSN B-2014-424-1/1

城乡一体化蓝皮书
中国城乡一体化发展报告•北京卷（2016～2017）
著(编)者：张宝秀 黄序　2017年5月出版 / 估价：89.00元
PSN B-2012-258-2/2

创意城市蓝皮书
北京文化创意产业发展报告（2017）
著(编)者：张京成 王国华　2017年10月出版 / 估价：89.00元
PSN B-2012-263-1/7

创意城市蓝皮书
青岛文化创意产业发展报告（2017）
著(编)者：马达 张丹妮　2017年8月出版 / 估价：89.00元
PSN B-2011-235-1/1

创意城市蓝皮书
天津文化创意产业发展报告（2016～2017）
著(编)者：谢思全　2017年6月出版 / 估价：89.00元
PSN B-2016-537-7/7

创意城市蓝皮书
无锡文化创意产业发展报告（2017）
著(编)者：谭军 张鸣年　2017年10月出版 / 估价：89.00元
PSN B-2013-346-3/7

创意城市蓝皮书
武汉文化创意产业发展报告（2017）
著(编)者：黄永林 陈汉桥　2017年9月出版 / 估价：99.00元
PSN B-2013-354-4/7

创意上海蓝皮书
上海文化创意产业发展报告（2016～2017）
著(编)者：王慧敏 王兴全　2017年8月出版 / 估价：89.00元
PSN B-2016-562-1/1

福建妇女发展蓝皮书
福建省妇女发展报告（2017）
著(编)者：刘群英　2017年11月出版 / 估价：88.00元
PSN B-2011-220-1/1

福建自贸区蓝皮书
中国（福建）自由贸易实验区发展报告（2016～2017）
著(编)者：黄茂兴　2017年4月出版 / 估价：108.00元
PSN B-2017-532-1/1

甘肃蓝皮书
甘肃经济发展分析与预测（2017）
著(编)者：朱智文 罗哲　2017年1月出版 / 估价：89.00元
PSN B-2013-312-1/6

甘肃蓝皮书
甘肃社会发展分析与预测（2017）
著(编)者：安文华 包晓霞 谢增虎
2017年1月出版 / 估价：89.00元
PSN B-2013-313-2/6

甘肃蓝皮书
甘肃文化发展分析与预测（2017）
著(编)者：安文华 周小华　2017年1月出版 / 估价：89.00元
PSN B-2013-314-3/6

甘肃蓝皮书
甘肃县域和农村发展报告（2017）
著(编)者：刘进军 柳民 王建兵
2017年1月出版 / 估价：89.00元
PSN B-2013-316-5/6

甘肃蓝皮书
甘肃舆情分析与预测（2017）
著(编)者：陈双梅 郝树声　2017年1月出版 / 估价：89.00元
PSN B-2013-315-4/6

甘肃蓝皮书
甘肃商贸流通发展报告（2017）
著(编)者：杨志武 王福生 王晓芳
2017年1月出版 / 估价：89.00元
PSN B-2016-523-6/6

广东蓝皮书
广东全面深化改革发展报告（2017）
著(编)者：周林生 涂成林　2017年12月出版 / 估价：89.00元
PSN B-2015-504-3/3

广东蓝皮书
广东社会工作发展报告（2017）
著(编)者：罗观翠　2017年6月出版 / 估价：89.00元
PSN B-2014-402-2/3

广东蓝皮书
广东省电子商务发展报告（2017）
著(编)者：程晓 邓顺国　2017年7月出版 / 估价：89.00元
PSN B-2013-360-1/3

广东社会建设蓝皮书
广东省社会建设发展报告（2017）
著(编)者：广东省社会工作委员会
2017年12月出版 / 估价：99.00元
PSN B-2014-436-1/1

广东外经贸蓝皮书
广东对外经济贸易发展研究报告（2016~2017）
著(编)者：陈万灵　2017年8月出版 / 估价：98.00元
PSN B-2012-286-1/1

广西北部湾经济区蓝皮书
广西北部湾经济区开放开发报告（2017）
著(编)者：广西北部湾经济区规划建设管理委员会办公室
广西社会科学院广西北部湾发展研究院
2017年2月出版 / 估价：89.00元
PSN B-2010-181-1/1

巩义蓝皮书
巩义经济社会发展报告（2017）
著(编)者：丁同民 朱军　2017年4月出版 / 估价：58.00元
PSN B-2016-533-1/1

广州蓝皮书
2017年中国广州经济形势分析与预测
著(编)者：庾建设 陈浩钿 谢博能
2017年7月出版 / 估价：85.00元
PSN B-2011-185-9/14

广州蓝皮书
2017年中国广州社会形势分析与预测
著(编)者：张强 陈怡霓 杨秦　2017年6月出版 / 估价：85.00元
PSN B-2008-110-5/14

广州蓝皮书
广州城市国际化发展报告（2017）
著(编)者：朱名宏　2017年8月出版 / 估价：79.00元
PSN B-2012-246-11/14

广州蓝皮书
广州创新型城市发展报告（2017）
著(编)者：尹涛　2017年7月出版 / 估价：79.00元
PSN B-2012-247-12/14

广州蓝皮书
广州经济发展报告（2017）
著(编)者：朱名宏　2017年7月出版 / 估价：79.00元
PSN B-2005-040-1/14

广州蓝皮书
广州农村发展报告（2017）
著(编)者：朱名宏　2017年8月出版 / 估价：79.00元
PSN B-2010-167-8/14

广州蓝皮书
广州汽车产业发展报告（2017）
著(编)者：杨再高 冯兴亚　2017年7月出版 / 估价：79.00元
PSN B-2006-066-3/14

广州蓝皮书
广州青年发展报告（2016～2017）
著(编)者：徐柳 张强　2017年9月出版 / 估价：79.00元
PSN B-2013-352-13/14

广州蓝皮书
广州商贸业发展报告（2017）
著(编)者：李江涛 肖振宇 荀振英
2017年7月出版 / 估价：79.00元
PSN B-2012-245-10/14

广州蓝皮书
广州社会保障发展报告（2017）
著(编)者：蔡国萱　2017年8月出版 / 估价：79.00元
PSN B-2014-425-14/14

广州蓝皮书
广州文化创意产业发展报告（2017）
著(编)者：徐咏虹　2017年7月出版 / 估价：79.00元
PSN B-2008-111-6/14

广州蓝皮书
中国广州城市建设与管理发展报告（2017）
著(编)者：董皞 陈小钢 李江涛
2017年7月出版 / 估价：85.00元
PSN B-2007-087-4/14

广州蓝皮书
中国广州科技创新发展报告（2017）
著(编)者：邹采荣 马正勇 陈爽
2017年7月出版 / 估价：79.00元
PSN B-2006-065-2/14

广州蓝皮书
中国广州文化发展报告（2017）
著(编)者：徐俊忠 陆志强 顾涧清
2017年7月出版 / 估价：79.00元
PSN B-2009-134-7/14

贵阳蓝皮书
贵阳城市创新发展报告No.2（白云篇）
著(编)者：连玉明　2017年10月出版 / 估价：89.00元
PSN B-2015-491-3/10

贵阳蓝皮书
贵阳城市创新发展报告No.2（观山湖篇）
著(编)者：连玉明　2017年10月出版 / 估价：89.00元
PSN B-2011-235-1/1

贵阳蓝皮书
贵阳城市创新发展报告No.2（花溪篇）
著(编)者：连玉明　2017年10月出版 / 估价：89.00元
PSN B-2015-490-2/10

贵阳蓝皮书
贵阳城市创新发展报告No.2（开阳篇）
著(编)者：连玉明　2017年10月出版 / 估价：89.00元
PSN B-2015-492-4/10

贵阳蓝皮书
贵阳城市创新发展报告No.2（南明篇）
著(编)者：连玉明　2017年10月出版 / 估价：89.00元
PSN B-2015-496-8/10

贵阳蓝皮书
贵阳城市创新发展报告No.2（清镇篇）
著(编)者：连玉明　2017年10月出版 / 估价：89.00元
PSN B-2015-489-1/10

贵阳蓝皮书
贵阳城市创新发展报告No.2（乌当篇）
著(编)者：连玉明　2017年10月出版 / 估价：89.00元
PSN B-2015-495-7/10

贵阳蓝皮书
贵阳城市创新发展报告No.2（息烽篇）
著(编)者：连玉明　2017年10月出版 / 估价：89.00元
PSN B-2015-493-5/10

贵阳蓝皮书
贵阳城市创新发展报告No.2（修文篇）
著(编)者：连玉明　2017年10月出版 / 估价：89.00元
PSN B-2015-494-6/10

贵阳蓝皮书
贵阳城市创新发展报告No.2（云岩篇）
著(编)者：连玉明　2017年10月出版 / 估价：89.00元
PSN B-2015-498-10/10

贵州房地产蓝皮书
贵州房地产发展报告No.4（2017）
著(编)者：武廷方　2017年7月出版 / 估价：89.00元
PSN B-2014-426-1/1

贵州蓝皮书
贵州册亨经济社会发展报告 (2017)
著(编)者：黄德林　2017年3月出版 / 估价：89.00元
PSN B-2016-526-8/9

贵州蓝皮书
贵安新区发展报告（2016~2017）
著(编)者：马长青 吴大华　2017年6月出版 / 估价：89.00元
PSN B-2015-459-4/9

贵州蓝皮书
贵州法治发展报告（2017）
著(编)者：吴大华　2017年5月出版 / 估价：89.00元
PSN B-2012-254-2/9

贵州蓝皮书
贵州国有企业社会责任发展报告（2016～2017）
著(编)者：郭丽 周航 万强
2017年12月出版 / 估价：89.00元
PSN B-2015-512-6/9

贵州蓝皮书
贵州民航业发展报告（2017）
著(编)者：申振东 吴大华　2017年10月出版 / 估价：89.00元
PSN B-2015-471-5/9

贵州蓝皮书
贵州民营经济发展报告（2017）
著(编)者：杨静 吴大华　2017年3月出版 / 估价：89.00元
PSN B-2016-531-9/9

贵州蓝皮书
贵州人才发展报告（2017）
著(编)者：于杰 吴大华　2017年9月出版 / 估价：89.00元
PSN B-2014-382-3/9

贵州蓝皮书
贵州社会发展报告（2017）
著(编)者：王兴骥　2017年6月出版 / 估价：89.00元
PSN B-2010-166-1/9

贵州蓝皮书
贵州国家级开放创新平台发展报告（2017）
著(编)者：申晓庆　吴大华　李泓
2017年6月出版 / 估价：89.00元
PSN B-2016-518-1/9

海淀蓝皮书
海淀区文化和科技融合发展报告（2017）
著(编)者：陈名杰 孟景伟　2017年5月出版 / 估价：85.00元
PSN B-2013-329-1/1

杭州都市圈蓝皮书
杭州都市圈发展报告（2017）
著(编)者：沈翔 戚建国　2017年5月出版 / 估价：128.00元
PSN B-2012-302-1/1

杭州蓝皮书
杭州妇女发展报告（2017）
著(编)者：魏颖　2017年6月出版 / 估价：89.00元
PSN B-2014-403-1/1

河北经济蓝皮书
河北省经济发展报告（2017）
著(编)者：马树强 金浩 张贵
2017年4月出版 / 估价：89.00元
PSN B-2014-380-1/1

河北蓝皮书
河北经济社会发展报告（2017）
著(编)者：郭金平　2017年1月出版 / 估价：89.00元
PSN B-2014-372-1/1

河北食品药品安全蓝皮书
河北食品药品安全研究报告（2017）
著(编)者：丁锦霞　2017年6月出版 / 估价：89.00元
PSN B-2015-473-1/1

河南经济蓝皮书
2017年河南经济形势分析与预测
著(编)者：胡五岳　2017年2月出版 / 估价：89.00元
PSN B-2007-086-1/1

河南蓝皮书
2017年河南社会形势分析与预测
著(编)者：刘道兴 牛苏林　2017年4月出版 / 估价89.00元
PSN B-2005-043-1/8

河南蓝皮书
河南城市发展报告（2017）
著(编)者：张占仓 王建国　2017年5月出版 / 估价：89.00元
PSN B-2009-131-3/8

河南蓝皮书
河南法治发展报告（2017）
著(编)者：丁同民 张林海　2017年5月出版 / 估价：89.00元
PSN B-2014-376-6/8

河南蓝皮书
河南工业发展报告（2017）
著(编)者：张占仓 丁同民　2017年5月出版 / 估价：89.00元
PSN B-2013-317-5/8

河南蓝皮书
河南金融发展报告（2017）
著(编)者：河南省社会科学院
2017年6月出版 / 估价：89.00元
PSN B-2014-390-7/8

河南蓝皮书
河南经济发展报告（2017）
著(编)者：张占仓　2017年3月出版 / 估价：89.00元
PSN B-2010-157-4/8

河南蓝皮书
河南农业农村发展报告（2017）
著(编)者：吴海峰　2017年4月出版 / 估价：89.00元
PSN B-2015-445-8/8

河南蓝皮书
河南文化发展报告（2017）
著(编)者：卫绍生　2017年3月出版 / 估价：88.00元
PSN B-2008-106-2/8

河南商务蓝皮书
河南商务发展报告（2017）
著(编)者：焦锦淼 穆荣国　2017年6月出版 / 估价：88.00元
PSN B-2014-399-1/1

黑龙江蓝皮书
黑龙江经济发展报告（2017）
著(编)者：朱宇　2017年1月出版 / 估价：89.00元
PSN B-2011-190-2/2

黑龙江蓝皮书
黑龙江社会发展报告（2017）
著(编)者：谢宝禄　2017年1月出版 / 估价：89.00元
PSN B-2011-189-1/2

湖北文化蓝皮书
湖北文化发展报告（2017）
著(编)者：吴成国　2017年10月出版 / 估价：95.00元
PSN B-2016-567-1/1

湖南城市蓝皮书
区域城市群整合
著(编)者：童中贤 韩未名
2017年12月出版 / 估价：89.00元
PSN B-2006-064-1/1

湖南蓝皮书
2017年湖南产业发展报告
著(编)者：梁志峰　2017年5月出版 / 估价：128.00元
PSN B-2011-207-2/8

湖南蓝皮书
2017年湖南电子政务发展报告
著(编)者：梁志峰　2017年5月出版 / 估价：128.00元
PSN B-2014-394-6/8

湖南蓝皮书
2017年湖南经济展望
著(编)者：梁志峰　2017年5月出版 / 估价：128.00元
PSN B-2011-206-1/8

湖南蓝皮书
2017年湖南两型社会与生态文明发展报告
著(编)者：梁志峰　2017年5月出版 / 估价：128.00元
PSN B-2011-208-3/8

湖南蓝皮书
2017年湖南社会发展报告
著(编)者：梁志峰　2017年5月出版 / 估价：128.00元
PSN B-2014-393-5/8

湖南蓝皮书
2017年湖南县域经济社会发展报告
著(编)者：梁志峰　2017年5月出版 / 估价：128.00元
PSN B-2014-395-7/8

湖南蓝皮书
湖南城乡一体化发展报告（2017）
著(编)者：陈文胜 王文强 陆福兴 邝奕轩
2017年6月出版 / 估价：89.00元
PSN B-2015-477-8/8

湖南县域绿皮书
湖南县域发展报告 No.3
著(编)者：袁准 周小毛　2017年9月出版 / 估价：89.00元
PSN G-2012-274-1/1

沪港蓝皮书
沪港发展报告（2017）
著(编)者：尤安山　2017年9月出版 / 估价：89.00元
PSN B-2013-362-1/1

吉林蓝皮书
2017年吉林经济社会形势分析与预测
著(编)者：马克　2015年12月出版 / 估价：89.00元
PSN B-2013-319-1/1

吉林省城市竞争力蓝皮书
吉林省城市竞争力报告（2017）
著(编)者：崔岳春 张磊　2017年3月出版 / 估价：89.00元
PSN B-2015-508-1/1

济源蓝皮书
济源经济社会发展报告（2017）
著(编)者：喻新安　2017年4月出版 / 估价：89.00元
PSN B-2014-387-1/1

健康城市蓝皮书
北京健康城市建设研究报告（2017）
著(编)者：王鸿春　2017年8月出版 / 估价：89.00元
PSN B-2015-460-1/2

江苏法治蓝皮书
江苏法治发展报告 No.6（2017）
著(编)者：蔡道通 龚廷泰　2017年8月出版 / 估价：98.00元
PSN B-2012-290-1/1

江西蓝皮书
江西经济社会发展报告（2017）
著(编)者：张勇 姜玮 梁勇　2017年10月出版 / 估价：89.00元
PSN B-2015-484-1/2

江西蓝皮书
江西设区市发展报告（2017）
著(编)者：姜玮 梁勇　2017年10月出版 / 估价：79.00元
PSN B-2016-517-2/2

江西文化蓝皮书
江西文化产业发展报告（2017）
著(编)者：张圣才 汪春翔
2017年10月出版 / 估价：128.00元
PSN B-2015-499-1/1

街道蓝皮书
北京街道发展报告No.2（白纸坊篇）
著(编)者：连玉明　2017年8月出版 / 估价：98.00元
PSN B-2016-544-7/15

街道蓝皮书
北京街道发展报告No.2（椿树篇）
著(编)者：连玉明　2017年8月出版 / 估价：98.00元
PSN B-2016-548-11/15

街道蓝皮书
北京街道发展报告No.2（大栅栏篇）
著(编)者：连玉明　2017年8月出版 / 估价：98.00元
PSN B-2016-552-15/15

街道蓝皮书
北京街道发展报告No.2（德胜篇）
著(编)者：连玉明　2017年8月出版 / 估价：98.00元
PSN B-2016-551-14/15

街道蓝皮书
北京街道发展报告No.2（广安门内篇）
著(编)者：连玉明　2017年8月出版 / 估价：98.00元
PSN B-2016-540-3/15

街道蓝皮书
北京街道发展报告No.2（广安门外篇）
著(编)者：连玉明　2017年8月出版 / 估价：98.00元
PSN B-2016-547-10/15

街道蓝皮书
北京街道发展报告No.2（金融街篇）
著(编)者：连玉明　2017年8月出版 / 估价：98.00元
PSN B-2016-538-1/15

街道蓝皮书
北京街道发展报告No.2（牛街篇）
著(编)者：连玉明　2017年8月出版 / 估价：98.00元
PSN B-2016-545-8/15

街道蓝皮书
北京街道发展报告No.2（什刹海篇）
著(编)者：连玉明　2017年8月出版 / 估价：98.00元
PSN B-2016-546-9/15

街道蓝皮书
北京街道发展报告No.2（陶然亭篇）
著(编)者：连玉明　2017年8月出版 / 估价：98.00元
PSN B-2016-542-5/15

街道蓝皮书
北京街道发展报告No.2（天桥篇）
著(编)者：连玉明　2017年8月出版 / 估价：98.00元
PSN B-2016-549-12/15

街道蓝皮书
北京街道发展报告No.2（西长安街篇）
著(编)者：连玉明　2017年8月出版 / 估价：98.00元
PSN B-2016-543-6/15

街道蓝皮书
北京街道发展报告No.2（新街口篇）
著(编)者：连玉明　2017年8月出版 / 估价：98.00元
PSN B-2016-541-4/15

街道蓝皮书
北京街道发展报告No.2（月坛篇）
著(编)者：连玉明　2017年8月出版 / 估价：98.00元
PSN B-2016-539-2/15

街道蓝皮书
北京街道发展报告No.2（展览路篇）
著(编)者：连玉明　2017年8月出版 / 估价：98.00元
PSN B-2016-550-13/15

经济特区蓝皮书
中国经济特区发展报告（2017）
著(编)者：陶一桃　2017年12月出版 / 估价：98.00元
PSN B-2009-139-1/1

辽宁蓝皮书
2017年辽宁经济社会形势分析与预测
著(编)者：曹晓峰　梁启东
2017年1月出版 / 估价：79.00元
PSN B-2006-053-1/1

洛阳蓝皮书
洛阳文化发展报告（2017）
著(编)者：刘福兴 陈启明　2017年7月出版 / 估价：89.00元
PSN B-2015-476-1/1

南京蓝皮书
南京文化发展报告（2017）
著(编)者：徐宁　2017年10月出版 / 估价：89.00元
PSN B-2014-439-1/1

南宁蓝皮书
南宁经济发展报告（2017）
著(编)者：胡建华　2017年9月出版 / 估价：79.00元
PSN B-2016-570-2/3

南宁蓝皮书
南宁社会发展报告（2017）
著(编)者：胡建华　2017年9月出版 / 估价：79.00元
PSN B-2016-571-3/3

内蒙古蓝皮书
内蒙古反腐倡廉建设报告 No.2
著(编)者：张志华 无极　2017年12月出版 / 估价：79.00元
PSN B-2013-365-1/1

浦东新区蓝皮书
上海浦东经济发展报告（2017）
著(编)者：沈开艳 周奇　2017年1月出版 / 估价：89.00元
PSN B-2011-225-1/1

青海蓝皮书
2017年青海经济社会形势分析与预测
著(编)者：陈玮　2015年12月出版 / 估价：79.00元
PSN B-2012-275-1/1

人口与健康蓝皮书
深圳人口与健康发展报告（2017）
著(编)者：陆杰华 罗乐宣 苏杨
2017年11月出版 / 估价：89.00元
PSN B-2011-228-1/1

山东蓝皮书
山东经济形势分析与预测（2017）
著(编)者：李广杰　2017年7月出版 / 估价：89.00元
PSN B-2014-404-1/4

山东蓝皮书
山东社会形势分析与预测（2017）
著(编)者：张华 唐洲雁　2017年6月出版 / 估价：89.00元
PSN B-2014-405-2/4

山东蓝皮书
山东文化发展报告（2017）
著(编)者：涂可国　2017年11月出版 / 估价：98.00元
PSN B-2014-406-3/4

山西蓝皮书
山西资源型经济转型发展报告（2017）
著(编)者：李志强　2017年7月出版 / 估价：89.00元
PSN B-2011-197-1/1

陕西蓝皮书
陕西经济发展报告（2017）
著(编)者：任宗哲 白宽犁 裴成荣
2015年12月出版 / 估价：89.00元
PSN B-2009-135-1/5

陕西蓝皮书
陕西社会发展报告（2017）
著(编)者：任宗哲 白宽犁 牛昉
2015年12月出版 / 估价：89.00元
PSN B-2009-136-2/5

陕西蓝皮书
陕西文化发展报告（2017）
著(编)者：任宗哲 白宽犁 王长寿
2015年12月出版 / 估价：89.00元
PSN B-2009-137-3/5

上海蓝皮书
上海传媒发展报告（2017）
著(编)者：强荧 焦雨虹　2017年1月出版 / 估价：89.00元
PSN B-2012-295-5/7

上海蓝皮书
上海法治发展报告（2017）
著(编)者：叶青　2017年6月出版 / 估价：89.00元
PSN B-2012-296-6/7

上海蓝皮书
上海经济发展报告（2017）
著(编)者：沈开艳　2017年1月出版 / 估价：89.00元
PSN B-2006-057-1/7

上海蓝皮书
上海社会发展报告（2017）
著(编)者：杨雄 周海旺　2017年1月出版 / 估价：89.00元
PSN B-2006-058-2/7

上海蓝皮书
上海文化发展报告（2017）
著(编)者：荣跃明　2017年1月出版 / 估价：89.00元
PSN B-2006-059-3/7

上海蓝皮书
上海文学发展报告（2017）
著(编)者：陈圣来　2017年6月出版 / 估价：89.00元
PSN B-2012-297-7/7

上海蓝皮书
上海资源环境发展报告（2017）
著(编)者：周冯琦 汤庆合 任文伟
2017年1月出版 / 估价：89.00元
PSN B-2006-060-4/7

社会建设蓝皮书
2017年北京社会建设分析报告
著(编)者：宋贵伦 冯虹　2017年10月出版 / 估价：89.00元
PSN B-2010-173-1/1

深圳蓝皮书
深圳法治发展报告（2017）
著(编)者：张骁儒　2017年6月出版 / 估价：89.00元
PSN B-2015-470-6/7

深圳蓝皮书
深圳经济发展报告（2017）
著(编)者：张骁儒　2017年7月出版 / 估价：89.00元
PSN B-2008-112-3/7

深圳蓝皮书
深圳劳动关系发展报告（2017）
著(编)者：汤庭芬　2017年6月出版 / 估价：89.00元
PSN B-2007-097-2/7

深圳蓝皮书
深圳社会建设与发展报告（2017）
著(编)者：张骁儒 陈东平　2017年7月出版 / 估价：89.00元
PSN B-2008-113-4/7

深圳蓝皮书
深圳文化发展报告(2017)
著(编)者：张骁儒　2017年7月出版 / 估价：89.00元
PSN B-2016-555-7/7

四川法治蓝皮书
丝绸之路经济带发展报告（2016～2017）
著(编)者：任宗哲 白宽犁 谷孟宾
2017年12月出版 / 估价：85.00元
PSN B-2014-410-1/1

四川法治蓝皮书
四川依法治省年度报告 No.3（2017）
著(编)者：李林 杨天宗 田禾
2017年3月出版 / 估价：108.00元
PSN B-2015-447-1/1

四川蓝皮书
2017年四川经济形势分析与预测
著(编)者：杨钢　2017年1月出版 / 估价：98.00元
PSN B-2007-098-2/7

四川蓝皮书
四川城镇化发展报告（2017）
著(编)者：侯水平 陈炜　2017年4月出版 / 估价：85.00元
PSN B-2015-456-7/7

四川蓝皮书
四川法治发展报告（2017）
著(编)者：郑泰安　2017年1月出版 / 估价：89.00元
PSN B-2015-441-5/7

四川蓝皮书
四川企业社会责任研究报告（2016～2017）
著(编)者：侯水平 盛毅 翟刚
2017年4月出版 / 估价：89.00元
PSN B-2014-386-4/7

四川蓝皮书
四川社会发展报告（2017）
著(编)者：李羚　2017年5月出版 / 估价：89.00元
PSN B-2008-127-3/7

四川蓝皮书
四川生态建设报告（2017）
著(编)者：李晟之　2017年4月出版 / 估价：85.00元
PSN B-2015-455-6/7

四川蓝皮书
四川文化产业发展报告（2017）
著(编)者：向宝云 张立伟
2017年4月出版 / 估价：89.00元
PSN B-2006-074-1/7

体育蓝皮书
上海体育产业发展报告（2016～2017）
著(编)者：张林 黄海燕
2017年10月出版 / 估价：89.00元
PSN B-2015-454-4/4

体育蓝皮书
长三角地区体育产业发展报告（2016～2017）
著(编)者：张林　2017年4月出版 / 估价：89.00元
PSN B-2015-453-3/4

天津金融蓝皮书
天津金融发展报告（2017）
著(编)者：王爱俭 孔德昌
2017年12月出版 / 估价：98.00元
PSN B-2014-418-1/1

图们江区域合作蓝皮书
图们江区域合作发展报告（2017）
著(编)者：李铁　2017年6月出版 / 估价：98.00元
PSN B-2015-464-1/1

温州蓝皮书
2017年温州经济社会形势分析与预测
著(编)者：潘忠强 王春光 金浩
2017年4月出版 / 估价：89.00元
PSN B-2008-105-1/1

西咸新区蓝皮书
西咸新区发展报告（2016~2017）
著(编)者：李扬 王军　2017年6月出版 / 估价：89.00元
PSN B-2016-535-1/1

扬州蓝皮书
扬州经济社会发展报告（2017）
著(编)者：丁纯　2017年12月出版 / 估价：98.00元
PSN B-2011-191-1/1

长株潭城市群蓝皮书
长株潭城市群发展报告（2017）
著(编)者：张萍　2017年12月出版 / 估价：89.00元
PSN B-2008-109-1/1

中医文化蓝皮书
北京中医文化传播发展报告（2017）
著(编)者：毛嘉陵　2017年5月出版 / 估价：79.00元
PSN B-2015-468-1/2

珠三角流通蓝皮书
珠三角商圈发展研究报告（2017）
著(编)者：王先庆 林至颖
2017年7月出版 / 估价：98.00元
PSN B-2012-292-1/1

遵义蓝皮书
遵义发展报告（2017）
著(编)者：曾征 龚永育 雍思强
2017年12月出版 / 估价：89.00元
PSN B-2014-433-1/1

国际问题类

“一带一路”跨境通道蓝皮书
“一带一路”跨境通道建设研究报告（2017）
著(编)者：郭业洲　2017年8月出版 / 估价：89.00元
PSN B-2016-558-1/1

“一带一路”蓝皮书
“一带一路”建设发展报告（2017）
著(编)者：孔丹 李永全　2017年7月出版 / 估价：89.00元
PSN B-2016-553-1/1

阿拉伯黄皮书
阿拉伯发展报告（2016～2017）
著(编)者：罗林　2017年11月出版 / 估价：89.00元
PSN Y-2014-381-1/1

北部湾蓝皮书
泛北部湾合作发展报告（2017）
著(编)者：吕余生　2017年12月出版 / 估价：85.00元
PSN B-2008-114-1/1

大湄公河次区域蓝皮书
大湄公河次区域合作发展报告（2017）
著(编)者：刘稚　2017年8月出版 / 估价：89.00元
PSN B-2011-196-1/1

大洋洲蓝皮书
大洋洲发展报告（2017）
著(编)者：喻常森　2017年10月出版 / 估价：89.00元
PSN B-2013-341-1/1

德国蓝皮书
德国发展报告（2017）
著(编)者：郑春荣　2017年6月出版 / 估价：89.00元
PSN B-2012-278-1/1

东盟黄皮书
东盟发展报告（2017）
著(编)者：杨晓强 庄国土
2017年3月出版 / 估价：89.00元
PSN Y-2012-303-1/1

东南亚蓝皮书
东南亚地区发展报告（2016～2017）
著(编)者：厦门大学东南亚研究中心　王勤
2017年12月出版 / 估价：89.00元
PSN B-2012-240-1/1

俄罗斯黄皮书
俄罗斯发展报告（2017）
著(编)者：李永全　2017年7月出版 / 估价：89.00元
PSN Y-2006-061-1/1

非洲黄皮书
非洲发展报告 No.19（2016～2017）
著(编)者：张宏明　2017年8月出版 / 估价：89.00元
PSN Y-2012-239-1/1

公共外交蓝皮书
中国公共外交发展报告（2017）
著(编)者：赵启正 雷蔚真
2017年4月出版 / 估价：89.00元
PSN B-2015-457-1/1

国际安全蓝皮书
中国国际安全研究报告(2017)
著(编)者：刘慧　2017年7月出版 / 估价：98.00元
PSN B-2016-522-1/1

国际形势黄皮书
全球政治与安全报告（2017）
著(编)者：李慎明　张宇燕
2016年12月出版 / 估价：89.00元
PSN Y-2001-016-1/1

韩国蓝皮书
韩国发展报告（2017）
著(编)者：牛林杰 刘宝全
2017年11月出版 / 估价：89.00元
PSN B-2010-155-1/1

加拿大蓝皮书
加拿大发展报告（2017）
著(编)者：仲伟合　2017年9月出版 / 估价：89.00元
PSN B-2014-389-1/1

拉美黄皮书
拉丁美洲和加勒比发展报告（2016～2017）
著(编)者：吴白乙　2017年6月出版 / 估价：89.00元
PSN Y-1999-007-1/1

美国蓝皮书
美国研究报告（2017）
著(编)者：郑秉文 黄平　2017年6月出版 / 估价：89.00元
PSN B-2011-210-1/1

缅甸蓝皮书
缅甸国情报告（2017）
著(编)者：李晨阳　2017年12月出版 / 估价：86.00元
PSN B-2013-343-1/1

欧洲蓝皮书
欧洲发展报告（2016～2017）
著(编)者：黄平 周弘 江时学
2017年6月出版 / 估价：89.00元
PSN B-1999-009-1/1

葡语国家蓝皮书
葡语国家发展报告（2017）
著(编)者：王成安 张敏　2017年12月出版 / 估价：89.00元
PSN B-2015-503-1/2

葡语国家蓝皮书
中国与葡语国家关系发展报告·巴西（2017）
著(编)者：张曙光　2017年8月出版 / 估价：89.00元
PSN B-2016-564-2/2

日本经济蓝皮书
日本经济与中日经贸关系研究报告（2017）
著(编)者：张季风　2017年5月出版 / 估价：89.00元
PSN B-2008-102-1/1

日本蓝皮书
日本研究报告（2017）
著(编)者：杨柏江　2017年5月出版 / 估价：89.00元
PSN B-2002-020-1/1

上海合作组织黄皮书
上海合作组织发展报告（2017）
著(编)者：李进峰 吴宏伟 李少捷
2017年6月出版 / 估价：89.00元
PSN Y-2009-130-1/1

世界创新竞争力黄皮书
世界创新竞争力发展报告（2017）
著(编)者：李闽榕 李建平 赵新力
2017年1月出版 / 估价：148.00元
PSN Y-2013-318-1/1

泰国蓝皮书
泰国研究报告（2017）
著(编)者：庄国土 张禹东
2017年8月出版 / 估价：118.00元
PSN B-2016-557-1/1

土耳其蓝皮书
土耳其发展报告（2017）
著(编)者：郭长刚 刘义　2017年9月出版 / 估价：89.00元
PSN B-2014-412-1/1

亚太蓝皮书
亚太地区发展报告（2017）
著(编)者：李向阳　2017年3月出版 / 估价：89.00元
PSN B-2001-015-1/1

印度蓝皮书
印度国情报告（2017）
著(编)者：吕昭义　2017年12月出版 / 估价：89.00元
PSN B-2012-241-1/1

印度洋地区蓝皮书
印度洋地区发展报告（2017）
著(编)者：汪戎　　2017年6月出版 / 估价：89.00元
PSN B-2013-334-1/1

英国蓝皮书
英国发展报告（2016～2017）
著(编)者：王展鹏　　2017年11月出版 / 估价：89.00元
PSN B-2015-486-1/1

越南蓝皮书
越南国情报告（2017）
著(编)者：广西社会科学院 罗梅 李碧华
2017年12月出版 / 估价：89.00元
PSN B-2006-056-1/1

以色列蓝皮书
以色列发展报告（2017）
著(编)者：张倩红　　2017年8月出版 / 估价：89.00元
PSN B-2015-483-1/1

伊朗蓝皮书
伊朗发展报告（2017）
著(编)者：冀开远　　2017年10月出版 / 估价：89.00元
PSN B-2016-575-1/1

中东黄皮书
中东发展报告 No.19（2016～2017）
著(编)者：杨光　　2017年10月出版 / 估价：89.00元
PSN Y-1998-004-1/1

中亚黄皮书
中亚国家发展报告（2017）
著(编)者：孙力 吴宏伟　　2017年7月出版 / 估价：98.00元
PSN Y-2012-238-1/1

皮书序列号是社会科学文献出版社专门为识别皮书、管理皮书而设计的编号。皮书序列号是出版皮书的许可证号，是区别皮书与其他图书的重要标志。

它由一个前缀和四部分构成。这四部分之间用连字符“-”连接。前缀和这四部分之间空半个汉字（见示例）。

《国际人才蓝皮书：中国留学发展报告》序列号示例

从示例中可以看出，《国际人才蓝皮书：中国留学发展报告》的首次出版年份是2012年，是社科文献出版社出版的第244个皮书品种，是“国际人才蓝皮书”系列的第2个品种（共4个品种）。

❖ 皮书起源 ❖

“皮书”起源于十七、十八世纪的英国，主要指官方或社会组织正式发表的重要文件或报告，多以“白皮书”命名。在中国，“皮书”这一概念被社会广泛接受，并被成功运作、发展成为一种全新的出版形态，则源于中国社会科学院社会科学文献出版社。

❖ 皮书定义 ❖

皮书是对中国与世界发展状况和热点问题进行年度监测，以专业的角度、专家的视野和实证研究方法，针对某一领域或区域现状与发展态势展开分析和预测，具备原创性、实证性、专业性、连续性、前沿性、时效性等特点的公开出版物，由一系列权威研究报告组成。

❖ 皮书作者 ❖

皮书系列的作者以中国社会科学院、著名高校、地方社会科学院的研究人员为主，多为国内一流研究机构的权威专家学者，他们的看法和观点代表了学界对中国与世界的现实和未来最高水平的解读与分析。

❖ 皮书荣誉 ❖

皮书系列已成为社会科学文献出版社的著名图书品牌和中国社会科学院的知名学术品牌。2016 年，皮书系列正式列入“十三五”国家重点出版规划项目；2012~2016 年，重点皮书列入中国社会科学院承担的国家哲学社会科学创新工程项目；2017 年，55 种院外皮书使用“中国社会科学院创新工程学术出版项目”标识。

中国皮书网

www.pishu.cn

发布皮书研创资讯，传播皮书精彩内容
引领皮书出版潮流，打造皮书服务平台

栏目设置

关于皮书：何谓皮书、皮书分类、皮书大事记、皮书荣誉、
皮书出版第一人、皮书编辑部

最新资讯：通知公告、新闻动态、媒体聚焦、网站专题、视频直播、下载专区

皮书研创：皮书规范、皮书选题、皮书出版、皮书研究、研创团队

皮书评奖评价：指标体系、皮书评价、皮书评奖

互动专区：皮书说、皮书智库、皮书微博、数据库微博

所获荣誉

2008年、2011年，中国皮书网均在全国新闻出版业网站荣誉评选中获得“最具商业价值网站”称号；

2012年，获得“出版业网站百强”称号。

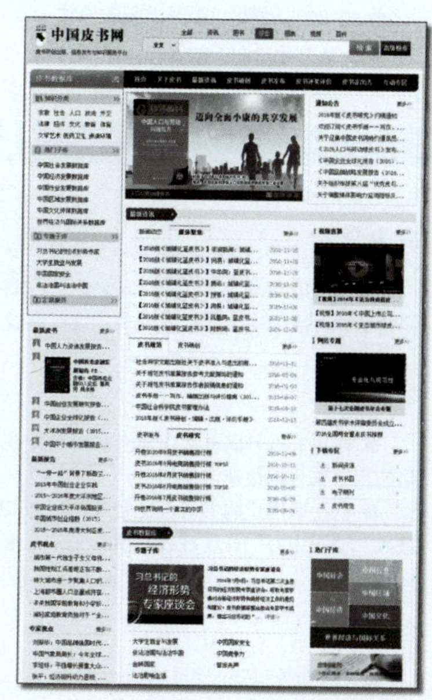

网库合一

2014年，中国皮书网与皮书数据库端口合一，实现资源共享。更多详情请登录www.pishu.cn。

多维智慧城市模型

环境和持续	居民安居乐业	经济活力	智慧政务 & 目标
· 能源高效 · 污染 · 资源	· 公共安全 · 教育 · 医疗 · 社会关怀	· 投资 · 就业 · 创新	

智慧公用事业	智慧建筑	智慧交通	智慧政府	智慧产业 & 服务

智慧城市运行系统			智慧基础设施
传感器网络	智能设备	交流平台	
数据分析	控制系统	网络设施	

图 2　ISO－A5

资料来源：ISO/IEC，Smart Cities Preliminary Report。

创新 经济－科技－社会问题 创新		6 层:创新层
应用 经济－科技－社会问题 应用		5 层:应用层
集成 经济－科技－社会问题 开放		4 层:开放集成层
工具 经济－科技问题 智慧		3 层:工具层
互联互通 经济－科技问题 智慧		2 层:互联互通层
环境 经济－科技－社会问题 生态		1 层:绿色城市层
城市 经济社会政治问题 传统		0 层:城市

图 3　ISO－A8

资料来源：ISO/IEC，Smart Cities Preliminary Report。

第二类，能力构件描述较为细致。聚焦于智慧城市的ICT结构特征，详细刻画如何在ICT基础设施基础上，重构城市的管理和服务。如图4所示的模型。

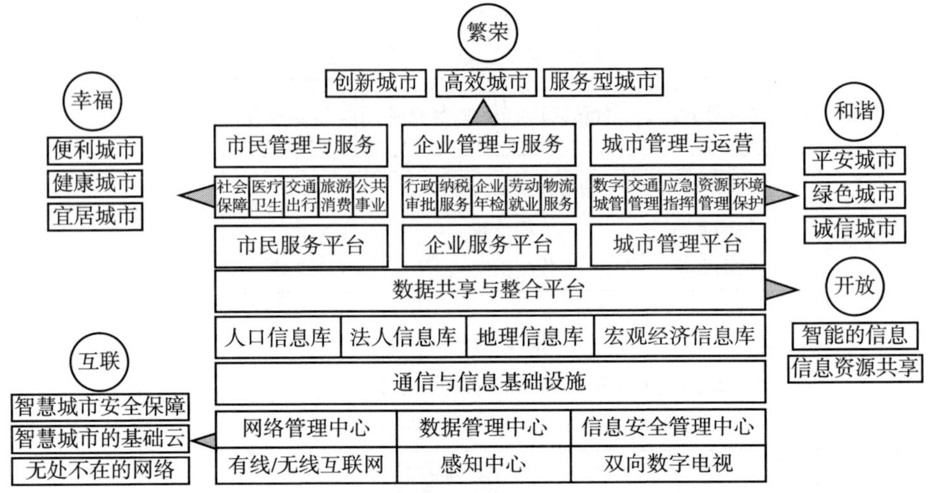

图4 神州数码智慧城市结构

资料来源：神州数码集团网站。

第三类，更为抽象的效果描述。是一种比前两类更加抽象的描述方法，其特点是“结构特征+运行状态”，结构上，把城市的构成分成几个大粒度的部分，状态上，把这几大部分内部的互联程度作为“智慧”的度量。

在图5的ISO-A6模型中，把智慧城市构件分为人、物、数据、服务，把这四种城市构建的互联程度作为衡量智慧城市的“智慧”程度的度量。从结构上看，它比第一、二类更抽象，粒度更大，如把所有的物理实体抽象为“人”和“物”，而把非物理实体抽象为“数据”和“服务”。

上述这些结构各具特点，从不同目的、不同侧面、不同抽象程度描述了智慧城市的结构。但是，从智慧城市的基本理念来说，特别是针对中国智慧城市建设的特点来说，有如下一些局限。

一是针对城市管理者治理城市的需求，在城市运行的全局监测、整体调控方面的意识不够。在信息化条件下，现代城市，特别是大城市和特大城

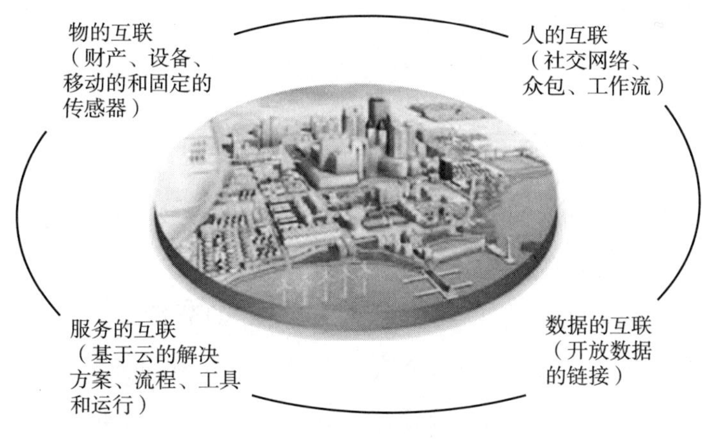

图5　ISO－A6

资料来源：ISO/IEC, Smart Cities Preliminary Report。

市，城市运行速度超乎人的反应速度，角落里面的小事件往往会快速演化为公共事件、舆论事件。智慧城市应该给管理者提供综合的，而不是仅局限在单个部门的监测和研判工具，使他们可以从总体上，监测城市状态，研判形势，并提前采取措施。

二是在“以市民为中心”理念的落实上，现有较少在结构层面加以体现。“以市民为中心”是所有智慧城市都提倡并应该加以落实的理念。目前的工作，体现这一条比较突出的在两个方面，一个是服务层面，强调服务的提供应该以市民需求为导向，另一个是决策层面，强调包容、开放的决策（如ISO/IEC）。但在结构上，现有的智慧城市结构体现这一点比较弱，往往看不出如何实现这个目标。我们认为，智慧城市作为城市管理的工具，快速归集市民期望、需求和感受应该是一个很重要的方面，是智慧城市结构中重要的组成部分，应成为智慧城市建设的“标配”。

三是数据和服务层面，不少智慧城市提到数据和服务，往往或明或暗指的是政府、公用事业等的数据和服务，而不是全社会的数据和服务。另外，市民的亲身感受是，享用的服务最多的来自企业（包括公用事业企业以及其他企业）的购物、打车、物流、订餐、搜索、求职、支付、社交等服务。

在智慧城市中，带来市民生活方式“智慧化”的很大部分推动力来自企业服务。智慧城市中企业的数据和服务应该是极重要的一部分。

（二）新型智慧城市结构模型

借鉴之前各种机构的研究成果，并结合中国智慧城市建设的实际需求，我们提出新型智慧城市的结构。

我们的新型智慧城市，借鉴并细化 ISO－A6 的分类方法，把城市构件分为两大类六部分，第一类是物理实体，即物、数据和服务，第二类是社会实体，即人、企业和治理，而“智慧”的程度，也用“互联”来衡量。和 ISO/IEC 的 ISO－A6 比较，有三个重要变化。

一是我们将构件细化为六个，而不是四个。和 ISO－A6 比较，增加了“企业”和“治理”两个实体。这里重点解释一下为什么把“治理”功能独立出来，而在一般模型中“治理”和“服务”均纳入政府的功能，其原因有三。首先，城市“治理”比较纯粹的是政府的职能，而城市服务则包含很多企业提供的服务；其次，从政府宏观调控、市场监管、社会管理、公共服务四大职能看，前三项显然属于“治理”的范畴，后一项属于“服务”的范畴；最后，从实际操作来看，《智慧北京行动纲要》八项行动计划中包括城市智能运行、政府整合服务等，《上海市推进智慧城市建设行动计划（2014～2016）》包括智慧城管、智慧政务等六个行动，也基本上是把政府的“治理”和“服务”加以区分（见图6）。

二是在智慧城市结构模型陈述上，构件选择借鉴了 ISO－A6 的构件，但陈述方式是按照 A9 等层次模型进行陈述，而不是像 A6 那样作为一个单独的环状模型。

三是在模型的“治理”构件上，包含了体现市民参与、城市是有机体等理念的实现构件。

结构模型中六种构件，分别由更为细小的子构件组成，这些子构件，按照对智慧城市的内涵的关联性，可以进行分层，处于中心层次的属于最核心、最基础的，对于智慧城市关联度最大。

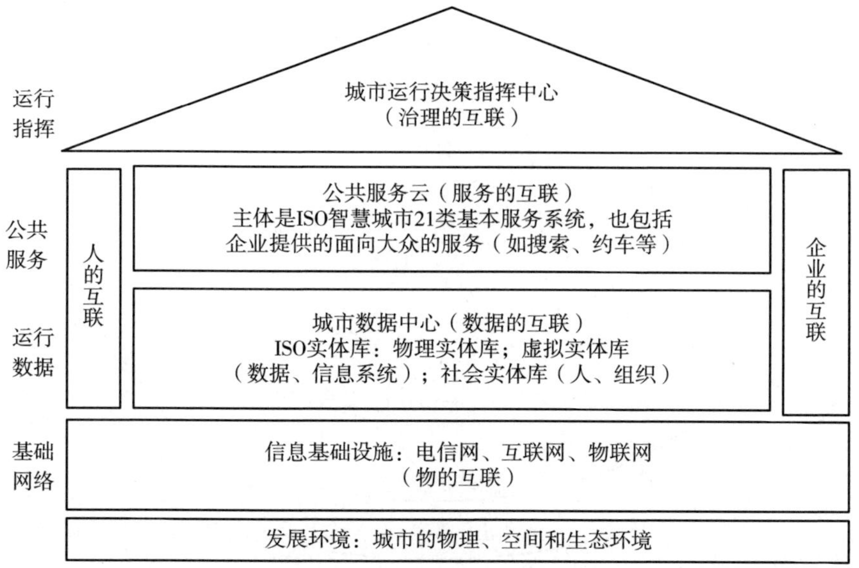

图 6　新型智慧城市结构

资料来源：国家工业信息安全发展研究中心分析整理。

1. 物的互联

“物”的对象分为三层，第一层是互联网、通信网，包括宽带、WiFi、光纤等；第二层是物联网、广电网以及其他城市专用网络；第三层是城市网络出口。这三层网络，以及由它们串联起来的所有有形物体，构成智慧城市的“物”（见图 7）。

2. 数据的互联

数据从物理成分看，根据 ISO 的分类，可以分为物理实体库，虚拟实体库（数据、信息系统），社会实体库（人、组织），以及它们的关系。但是，如果从所属主体看，可以分为三类；政府数据、企业数据和城市数据。政府数据，属于政府管理，企业数据属于企业管理，政府和企业可以开放共享的部分称为城市数据。城市数据占据政府数据和企业数据的比例越大，数据的互联程度越高（见图 8）。

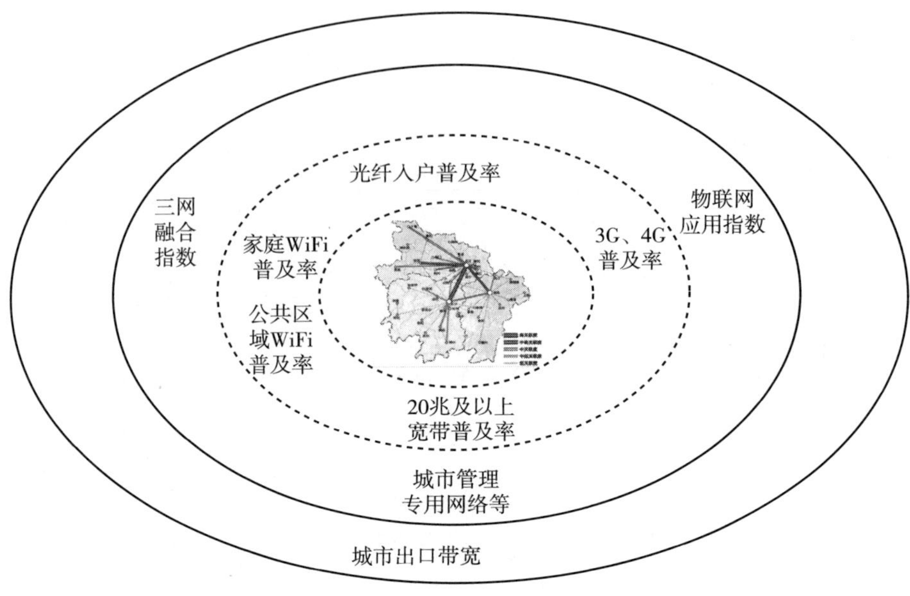

图 7　物的互联

资料来源：国家工业信息安全发展研究中心分析整理。

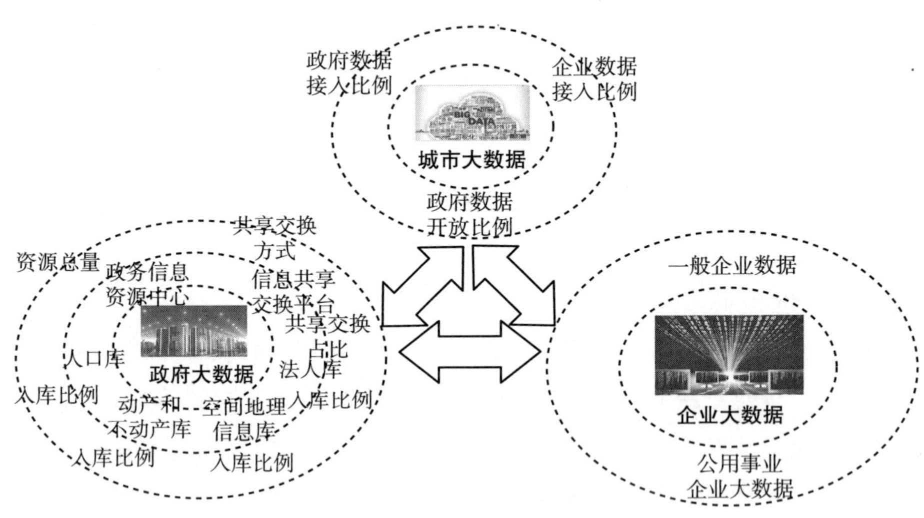

图 8　数据的互联

资料来源：国家工业信息安全发展研究中心分析整理。

3. 服务的互联

和数据一样，根据服务提供的主体，也可以把服务分为三类：政府服务、企业服务和城市服务。政府服务由政府提供，企业服务由企业提供，政府和企业把自己的服务放在一起按照一定法则进行联通，就形成城市服务。因为任何一种服务，消费者最终享受，都需要政府和企业显性地或者隐性地合作，至少需要电信运营商提供基础电信服务等。政府内部、企业内部以及它们之间服务联通度越大，服务互联程度越高。当然从政府或企业内部，特别是政府内部，服务的互联，第一层是服务的内容，第二层是服务提供的渠道或介质，第三层是服务的效果（见图9）。

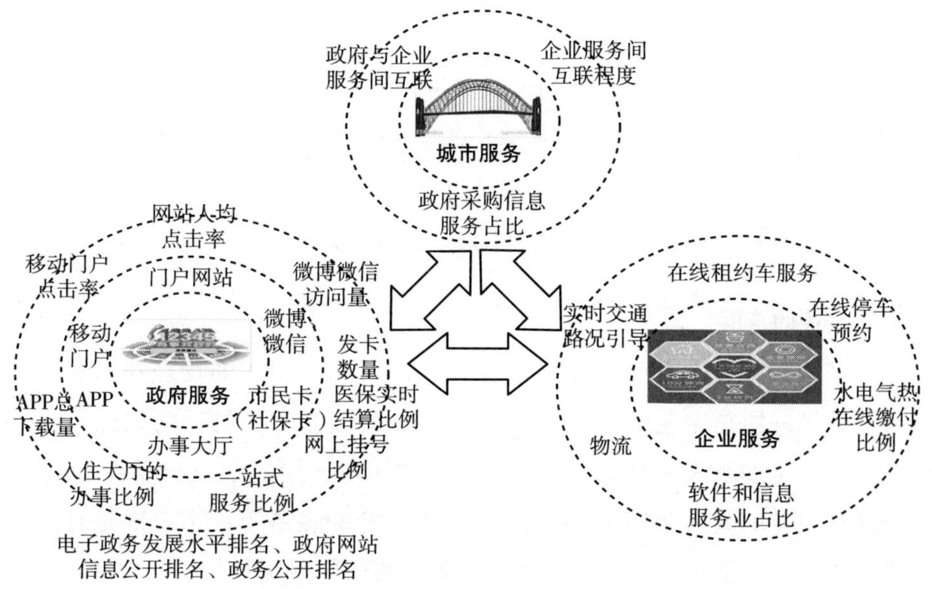

图9　服务的互联

资料来源：国家工业信息安全发展研究中心分析整理。

4. 人的互联

决定人的互联程度，由以下几个层次的物理和非物理因素构成：第一层是人的素质，包括受教育程度、语言水平、收入水平等；第二层是使用的设备，包括移动和非移动的上网设备；第三层是实际使用网络的情况，包括话费、流量、时长等；第四层是具体的行为，包括交易、学习、娱乐等。前两层属于能力层面，后两层属于效果层面（见图10）。

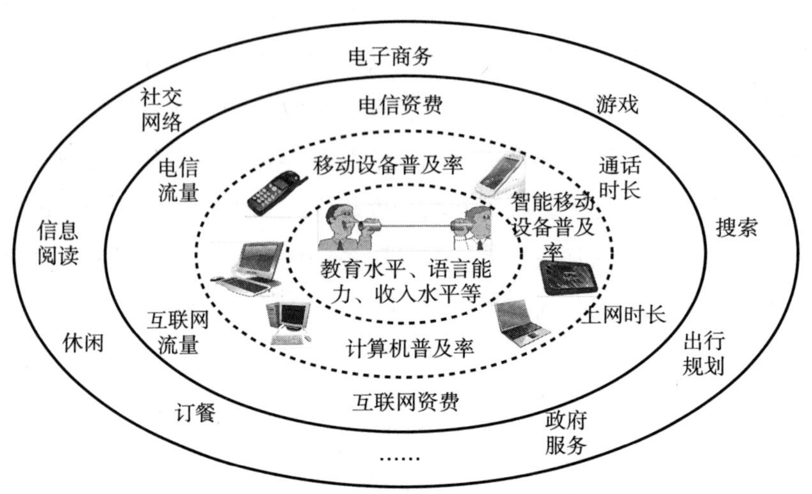

图10　人的互联

资料来源：国家工业信息安全发展研究中心分析整理。

5. 企业的互联

和“人的互联”相似，企业的互联由以下几个层次的物理和非物理因素构成：第一层是企业信息化的基础环境因素，包括IT的战略地位、IT部门设置、IT人员配备、IT投入、职工教育水平等；第二层属于设备方面的，包括物理设备的数量和档次，重要软件如ERP的装备等；第三层是对外网络连通水平，包括出口带宽、网络费用等；第四层属于行为层，包括运用网络开展营销、宣传等方面情况。前两层属于能力层面，后两层属于效果层面。当然，对于有些企业，两化融合程度以及当地中小企业服务平台服务水平也是重要影响因素（见图11）。

6. 治理的互联

从结构上看，“治理的互联”的核心是运行决策指挥大厅，其功能是负责对城市总体情况的研判、重大事件的决策指挥、治理力量的协调调配等，在其周边有三个功能构件：一是城市情绪采集和监测平台，负责采集全市个

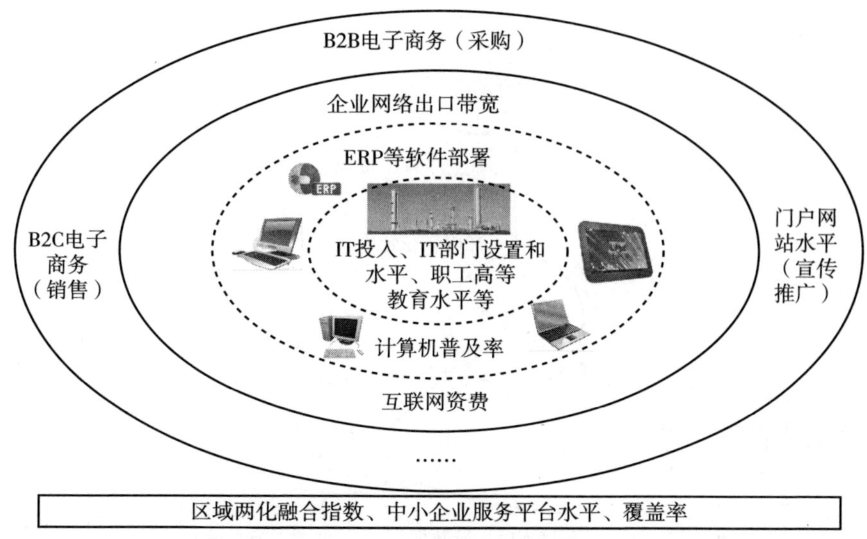

图11　企业的互联

资料来源：国家工业信息安全发展研究中心分析整理。

体、集体、自然等方面的实时情绪，并进行分类分析，形成城市系列的情绪指数，其采集情绪的渠道包括个人（“人的互联”）、企业（“企业的互联”）以及服务（“服务的互联”）过程；二是事件预测和警示发布平台，根据城市情绪采集和监测平台采集的数据，以及城市的历史数据（“城市大数据”），通过人工智能学习、类比、聚类等技术，预测城市面临的各种风险以及重大事件；三是城市治理部门执行平台，负责根据运行决策指挥大厅对于重大事件的处置方案，必要时协同公用事业等机构，开展具体执行工作。从工作流程上看，有两种模式：一是在常态下，城市治理执行部门根据实时情绪、事件预测等依职责开展工作；二是在运行决策指挥大厅认为的非常态下，按照大厅的统一指挥进行工作（见图12）。

与已有智慧城市比较，新型智慧城市在结构上的主要特点包括：一是在总体结构表现上比较注重“功能”和“效用”的统一，把六个互联映射到刻画“功能”的层次模型上；二是大的构建模块，特别是基础设施上，既

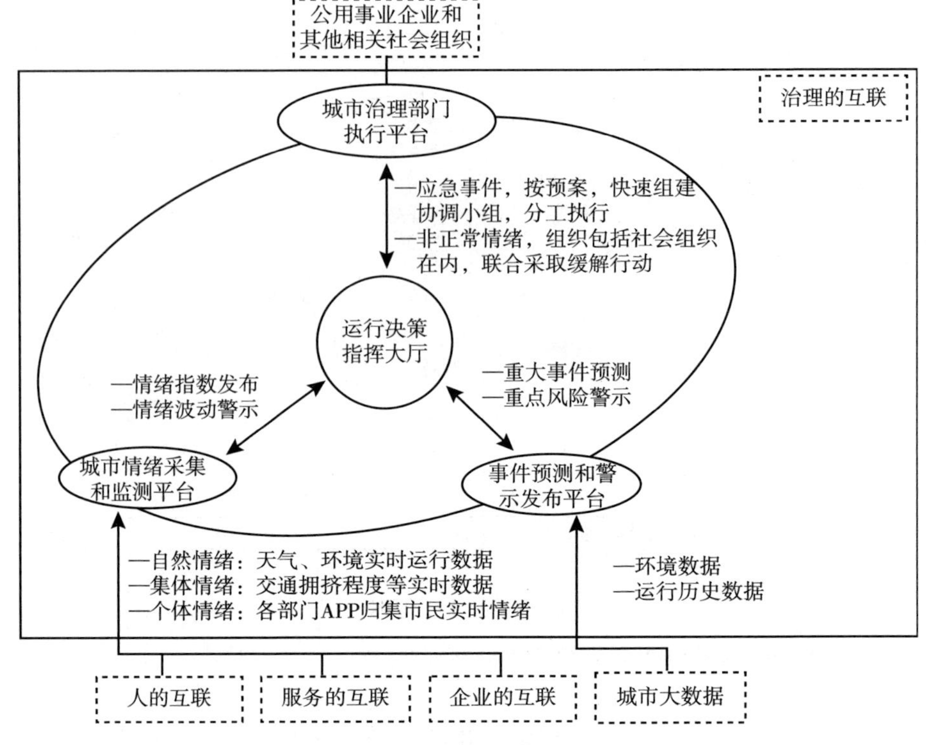

图 12　治理的互联

资料来源：国家工业信息安全发展研究中心分析整理。

包括物联网、城市数据平台、服务云等平常提到的，也包括运行决策指挥中心、城市情绪采集和监测平台、事件预测和警示发布平台等之前较少提到的；三是在功能上，注重对城市的整体监测、顶层管控，通过对城市情绪监测、重大事件预测等手段，为城市管理者提供综合的监测、治理工具；四是比较注重包容和开放的城市治理理念，比如在数据、服务层面包括企业的数据和服务，在顶层设置城市情绪的采集构件等。

四　新型智慧城市的运行特征

在数字城市（城市信息化）阶段，主要推动的是政府部门内部的信息化和互联互通，把部门内部的管理平台、方式由传统模式转变为数字化模式，以提高政府管理规范和效率，在企业端，大型企业内部信息化普及并在其上运行业务，中小企业借助第三方平台实现若干业务的网上运行。从运行上看，其主要特征是：城市的各社会单元，特别是各个政府部门，作为单独的信息化单元，基本实现了业务在独立信息系统之上运行的目标。

在智慧城市阶段，主要是推动政府作为一个整体其内部部门之间管理和服务的互联互通、城市管理对象的数字化和互联、企业和其他社会服务的数字化和互联。从运行上看，其主要特征是：政府作为一个整体运行在信息系统之上，其部门之间管理和服务一定程度实现协同化以及服务“一站式”，企业和其他社会服务整合特征明显，市民生活信息化推动生活方式改变明显，比如市民购物过程中订单、支付、物流基本实现“一站式”。

而在新型智慧城市之下，从互联互通、资源管理单元的力度来看，应该推动的是城市作为一个整体实现互联互通，而不仅局限在政府、企业、其他社会组织分别作为整体运行在信息系统之上；从资源角度看，要把城市所有的管理和服务资源，不论是政府的，还是企业的，抑或是其他社会组织的，按照有利于市民生活、有利于城市管理、有利于提高城市资源利用率的思想，运用市场化、协同化原则，统一规划利用，提高城市整体资源的利用效率；从服务的角度看，要打通政府、企业以及其他社会组织服务的大整合，真正实现城市服务的“一站式”，生活的智慧化（见表1）。

表1　运行特征比较

类型	互联互通单元粒度	信息整合单元粒度	运行特征
数字城市	政府部门内部、企业内部、第三方信息服务平台内部	各单元按照传统既定范围管理各自信息资源	各自传统服务在手段上的信息化
智慧城市	政府内部、企业之间、企业与第三方信息服务平台之间	政府、企业以及信息服务组织在更大范围内实现信息资源整合	政府部门之间服务“一站式”整合，企业之间服务整合
新型智慧城市	打通政府、企业以及信息服务机构彼此之间的服务	城市作为一个整体，按照市场化、协同化原则，共享、交换、协同管理利用信息资源	打通政府、企业以及其他信息服务机构之间的服务，成为城市意义上的服务“广义一站式”

资料来源：国家工业信息安全发展研究中心分析整理。

新型智慧城市，不但代表了城市规划、设计、建设的创新和飞跃，也代表了运行管理模式及其相应规章制度上的创新和飞跃。城市管理运行，具有以下几个特征：①理念上，从以城市管理者为中心的城市管理，转变为以市民参与共管为中心；②手段上，从以人为主的城市管理，转变为以制度、技术、数据为主的城市管理；③方式上，从以事件驱动的城市管理，转变为“事件＋趋势”驱动的城市管理，即所谓“治未病”；④服务上，从政府内部服务“一站式”，转变为政府、企业和其他社会机构服务的“一站式”。

新型智慧城市之下，带来的城市管理和运行方面的创新，是内容最丰富、人民群众感受最直接、创新空间最大的。创新十分广泛，在这里，我们仅通过几个情景来示范性描述新型智慧城市之下的城市运行和管理。

1. 情景一：管理者按“事件＋趋势”驱动的方式管理城市

传统模式下，区域/部门管理者的工作可以总结为“日常工作＋紧急公务”，包括研究阅读上级文件、规划本部门工作、处理紧急公文或事件，并召开会议布置内部机构事务，抑或还需要协调相关部门协助等。在这种模式之下，行政首长工作总体上是事件驱动型的，其中主要的事件包括紧急和非紧急的公文以及突发事件，工作状态是相对被动的。

而在成熟运行的新型智慧城市中，区域/部门管理者，其工作应该是依职责主动开展工作，其工作模式应该由“事件驱动”转变为“事件驱动＋趋势驱动”。其日常工作除了落实上级要求、处理紧急公文或事件之外，更重要的是，还要查看和分析城市情绪指数，分析研究并判定情绪不正常的工作领域，并提前采取对策措施。区域/部门管理者，最重要的工作目标是“治未病”，提前把城市情绪控制在合理范围，确保不发生躁动（群体事件、公共舆论事件等）。

为此，在这种模式下，区域/部门管理者工作应包含“紧急、日常、治未病”三个部分。为实现“治未病”，区域/部门管理者应当：第一，制定本区域/部门的城市情绪指标体系，建设情绪获得、监测、预警系统，实时监测情绪的变化；第二，分析指数异常的专家机制，制定对异常情绪缓解和平复的预案并进行演练；第三，建立城市情绪缓解和平复的执行机制。

比如，如果监测到城市失眠指数升高，应该由政府部门牵头，组织分析失眠指数升高的原因，制定相应的联动治理措施并实施。例如，要求劳动部门强化劳动保护措施的落实，控制过长劳动强度和时间；组织医疗部门普及相关知识，发布相关失眠治疗的诊疗信息；宣传部门通过电视加强宣传有关知识，播放更多的轻松愉悦的节目，禁止传媒对敏感信息如房价、物价、就学难、就医难等问题的炒作；社会组织，如志愿者，进入社区加强对重点人群的志愿服务。

2. 情景二：政府、企业和其他社会机构服务的“一站式”整合

假设市民 A 开车去政府办事大厅办事，以往的模式是：网上查询大厅地点、办公时间、需要携带的材料等，然后开车前往办事，路上利用百度地图或交通广播查询路况，到达之后停车，进入大厅拿号，排队等待，办事结束，开车回家。

新型智慧城市之下，流程可优化为：出发前，打开政府办事网站预约页面，填写办事事项、出发时间地点、前往交通方式等，大厅给出预约单，包括：A 的办事预约号、A 之前已预约的人员数量、预计 A 应到达窗口的时间、建议的出发时间、建议的出发路线、预约的停车位置和路线、如果乘坐公共交通的路线图和时间、变更预约申请注意事项等。

在新的办事流程之下，从服务整合角度，政府除了“一站式”办事之外，还应整合交通服务、停车服务等。从效果上看，这类服务的整合，作用有三：一是可以缩短无效的排队等待时间；二是可以缓解交通堵塞，尤其是停车难也是造成局部拥堵的重要原因；三是可以缓解因长时间排队、拥堵带来的市民的焦虑、不满情绪。这一类的服务整合还有很多，例如医院、银行、商场等，医院、银行、商场等可以按照类似的模式整合政府或其他机构的服务，开展“一站式”服务。

3. 情景三：市民广泛参与的城市共同管理

目前体制下，市民对于城市治理成效的直接观感与城市管理者有很大的差异。管理者一天忙到晚，十分辛苦，认为自己在人手、资金十分有限的条件下，做到这个样子很不容易。而市民眼中则是到处的违法停车、小广告、欺诈电话等，行业内潜规则很多，平时无法发现，只能靠出了事才运动式治理一下，市民希望举报却没有可靠的渠道。这种单靠政府、运动式的城市治理已经远远不能适应现代城市的要求。发动群众共同参与才是未来的方向，这些方面，北京市有成功的经验，例如“东城大妈”“朝阳群众”对于首都安全保障作用很大；网格化管理也对推动市民参与起了很大作用。但是，这些努力还是在参与人范围、参与渠道、流程规范上有很大局限性。新型智慧城市可以很好地突破这两个方面的问题。利用移动通信 APP 解决参与人范围、参与渠道上的问题，而城市情绪采集和监测平台则可以解决市民参与的流程规范问题。如此，我们的城市将从由数以千计的管理者来管理，转变为由全市市民协助共同治理，我们的城市将真正实现横向到边、纵向到底，7 ×24 小时的全天候、无死角的治理模式。

五　从数字城市、智慧城市到新型智慧城市的案例

我们以北京为例，回顾并展现北京从数字城市到智慧城市，进而到新型智慧城市的演化历程。我们把北京“十二五”之前的阶段称为“数字北京”阶段，“十二五”时期称为“智慧北京”阶段，“十二五”之后的时期称为“新型智慧北京”阶段。

（一）数字北京的主要特征

“数字北京”在 2004 年正式提出，国务院批复的《北京城市总体规划（2004 ~2020 年）》要求，加快首都信息社会建设，全面建设“数字北京”。《北京市“十一五”时期国民经济和社会信息化发展规划》（简称《十一五规划》）、《北京信息化基础设施提升计划（2009 ~2012 年）》（简称《提升计划》）等文件对此进行了具体落实，《十一五规划》制定目标是“数字北京”初步建成。

总体来看，在“数字奥运”引领下，北京“数字城市”的建设起点高、

水平高，顶层设计架构完整，物的互联、数据互联、服务互联、企业互联、人的互联、治理互联等全面起步，具有一定“智慧城市”的特色。这一阶段的主任务，集中在基础设施建设，互联网的普及（特别是普及到农村、社区），以及城市各项业务如何系统性地由人工处理转换到信息化平台支撑。这一阶段的特征，技术上是互联网，服务方式上是从主要由人、电话、传真等提供服务，逐渐转变为更多地通过互联网提供服务。

“物的互联”层面，基本解决了网络覆盖问题。这时尚处于全面互联的初级阶段，主要问题是网络覆盖，即建设公平接入、覆盖城乡、满足需求的网络。第一，在骨干网等基础设施方面，《十一五规划》设定有线电视光缆乡镇通达率达到100%，《提升计划》设定北京在全国率先建成城乡一体化的高速宽带信息网络，互联网家庭入户带宽超过20兆，企业入户带宽最高达到10千兆，基本完成数字电视双向改造，2010年，第三代移动通信（3G）用户从无到有，已达到254万户，有线电视注册用户达到435万户，其中高清用户超过50%，建成各类大型数据中心、计算中心、呼叫中心、灾备中心等近百个，高性能计算机占全国百强的40%；第二，在网络向基层延伸和全面覆盖方面，着力解决网络入小区和入户的“最后一公里”问题，通过“燎原行动计划”、信息亭、“校校通”、“村村通”、“数字家园”等手段解决基层信息设施；第三，针对北京城市特殊需求，特别是奥运需求，建设电子政务有线网和800兆无线专网，无线网络覆盖率达到70%。

“数据的互联”层面，制度化推进政府内部的信息数字化、共享化，初步实现政府信息资源共享。“数字北京”主要推动政府的数据互联，即使这样，也是十分具有前瞻性的一项工作。一是设立了政府的信息资源管理中心，建成市、区两级信息资源共享交换平台，建立信息资源目录体系、共享交换规则和标准等；二是建成一批服务全市的基础数据库和专题数据库，重点是人口、法人、空间地理和宏观经济四大基础数据库，以及居住场所、流动人口、地下管网、社会信用信息等专题数据库；三是围绕交通管理、流动人口管理、城市应急指挥等重点工作，推动相关部门信息共享，如围绕食品安全、药品安全、餐饮卫生、农资物流配送的监管，推动工商、税务、质监等领域信息共享。

“服务的互联”层面，基本解决了政府通过网络提供服务的渠道问题，基本实现了系统在部门内部的整合。电子政务从政府上网阶段向业务应用阶段全面过渡，各级政府核心业务100%实现信息化支撑。一是建成了“首都之窗”城市门户，整合了政府大部分网上服务事项，形成覆盖城乡的政务和公共信息服务体系，连续5年位居全国省级政府网站绩效排名首位，社会保障制度率先实现城乡一体化，市社会保障卡累计发放825万张，近1800家定点医疗机构实现持卡实时结算；二是初步建成了网上审批平台，80%以上的行政许可事项能够实现网上办理，一批实现了“一口受理”，全市行政审批服务“一站式”大厅正在建设；三是政民通过网络平台互动成为常态，“12345，有事找政府”，市非紧急救助服务系统整合了全市各领域政府便民呼叫中心资源。

“企业的互联”层面，开始由企业内部管理的信息化迈向对外采购、销售、服务、推广的信息化。一是在工业企业内部，从一般的管理信息化转向“两化融合”升级，推动工业企业信息化从单项应用阶段向集成应用阶段迈进，2005～2010年，电子信息产业增加值由797亿元增加到1635亿元，年均增长达15%；二是在电子商务方面，电子商务零售额开始在社会消费品零售总额中占据一定比例，而且成为增长最快的行业，2010年北京市电子商务总交易额超过4000亿元，电子商务零售额占社会消费品零售总额近3%；三是在公用事业企业的服务方面，大力推进煤、水、电、气、交通等公共事业缴费等方面的信息化。但是，在当时，信用、物流、支付等仍然是制约电子商务发展的瓶颈问题，政府积极推动解决，例如，推动工商、税务、银行等相关部门建立信用问题协调机制，成立信用管理中心，推动社会信用体系建设。

“人的互联”层面，信息消费由精英消费品成为大众消费品，数字化生活方式成为时尚。为提高市民信息化水平，北京实施了《北京市提高全民信息能力行动纲要》，分层次对市民进行信息化培训，推动“百万家庭上网”工程，高度关注“数字鸿沟”问题，出版《北京市数字鸿沟报告》。通过努力，大众的信息化水平得到迅速普及，手机通信、电子邮件、即时通信、网上购物、网上学习等已成为大众日常生活和工作的重要工具。2010年与2005年相比，互联网家庭入户带宽翻了两番，达到2M，网民数增长了近2倍，达1218万人，互联网普及率为69.4%，增长了1.5倍，位居全国第一，移动电话用户数增长1.5倍，达2129.8万户。

"治理的互联"层面，成为政府部门管理城市的新手段和新亮点，并开始带来城市治理模式创新。一是在决策层面，依托电子政务专网和政务信息资源共享交换平台，建设和完善覆盖全市的领导决策信息化服务体系，为各级领导宏观决策提供全面、准确、及时、可靠的信息，增强宏观决策的有效性和科学性；二是政府部门履职手段的信息化方面，抓住"数字奥运"机遇，建成交通、人口、地下管线、自然资源、减灾和应急指挥、社区卫生、劳动保障、文化教育等一批重大应用系统，例如城市运行管理，实现了对地下管网的有效管理，对水、电、气、热、通信、地铁等城市生命线的运行监控；三是推行网格化城市管理新模式，并向污染源监控、流动人口和出租房屋管理、文物保护、文化市场监管、经济运行监测等领域渗透，引领全国城市管理向规范化、科学化发展。

（二）智慧北京的主要特征

《北京市"十二五"时期城市信息化及重大信息基础设施建设规划》（简称《十二五规划》）提出实现"数字北京"向"智慧北京"的全面跃升的目标。2012年，北京市人民政府印发了《智慧北京行动纲要》（简称《智慧北京》），进一步细化了《十二五规划》的相关任务。

比较而言，北京的"智慧城市"建设，起步不是最早的，力度也不是最大的，例如，从2011年起，上海市就推动了两轮上海智慧城市建设三年行动计划，第一轮是2011~2013年，第二轮是2014~2016年。但是北京在"智慧城市"方面还是具有自己的特色，这一阶段的主要任务是对"数字北京"全面升级，技术上的移动、宽带和物联，资源上是共用共享，服务方式上是从互联网提供服务逐渐转变为移动互联网支撑的无所不在的服务，应用上是"互联网+"式的全面融合，目标上是建成世界级信息通信高速网络和枢纽，打造全球资源配置的信息枢纽。

“物的互联”层面，推动基础设施全面升级，向移动化、宽带化、物联化方向发展。在骨干网升级方面，《十二五规划》设定建成覆盖城乡的光纤宽带网络，光纤到企入户，家庭用户宽带能力达100M，社区达1000M，高端功能区和重点企业达10G，互联网国际出口带宽达1.5T，打造全国最好、世界领先的无线城市，大规模开展WLAN建设，实现公共区域的全覆盖，移动宽带普及率超过60%，最高接入带宽达到100M，建成覆盖全市的高清交互式数字电视网络，高清业务用户比例达到75%以上；在物联网领域，《十二五规划》提出初步建成国内领先的“车联网”，公用智能电表普及率达到98%以上，开展以政务物联数据专网和无线宽带专网为主的物联网传输基础设施建设，统一建设基站800个，支持以企业为主体建设的无线宽带专网，累计建设基站2000个；在政务网络升级改造方面，高标准升级改造有线政务专网和800M无线政务专网，提升性能。

“数据的互联”层面，大共享、大开放成为潮流，政府数据资源开始转变为城市数据资源。推动在政府内部更大范围的数据共享，并逐步向社会开放，《十二五规划》提出，推动整合政务需求，构建布局合理、节能环保的政务数据中心体系，建设形成高效服务公众的集约化的政务数据中心，为政府部门提供集中的主机托管、灾备和运维服务。《智慧北京》提出了智慧共用平台建设行动计划，包括统筹建政务信息资源数据库服务等政务服务公用平台。2012年，北京市政府数据资源网开始建设，把政府部门拥有的大量信息资源，开放给社会利用，创造更多的价值，29个部门公布了400余个数据包，涵盖旅游、教育、交通、医疗等各个门类。

“服务的互联”层面，按照“一站式”对服务内容大整合，并通过移动智能终端提供给用户，成为服务的主要模式。首先，在政府服务内部整合方面，根据《十二五规划》，将政务管理系统按照大民政、大城管、大交通、大信访、大健康、大空间、大环保等业务领域进行整合与对接，推动政府核心业务跨部门协同，《智慧北京》提出了智慧公用平台建设行动计划，包括统筹建设政务服务共用平台以及中小企业信息化、电子商务等社会信息化公共服务平台。其次，企业服务整合方面，以电子商务服务为例，平台的下单服务、金融机构的支付服务、物流企业的配送服务、相关厂家的售后服务等基本整合成为完整的“一站式”商业流程。最后，在服务的提供手段方面，服务与智能移动终端深度融合，政府建设统一的北京移动政务服务管理平台，企业的各类 APP 繁荣发展。

“企业的互联”层面，电子商务成为商业交易增长的新引擎，众筹众包等创新的企业组织形式出现。从电子商务看，2013 年，北京限额以上商业法人单位中，有 618 家通过互联网接收订单，比 2008 年增加 234 家，实现电子商务销售额 4893.3 亿元，比 2008 年增长 8.8 倍，五年间年均增速达到 58%，渗透率大幅提高，限额以上商业法人单位实现电子商务销售额占主营业务收入比重达 10.1%，占比比 2008 年翻两番多（2008 年仅为 2.2%），其中，零售业占比已达 12.8%，网店成为零售市场新引擎，网上商店法人单位有 2866 个，比 2008 年增长 7.9 倍，实现商品销售总额 1403.4 亿元，增长 33.1 倍，网店销售额在全市零售业的比重已经由 2008 年的 1.1% 提高到 16.3%。在企业组织形式创新方面，国务院 2016 年政府工作报告首次提出打造众创、众包、众扶、众筹平台，构建大中小企业、高校、科研机构、创客多方协同的新型创业创新机制。据东方财经研究院 2015 年 4 月研究报告，全国众筹平台共 149 家，北京有 42 家，占比 28.19%，居全国第一位。

“人的互联”层面，互联网不但成为生活消费工具，更成为重要的工作工具，数字化生活方式成为常态。《十二五规划》提出互联网普及率达到 80%，建成 2000 个智能社区（村），社区服务管理信息化普及率达 90% 以上。《智慧北京》提出了“市民数字生活行动计划”，提供方便获取的社会公共服务，使人人享有数字化便捷生活。“互联网 +”对市民工作生活的影响是全方位、广泛的、无处不在的。总的来看，2015 年，北京全市网民数达到 1647 万，占常住人口比例的 76.4%，居全国第一位，进入世界前列。分别来看，这里仅以市民市内出行为例，据 2015 年底 CNNIC 发布的《专车市场发展研究专题报告》测算，截至 2015 年 6 月，北京专车数量约 9.5 万辆，出租车数量约 6.6 万辆，专车数量已超过出租车，专车使打车市场的运

力提升 1.4 倍，从日均运客量看，专车运客量相当于北京公交（公共电汽车、地铁）的 6%，全国城市范围内 23.3% 的用户对专车具有较高的依赖，北京市应该比这个比例更高。

“治理的互联”层面，信息技术成为城市管理主要手段，以网格化为代表的智能化、精细化的城市管理模式广泛推广。《十二五规划》提出把网格化从城管领域推向社会管理领域，推动精细化社会管理和公共服务，全面推广网格化在物件、事件、人员、组织、地理位置等管理方面的运用，将网格化理念向医疗卫生、教育、就业、社会保障、社会救助、社会建设、文化传播等领域延伸，提升公共服务能力。智能化方面，《十二五规划》提出打造城市运行顺畅的智能典范，提升基本资源、交通、生态环境、人口、市政市容、公共安全数字化管理水平，逐步实现基础设施智能化。精细化方面，《智慧城市》提出精细化城市运行，完善智能交通系统，构建国内领先的“车联网”，部署资源网络全感知，夯实城市健康运行基础，实现城市人口精准管理等。

（三）北京新型智慧城市建设的大趋势

总体来看，北京的城市信息化基础较好，特别是早期“数字北京”在“数字奥运”的带动下，虽然很多技术尚未成熟，但是在顶层设计上，已经显现了若干智慧城市、新型智慧城市的特征。而如果和新型智慧城市的要求比较，不但要在技术上进行升级，而且结合当前经济社会的大趋势，进行顶层设计上的理念再定位、目标再凝练、资源再整合、形象功能再塑造也势在必行。

2016 年是北京市新型智慧城市建设的开局之年，《北京市大数据和云计算发展行动计划（2016 ~2020 年）》的发布，标志着这一进程的开启，新型智慧城市从概念酝酿进入实施建设阶段。该计划提出，到 2020 年底，要建成全市大数据汇聚中心，实现公共数据开放单位覆盖率超过 90%，数据开放率超过 60%。将北京市打造为国内领先、国际一流的大数据和云计算创新中心、应用中心和产业高地。

根据本文提出的新型智慧城市的框架，未来北京新型智慧城市建设，建议加强以下重点方面。

从“物的互联”角度看，应紧跟信息通信基础设施的升级步伐，力争使城市基础设施技术水平和普及程度，位居全球前列。一是积极推进4G普及和部署，为下一波城市信息化创新提供基础；二是物联网方面，选准突破口，例如《十二五规划》提出的车联网，应率先结合汽车产业升级、城市交通管理等社会目标积极推进，此外在城市基础设施监测特别是基础管线监测等方面加强推进，商业应用方面，积极支持各方面开展物联网应用。

从“数据的互联”角度看，应推动政府安全、稳定的数据开放，并和重点企业的数据按照规则聚合在一起，形成城市大数据。一方面，应进一步推动政府内部数据的规范管理和共享，以信息资源共享交换平台为主体，建设政府大数据中心，另一方面，加强相关的政策法律研究，特别是产权、保密等方面的研究，促进政府数据和相关企业数据的汇聚，成为城市大数据。

从“服务的互联”角度看，应推动实现“广义一站式”服务，即不只是政府的“一站式”服务，或者企业的“一站式”服务，而是城市的“一站式”服务。首先，在政府内部，把“首都之窗”和政府办事大厅等密切结合，实现O2O“一站式”办事模式。其次，应从市民办事流程的角度，推动企业和政府各类服务的“一站式”整合，在若干重点领域，实现“办理事项本身事物”和“办事事项过程事物”的“一站式”办理。

从“企业的互联”角度看，应以推动企业按照互联网的思维考虑管理、运营、市场为目标。“一企一策”推动规上企业积极进行深度“两化融合”，成为行业信息化改造升级的龙头和平台；对于中小企业，特别是众多的创业者，应发挥中小企业协会和平台的作用，鼓励利用“互联网+”，积极发展众创、众包、众扶、众筹等模式。

从“人的互联”角度看，应以进一步提高个人利用信息技术工作学习的能力、意愿、信任度等方面为目标，提高信息消费规模，让网上消费成为社会消费的主渠道。从提高安全性、稳定性、可靠性的角度，进一步规范信息消费市场，消除网上消费陷阱多、骗局多等隐忧，使线上线下消费在质量上等同，体验上、便宜性上更优，推动线上消费成为主流。同时，发挥信息化协会等的作用，推动市民信息能力提升，系统总结、宣传、示范新的信息技术，以及利用新技术创新工作的典型案例，发挥示范引领作用。

从“治理的互联”角度看，应以提高对城市总体监测、预测、调控能力为目标。顶层上，应系统总结“网格化”城市管理的成功经验，更新城市治理理念，挖掘移动互联、物联等新技术的潜力，总结规划好新型智慧城市条件下的“智慧网格”新模式；系统总体设计上，应把全市电子政务涉及城市治理的部分，根据《十二五规划》大整合的原则，按照新型智慧城市“系统的系统”思路，进行系统梳理整合，提出北京新型智慧城市的总体框架。特别要注重城市共同治理的落实，为广大市民共同参与城市治理提供渠道和手段，北京市交管局发布的具有在线举报功能的交通 APP 就是一个很好的开端。

六　新型智慧城市面临的理论研究问题

回顾信息技术在城市中的应用，在最初的“数字城市”阶段，信息技术还只是一个“新来者”，还是经济社会发展的辅助人员，到“智慧城市”阶段，其开始成为一个“常住人口”，成为经济社会发展中扛重活的“好劳力”，到“新型智慧城市”阶段，信息技术显然已经是“户籍人口”，成为经济社会发展拥有决策权的“顶梁柱”。信息技术带来的社会的革新，将在新型智慧城市阶段进入深水区，将带来经济社会在形态上的根本转变。映射到城市的层面，那就是，我们将见证工业时代的城市，将浴火重生为崭新的信息时代的城市。这个变革过程会带来一系列的城市经济社会的转型期的不适应和不协调，需要研究解决的理论问题深刻、广泛而又丰富。这里，我们仅提出与“新型智慧城市”建设直接相关的三个方面的研究问题。

一是城市形态、理念和标准的研究。在“新型智慧城市”时代，随着技术手段的进步，主要是市民生活方式、企业运作方式的转变，市民、企业对于城市管理的预期会发生历史性的变化，例如就北京而言，从市区去一趟通州，典型的工业城市时代预期时间会在一天或者大半天，信息时代城市初期预期应在 2 个小时，在“新型智慧城市”时代，市民会问，我们和通州就是一个城市，有必要亲自过去一趟吗？因此，对于什么是城市、城市应该怎么运行、市民应该怎么生活等都要重新定义。相对应的，我们的城市建设、管理的理念和标准等都要发生变化。最核心同时也是最困难和最敏感的是，如何在传统城市建设、管理的标准中逐步加入智慧时代的新内容，并稳定而且不滞后地最终转变成为智慧城市的标准。

二是城市管理方式变革的研究。目前我们城市管理有两个问题很突出，首先是架构的设置不适用，特别是政府的架构都是按照工业时代的标准进行设置的，很多地方已经不适应了。例如，城市管理的权利是按照部门来划分的，因此，经常出现“各管一段”，没有人负总责的所谓“九龙治水”局面，因此，我们需要设立很多协调机制，造成机构膨胀。其次是工作缺乏预见性，多以“事件刺激 + 应急反应”方式进行，原因是和工业时代比较，城市面积扩大了不知多少倍，事物内容也不知道增加了多少倍，市民的预期也不知道增加了多少倍，但是，我们的治理还基本是工业时代的机制，因此，在速度、质量等方面很难适应。如何有序推进机构改革，特别是城市管理体制改革，适应并发挥智慧城市的优势，是新型智慧城市需要研究的重要问题，也是决定新型智慧城市建设成败的关键一环。

三是新技术特别是人工智能技术的应用问题。诚如我们在前文提到，新型智慧城市是运行在硅片和 CPU 上的城市，因此，现代城市，特别是大城市和特大城市的管理，已经远远超出单靠人力可以承担的程度，借用信息技术特别是人工智能技术承担一部分管理责任，势在必行。人工智能技术内容十分丰富，包括学习、推理、仿真等，在新型智慧城市中应用前景很广泛，有些技术比较成熟，有些还处于研究阶段，系统研究人工智能技

术在城市管理中的应用必要、重要而且迫切。一方面是要把人工智能技术分门别类地进行分析，评价其成熟度和在智慧城市中的应用前景；另一方面要根据智慧城市需求，把零散的技术组合起来成为解决城市某种问题的方案；此外，还要跟踪和总结人工智能的实际应用情况，总结案例，开展推广。

新型智慧城市更长远和更广泛的研究前景也是丰富的。如何将更多的“智能”加载到城市之上，IBM 在“智慧时代”的基础上提出我们已经进入“认知时代”，未来的城市将是“认知城市”，即具有更多的认知功能，这其实也与我们提出的“城市是生命体”异曲同工。在另一条线索上，人工智能在经历六十年对其若干功能例如学习、推理、感知、情感等专项研究之后，最新的前沿已经进入“类脑研究”集成研究阶段，我们认为，物联网的大量普及，实现万物（包括人类）之间的互联，最终体现在城市之中就是“类人城市”的建设，我们将生活在一个可以与之交流的巨人的怀抱之中，那就是未来的城市。再进一步看，这种对于城市的理解，也是佛家所认为的万物皆有佛性的精神的某种体现。

七　结语

新型智慧城市是工业时代城市向信息时代城市转变的一个标志。本文在借鉴前期大量研究的基础上，提出了新型智慧城市的基本理念、概念特征、结构特征、运行特征等。主要创新点：一是在理念上总结了新型智慧城市有别于一般智慧城市的五大特征，特别是强调新型智慧城市是有生命、有情绪的城市，是运行在硅片和 CPU 上的城市，强调在智慧城市建设中，人类也应把城市作为“虚拟人”，要对等地关爱城市；二是在结构上，我们提出用“六个互联”的层次模型来刻画新型智慧城市的结构，并系统描绘了每个“互联”的内部物理结构；三是在运行特征上，我们系统区分了新型智慧城市和智慧城市的区别，主要体现新型智慧城市打通政府、企业以及其他信息服务机构之间的隔离，政府大数据和企业大数据融合为城市大数据，政府服务和企业服务融通为城市的“广义一站式”服务。此外，我们还运用上述模型，详细分析“数字北京”和“智慧北京”的特点，简单预测了“新型智慧北京”主要趋势。新型智慧城市的研究刚刚起步，我们提出了三个比较显见的研究方向，并简要分析了研究重点，抛砖引玉，期望引起更多研究者的兴趣，深入进行研究。

B.8

新型智慧城市测评指标体系研究

孙倩文　高焕*

摘　要：　科学的“智慧城市”评价研究，对“智慧城市”发展意义重大，具体可从“前、中、后”三个视角来看。“前”就是对准备开展智慧城市建设的城市来说，评价框架和指标可对其发展目标、工程布局制定提供前瞻性指导，起到良好的导向作用；“中”就是对于正在开展智慧城市实践的城市来说，评价框架和指标可以便于决策者及时调整方案、纠正错误，起到标准优化作用；“后”就是对于智慧城市建设取得一定效果的城市，可以科学衡量“智慧城市”水平，梳理最佳实践和经验教训，优化建设方案，用好建设成果，便于总结提高。

关键词：　新型智慧城市　测评指标　六个互联

据不完全统计，国内外智慧城市的评价方案不少于40个，方案各有侧重，也经过了实践的检验。其中，国外方案大多与本区域的实际建设情况相结合，对国内城市指导意义不大；国内方案大多基于“数字城市”理论概念而构建，时效性不佳。为进一步深化新一代信息技术在城市建设中的应

* 孙倩文，理学硕士，国家工业信息安全发展研究中心工程师，主要研究智慧城市建设、新型智慧城市测评、未来计算等；高焕，国家工业信息安全发展研究中心工程师，专注于国际合作、智慧城市等领域。

用，中国政府提出了建设新型智慧城市的要求，并要求加强建设水平的测评工作，为高效、高质建设新型智慧城市提供指导。为此，我们在研究了ISO/IEC、欧盟中等城市智慧城市测评方案、中国八部委智慧城市测评指导意见等近30个独立机构、政府部门、大学和研究机构的智慧城市测评方案的基础上，根据中国智慧城市建设的特点，提出了新型智慧城市的模型和测评指标体系。并在国内外部分城市和区域进行了初步的实践，验证了其可行性。

一　现有智慧城市评价的基本情况

（一）国内外“智慧城市”评价方案基本情况

1. ISO智慧城市评价报告

我们前期搜集、研究了40余个智慧城市相关评价方案，其中ISO/IEC的研究报告从对智慧城市相关概念的梳理出发，分析了智慧城市相关标准，并最终给出了一系列智慧城市领域知识模型和概念模型，对指标体系的构建指导意义重大。

ISO/IEC认为，判定城市是否“智慧”的核心标准，是看城市中不同的系统、人、组织、金融、设施、城市部件等城市资源，能否在保持各自独立有效运行的同时，互相紧密地、协调地合作，使城市能够整体、顺畅地运行。ISO/IEC强调城市系统的综合集成，这与IBM的观点不谋而合，即智慧城市就是“系统的系统”。遵循这一总体标准，在ISO给出的A6模型中，把智慧城市构建分为人、物、数据、服务，把这四种城市构建的互联程度作为衡量智慧城市的“智慧”程度的度量（见图1）。

2. 其他评价方案

除了ISO关于智慧城市的测评方案之外，另外选取了国家性、区域性、行业/领域性三个范畴内，认可度较高的、具备较高代表性的测评方案，以表格的形式说明了其基本情况（见表1）。

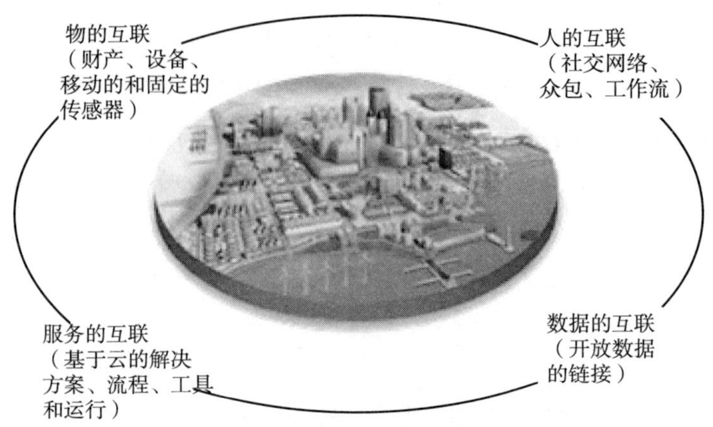

图1　ISO的智慧城市概念模型

资料来源：ISO/IEC，Smart Cities Preliminary Report。

（二）现有评价方案的主要特征

通过对40余个指标体系的研究比较，我们发现国际和国内都已经有相关体系推出。根据评价对象的不同，大体可以分为面向国际、全国、行业/领域、区域四个大类；从指标体系的实践情况来看，超过半数的评价指标并未真正执行，而能够连续操作执行的测评体系很少；从评价指标体系的构成来看，即使是相同类型的方案，侧重点也有不同，主要体现在对智慧城市的概念理解有差异；从方法论的角度来看，较为正规的测评方法一般先给出概念模型，以模型为基础来细化指标；从指标体系的指导原则来看，有一些共用的原则，例如系统性、可操作性、可扩展性等，但关于指标体系的前瞻性、时效性等原则较少；从具体的操作层面来看，地方/区域性的指标体系大多可量化监测，而国家性指标体系的一些指标存在主观因素，可量化程度低。

表 1　现有智慧城市评价方案的基本情况

范畴	名称	评价主体	评价对象	数据来源	模型特点	亮点	实施情况
国家	欧盟中等城市智慧城市排名	维也纳大学区域科学中心	中等城市(人口 10 万 ~ 50 万)	公开数据库 个人数据库	采用 Z 变换理论对数据进行标准化处理	对每个标准打分后,对每个维度排名,得到综合排名	2007 年首次形成《欧盟中等城市智慧城市排名》报告
城市/社区	智慧社区评估指标	智慧社区论坛(ICF)	城市和社区	参评城市申报材料	研究公司定量分析结合专家定性分析	层层选拔;定量分析与定性分析相结合	1999 年起,年度测评社区,2006 年起年度测评城市
国家	国脉互联智慧城市发展水平评估	中国社科院信息化研究中心、国脉互联智慧城市研究中心	主要是智慧城市试点城市	文献调查、网络调查、电话调查、技术监测	PSF 智慧城市评估模型,其中 P 代表以人为本,S 代表城市系统,F 代表资源流	部分数据通过大数据平台抓取	2011 ~ 2015 年已展开 5 届
国家	全球十大智慧城市排名	Boyd Cohen 博士(科罗拉多大学毕业,智利任教)	全球范围内的城市	参考各个分项领域的其他机构的排名	综合得出结论	综合运用已有的各国和各机构成果,得出结论	2012 年开展了一次
行业/领域	欧盟电子政务绩效评估	欧盟	欧盟成员国	调研	从使用者的角度,提出"以用户为中心"的复合指标	将评估对象设定为为市民和企业提供的 20 项公共服务	2001 ~2011 年,先后发布了 10 份研究报告

续表

范畴	名称	评价主体	评价对象	数据来源	模型特点	亮点	实施情况
行业/领域	中国政府网站发展评估核心指标体系（试行）	工信部	政府网站	信息公开、数据采集	围绕提高政府网站信息公开质量、增强办事服务能力、注重政民互动实效等要求	重心放在政府信息公开、网上办事、政民互动三个环节	由评估机构开展政府网站发展评估，向社会公开发布评估结果，工信部负责对发布结果的解释
行业/领域	中国重点行业两化融合评估指标体系	工信部	企业	调研	用层次分析法（AHP）来确定指标间权重	—	首先在钢铁、化肥工业等7个重点行业进行测评试点实践，现已全面开展
区域	智慧城市评价指标体系2.0	上海浦东智慧城市发展研究院	上海	—	—	数字化、智能化、网络化、互动化、协同化、融合化	指标体系，未开展评价
区域	智慧城市评价指标体系	宁波市智慧城市规划标准发展研究院	宁波	—	—	充分考虑了民众的实际需求和对生活的幸福感受，衡量标准和民生息息相关	指标体系，未开展评价

资料来源：国家工业信息安全发展研究中心分析整理。

（三）现有评价方案的不足

在分析特点的基础上，我们发现了现有评价方案的不足之处：从现实性来看，现有测评方案与国家相关政策落实、推进结合不够，可能不适用城市的实际建设；部分测评方案前瞻性不足，无法为下一步发展提供战略方向指导；一些测评方案中可量化的指标占据比例太低，过于依赖主观判断，缺乏科学性；一些测评方案只实际开展了一次，甚至有些未经过实践的检验；很少有测评方案采纳了能够反映生活方式变化的商业机构数据，搜集来的数据整体时效性不够强。

二　新型智慧城市概念模型

借鉴之前各种机构关于智慧城市概念的研究成果，我们沿袭了 ISO/IEC 智慧城市 A6 的基本思路，把智慧城市理解为城市发展环境基础上的六个互联，即物的互联、数据的互联、服务的互联、人的互联、治理的互联、企业的互联（见图 2）。

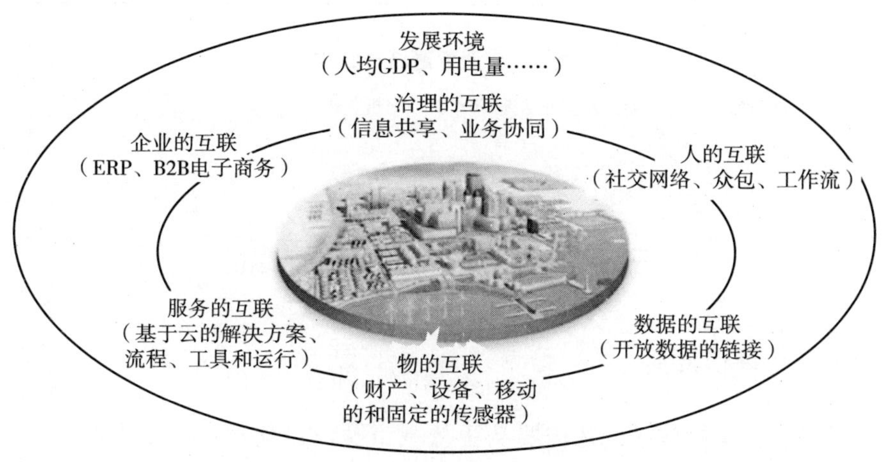

图 2　新型智慧城市概念模型

资料来源：国家工业信息安全发展研究中心分析整理。

基于新型智慧城市概念模型（环状模型），我们采用A9模型的陈述方式，进一步将六个互联通过层次模型方式叠放，在城市的物理、空间和生态环境的发展大环境下，各类信息基础设施组成物的互联。在此基础上，各类基础数据库构成数据的互联。基于网络和数据及人、企业和政府（治理）三类城市主体“智慧”互联（见图3）。

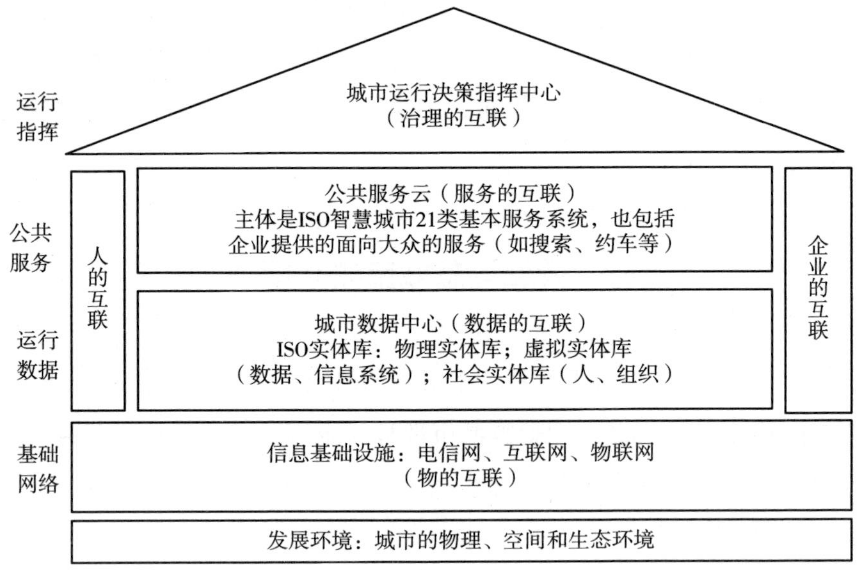

图3　新型智慧城市结构

资料来源：国家工业信息安全发展研究中心分析整理。

三　新型智慧城市测评方案

（一）评价原则

科学性：指标体系的建构要从智慧城市及信息化建设的基本原理出发，体现智慧城市的内涵与核心，保证数据的有效和真实，标准的规范与实用，指标的选取需通过专家的反复论证与测评。

系统性：评价指标要系统全面，从多角度、多层次描述智慧城市发展程度。各指标之间具有逻辑关系，从不同的侧面反映出生态、经济、社会子系统的主要特征和状态。

继承性：指标体系的构建需从我国智慧城市建设实际情况出发，将城市信息化建设，即数字城市建设作为一个重要阶段，集成信息化评价中值得借鉴、时效性较强的指标。

阶段性：指标体系需要考虑到智慧城市发展是个循序渐进、阶段性的过程，不同城市、区域可能处于不同的发展阶段，体现对城市发展阶段性的判断。

整合性：从可操作性出发，考虑直接采用两化融合、信息安全、物联网的既有测评结果，提高测评效率和科学性。

实时性：指标体系的构建要结合信息技术的快速发展，利用大数据等方法，创新数据采集手段，除了利用统计数据之外，将社会的、企业的实时检测数据丰富到指标体系中。

空间结构性：针对省、市、县（区）、农村不同体量测评的对象的发展实际和特色，将部分指标灵活调整。

（二）指标构成

表 1　新型智慧城市指标构成

一级指标	二级指标	考察点
物的互联	互联能力	1.1 实现两家以上运营商共享的基站比例
		1.2 光纤入户比例
		1.3 使用 20M 及以上宽带的用户比例
		1.4 3G/4G 网络覆盖率
		1.5 公共 WiFi 覆盖率
		1.6 城区单位面积感知设备数量
	互联效果	1.7 互联网普及率
		1.8 高清互动电视用户比例
	外部互联	1.9 城域互联网出口带宽

续表

一级指标	二级指标	考察点
数据的互联	政府数据互联	2.1 城市基础信息资源库更新频率
		2.2 城市数据资源共享交换平台接入部门占比
		2.3 数据资源共享交换平均用时
	企业数据互联	2.4 公共事业大数据数据总量
	城市数据互联	2.5 接入企业数据的部门占比
		2.6 政府数据开放比例
服务的互联	政务服务互联	3.1 政务服务“一窗”受理覆盖事项比例
		3.2 政务服务 APP 人均下载量
		3.3 网上政务服务超市人均日点击率
	企业服务互联	3.4 生活服务网上缴费用户比例
		3.5 软件和信息服务业年增长率
	城市服务互联	3.6 通过采购(PPP)提供的政府信息服务占比
人的互联	互联能力	4.1 接受高等教育的人口比例
		4.2 智能移动设备普及率
		4.3 智能可穿戴设备普及率
	互联效果	4.4 日均每人使用流量(3G/4G)
		4.5 人均年度支付的流量的和宽带资费
		4.6 人均年度网络交易额占居民消费比重
		4.7 日均即时通信软件使用时长(微信、微博、QQ)
		4.8 人均年度线上叫车次数
企业的互联	互联能力	5.1 两化融合贯标试点企业认定数量
		5.2 ICT 相关专业本科及以上学历从业人员占比
		5.3 ERP 系统普及率
		5.4 企业信息化年投入占比
	互联效果	5.5 企业互联网平均带宽
		5.6 年 B2B 电子商务交易额
		5.7 利用电商平台开展线上销售的规上企业占比
治理的互联	运行平台	6.1 接入城市运营平台的部门比例
		6.2 城市运营平台覆盖层级[省、市、县(区)]
		6.3 智慧社区(村)数量
	情绪监测	6.4 城市交通、天气、环境等指情绪数发布频率
	预测警示	6.5 提前发布预警的城市重大事件/风险占比
	决策指挥	6.6 使用决策支撑系统的部门占比
发展环境	经济	7.1 人均 GDP
	文化	7.2 文化创意产业占 GDP 比重
	消费	7.3 电信业务总量
	创新	7.4 R&D 占 GDP 比重
	保障	7.5 智慧城市发展规划、纲要、实施方案

四　初步的实践

（一）智慧河北测评分析

在评价体系构建过程中，我们与河北省智慧城市建设的主导部门达成了意向，将对河北省以及所辖 11 个地级市进行智慧城市建设水平测评。因此，工作团队与智慧城市的实际建设者进行了反复的沟通，使测评方案贴合中国的实际发展情况，同时使每一项指标的数据搜集可操作。

（二）东盟十国智慧城市测评调查

2016 年 5 月下旬，在中国 - 东盟新一代信息技术培训班召开期间，我们与东盟十国代表共同探讨了这套体系的科学性和操作的可行性。

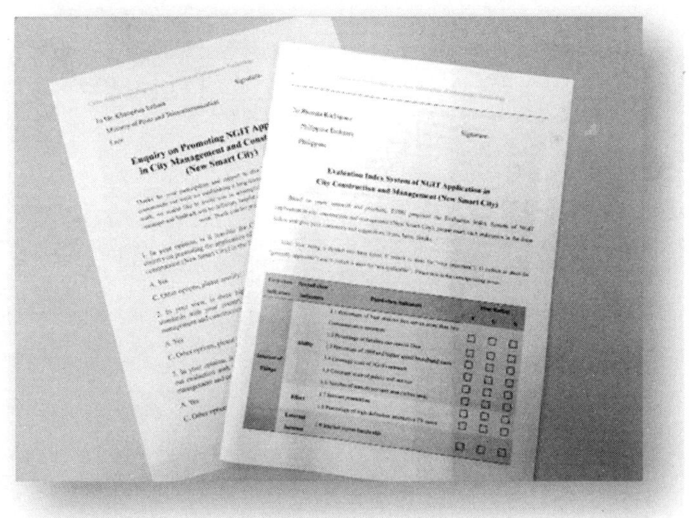

图 4　新型智慧城市测评指标问卷

资料来源：国家工业信息安全发展研究中心。

我们针对“六个互联”及“发展环境”指标共计 47 个评价指标，分别给出了非常适用、一般适用、不适用三类判断项，来自东盟十国主导智慧城

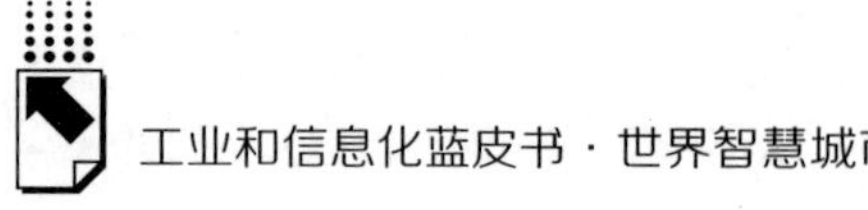

市建设相关部门的 30 位官员依据每项指标在本国的适用程度，在相应的选项打钩，作出评价。

从对问卷的整体统计结果来看，整套指标的适用程度达到 90% 以上，即选择“不适用”选项的数量不到总数的 10%；从单项来看，几乎每项指标都有超过 50% 的回答者勾选了“非常适用”；而在有回答者认为是“不适用”的指标项中，认为该项指标在本国不适用的回答者几乎不超过 5 个。

具体来说，代表物的互联的 9 个指标和代表服务互联的 6 个指标在东盟地区的适用率均达到 99% 以上；代表数据互联的 6 个指标在东盟地区的使用率达到了 100%，这与信息基础设施的普适性有较大关系。类似地，剩下的代表人的互联、企业的互联以及治理的互联的相关指标的适用率稍低，但整体也在 80% 以上。另外，东盟十国的代表同时推选了本国的城市参与智慧城市的测评活动，收到推选的城市共计 25 个，也从侧面说明了这套评价体系的科学性和适用性。

B.9

新型智慧城市系统总体结构研究

孙倩文　褚玉妍*

摘　要：建设智慧城市就像建造一座楼宇，概念模型明确了建筑的外观风格、基本构成和外部框架；而设计总体系统结构，更为清晰地描绘了内部主要系统和构建，例如电力系统、通风系统、排水系统等更加具体的组成，为设计施工打牢基础。因此，以往的实践和研究提出了一些智慧城市设计架构，有关于城市总体的设计架构，也有关于具体关键系统的设计架构，例如智慧政府、智慧经济、智慧服务、智慧交通等信息系统的总体架构，但是这些架构存在一些缺陷：一是各个架构不够全面，尚未覆盖城市全局，二是系统模块的颗粒度不一致。我们在现有各类智慧城市架构的研究基础之上，创新地使用面向对象的分析方法理解城市结构，提出了一个新的智慧城市总体设计框架。

关键词：新型智慧城市　系统总体结构　面向对象

一　几个典型的智慧城市系统总体结构

在智慧城市建设实践中，已经形成了一批系统设计层面的智慧城市模型。

* 孙倩文，理学硕士，国家工业信息安全发展研究中心工程师，主要研究智慧城市建设、新型智慧城市测评、未来计算等；褚玉妍，管理学硕士，国家工业信息安全发展研究中心工程师，主要研究智慧城市、未来计算、产业协同等。

（一）几个智慧城市总体结构框架

1. 国家智慧城市评价框架

国家标准委、中央网信办、国家发改委初步提出的智慧城市评价指标体系总体框架从城市总体评价层面反映了其对智慧城市整体结构的理解。从图1可以看出，智慧城市整体由“能力”和“成效”两方面的9个核心领域组成。智慧城市的建设“能力”从信息资源、网络安全、创新能力、机制保障四方面来体现；智慧城市的建设“效果”从基础设施、公共服务、社会管理、生态宜居、产业体系五个领域来体现。

2. 方正智慧城市公共信息服务平台

方正国际软件有限公司从具体实施的角度，给出了智慧城市公共信息服务平台的整体层次结构（见图2）。架构共包括从基础设施层、数据管理层、支撑平台层、行业应用层和应用展现层五层，底层的基础设施和数据管理为城市空间实体可视化共享服务平台、城市运行实时信息智能处理与分析平台、BPM智能协同服务平台等支撑平台提供基础的网络和信息服务，进而形成政务、社区、水务、公安等应用系统，最终以个性化的方式向政府、企业、居民不同用户提供各类服务。

3. 国脉互联智慧城市PSF评估理论模型

类似地，智慧城市PSF评估模型（见图3）共分为三层，集中阐释了以人为本的核心理念，从下向上全面说明了科学系统的运营流程。

最底层的投入支撑层（资源流），包括各种基础设施、公共服务平台、资源流通道等，实现各种资源的科学投入及各种资源流的高效流动和交换，为智慧城市建设支撑；中间的系统目标层（城市系统），包括环境、社会经济等各方面的智能化应用系统，其基于云计算、海量存储数据挖掘等为市民提供各种均等化、个性的服务，提升城市管理水平，促进产业发展，提高经济运行质量；顶层的核心目标层（以人为本），其是智慧城市建设发展的导向，也是智慧城市建设的“智慧”之源。该架构整体围绕市民的实际需求而建设发展，提高市民的幸福指数，同时

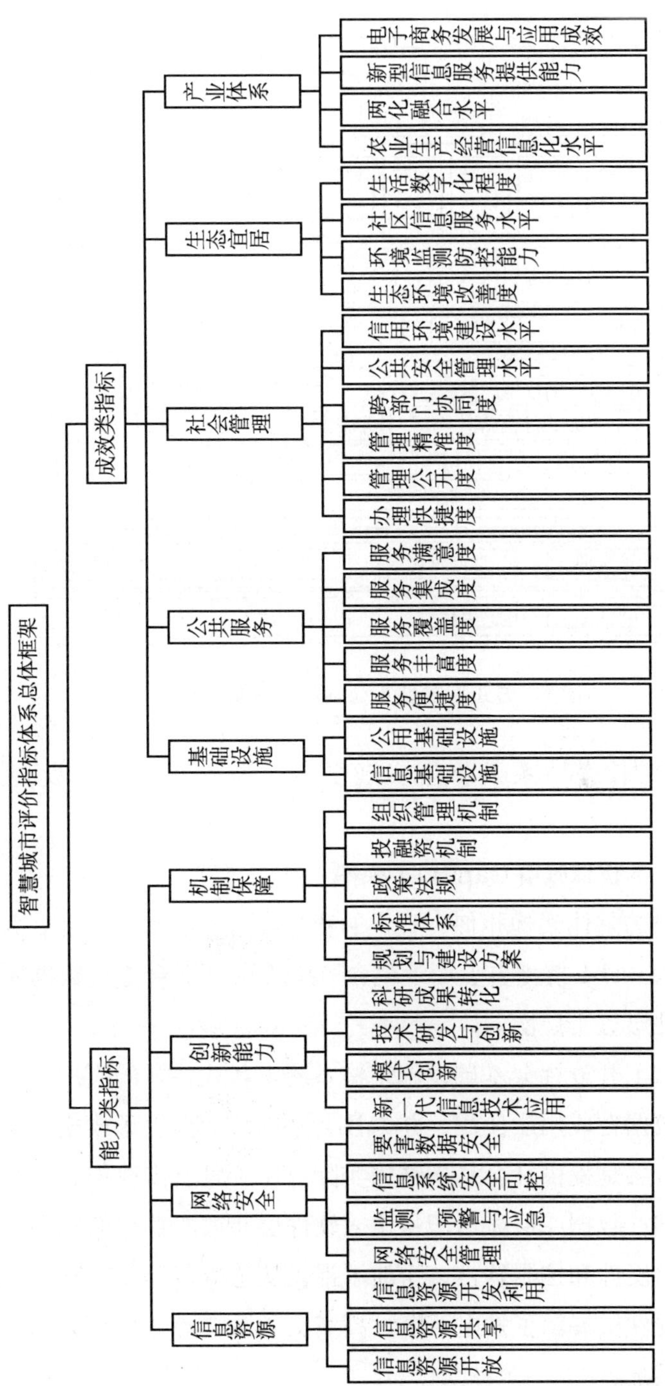

图 1　智慧城市评价指标体系总体框架

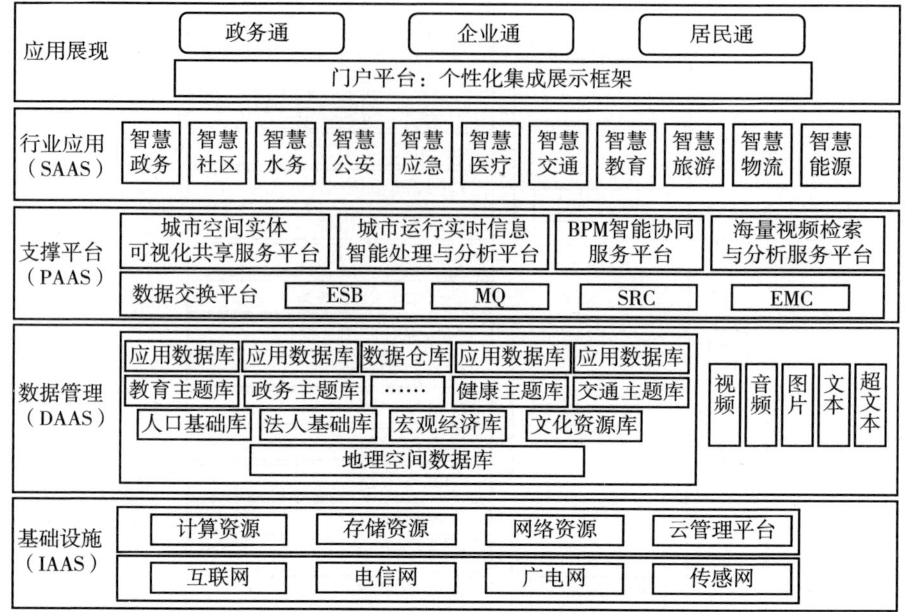

图2　方正智慧城市公共信息服务平台

为市民提供终身教育体系及价值实现平台，为智慧城市建设提供持续动力。

4. ISO－日本智慧城市 Capital I 模型

与方正提出的整体架构相似，日本的智慧城市 Capital I 模型更为偏向具体实施角度。Capital I 模型自上而下包含了应用层、平台层、数据库层、植入软件层和硬件层五个层次。

应用层展示了开放社会基础设施结构系统中各式各样的应用类型。经平台层处理过的数据在应用层使用，并为社会基础结构提供了放松、安全和舒适的服务；平台层是提供社会基础结构实际应用阶段所需放松、安全和舒适功能的技术基础；数据库层显示了从植入软件层获取的数据的状态；植入软件层包含相应的硬件和控制软件，扮演了提供从感应器等装置和子系统获取信息的角色；硬件层展示了发电系统、高级交通系统等各种社会基础结构的组成装置和子系统。

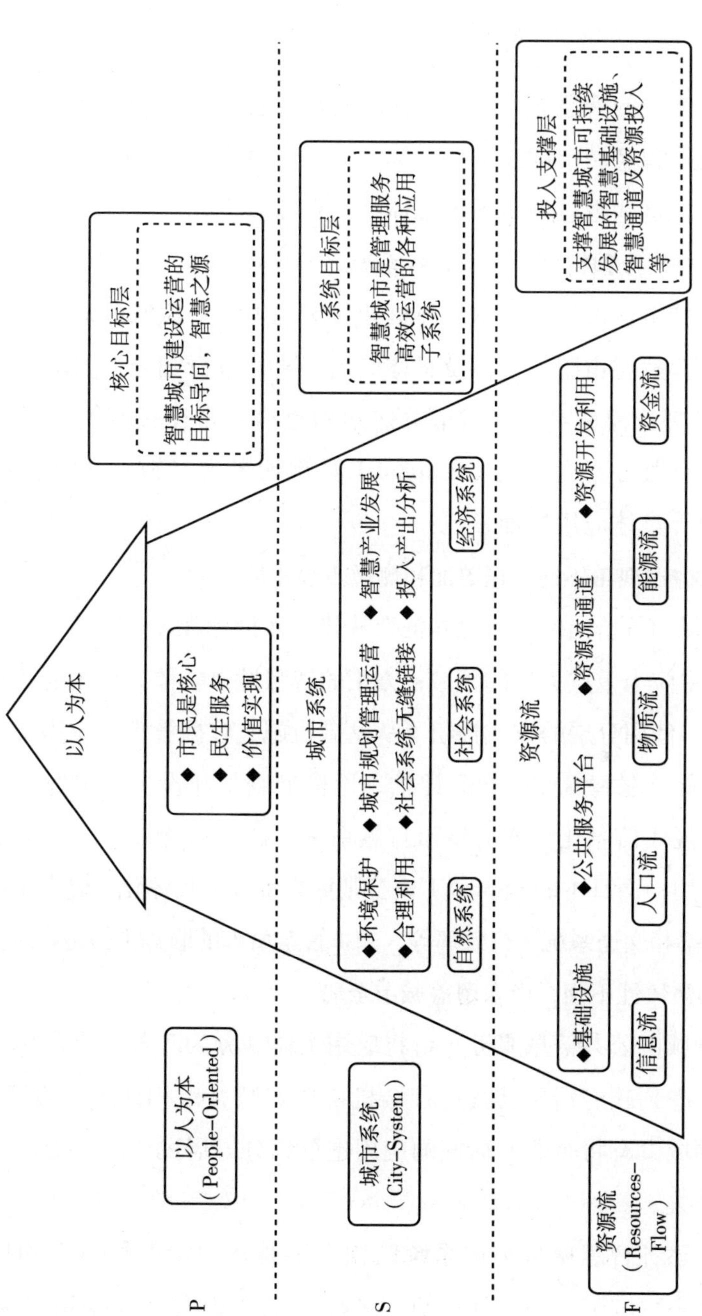

图 3　国脉互联智慧城市 PSF 评估理论模型

（二）现有智慧城市总体框架的特点分析

以上四个典型的智慧城市系统总体结构均综合考虑了基础设施、支撑平台、顶层应用等智慧城市建设关键元素，在当时条件下具有一定的先进性，然而总体看来，这些智慧城市系统总体结构存在以下几个缺点。

1. 核心模块划分颗粒度不一致，各系统之间互不兼容

国家智慧城市评价指标体系总体框架从宏观上对智慧城市架构进行了说明，但并未对智慧城市服务主体及具体应用等要素进行细分；国脉互联智慧城市 PSF 评估理论模型对智慧城市总体架构也描述得比较笼统，而方正智慧城市公共信息服务平台和日本 Capital I 模型均考虑了智慧城市的智慧医疗、智慧交通等具体应用层面。

2. 各架构构建视角不同，覆盖面和侧重点也不同

国家智慧城市评价指标体系总体框架从建设评价标准度，明确了智慧城市架构搭建过程中应当重点关注的领域；方正的智慧城市整体架构主要从具体实施的角度考虑，使用分层的方式描绘了从基础设施、数据管理到应用每一层的具体结构；国脉互联智慧城市 PSF 评估理论模型则从建设主旨出发，围绕以人为本，分析现代信息化技术对城市自然系统、社会系统、经济系统完善和重构的推动作用；而日本的 Capital I 模型则更为细致和具体化，侧重于如何提高能源使用效率和交通系统运行效率等，未将智慧城市的服务主体进行区分。

3. 各架构整体性不强，尚未覆盖城市全局

方正智慧城市公共信息服务平台将应用主体划分为政务、企业和居民三类，但没有考虑到政府治理及其他社会机构在智慧城市构建中的重要作用，而且在应用领域没有将企业和居民的应用进行细分，居民生活、工作等要素没有被考虑进去。

因此，上述各智慧城市整体系统结构框架具备一定的科学性和指导意义，但也存在不少缺陷。因此我们基于对新型智慧城市概念的理解和对城市结构的研究，提出了一个新的智慧城市系统总体框架。

二　一种智慧城市整体结构的分析方法

“智慧城市”建设的核心是“城市”，对智慧城市系统整体结构的研究必然从城市本身整体结构出发，回归到城市整体结构的系统分析和解剖。目前，针对城市整体结构的探讨，已经有不少的研究成果，这些成果往往与其他学科紧密结合，例如从地理学、经济学、社会学、生态学、系统论等角度进行探讨。我们先回顾一些已有的城市整体结构的分析方法，然后提出一个新的面向对象的城市结构分析方法。

（一）现有的城市整体结构分析方法

1. 传统视角的城市结构分析

德国地理学家拉采尔（F. Ratzel）把城市看作处于交通便利、覆盖一定区域的人群和建筑设施的密集集合体；类似地，法国城市地理学家菲利普·潘什梅尔也强调城市的地理特性，把城市总结为城市景观、经济空间、人口密度、生活重心、劳动中心五种要素。英国经济学家 K. J. 巴顿则把城市的经济要素提取出来，认为城市是坐落在有限空间内的经济市场——住房、劳动力、土地、运动等相互交织在一起的网络系统。一些生态学者从不同的角度对城市本身进行了研究，例如把城市视为以生物为主体，包括非生物环境在内的受城市人类活动干扰并反作用于人类的自然生态系统等。

2. 系统论视角的城市结构分析

除了从上述传统学科角度的城市研究方法理论之外，中国学者钱学森在 1990 年提出了开放的复杂巨系统以及定量与定性相结合的分析方法论，并在系统科学和系统工程领域得到了诸多应用。其中，周干峙院士从建筑科学（见表 1）发展的角度提出城市及其区域是一个典型的开放复杂巨系统，在分析影响地区和城市发展因素的基础上，挖掘城市系统因子，确定城市系统结构具有相互紧密联系的层次和系列，城市系统具有层层叠叠的大系统套小系统，各系统之间既有统一性，又有各向异性。同时，城市作为整体系统的作用大于系统各部分之间的简单总和，而且能够产生新的特有的作用，使城市的职能得到强化，达到“1 +1 >2”的效果。

表1　广义建筑学分支

城市	建筑	风景园林	建筑工程
区域规划	建筑历史	造园历史	建筑施工
城市规划	建筑设计原理	公园设计	开发经营
城市经济	建筑构造	风景区设计	房地勘测
工业布局	室外环境设计	庭园设计	基础工程
人口结构	室内环境设计	城市绿化系统	结构工程
交通运输	家具设计	植物配置	土石工程
房地产开发	装饰装修	叠石	地下工程
居住规划	居住建筑	花卉	声学工程
道路系统	工业建筑	苗木	供电照明
商贸服务	办公建筑	动物园	采暖通风
供水设施	学校建筑	植物园	给水排水
废水处理	交通建筑	园林台榭	古建维修
固体废物	体育建筑	园林小品	门窗
燃气供应	剧院建筑	通道意境	墙体
电力供应	地下建筑	室内绿化	地面
信息网络	宗教建筑	盆景艺术	顶盏
文体休闲	陵寝建筑		电梯
卫生保健	纪念建筑		消防
防灾设施	CAD 制图		
GIS 应用			

注：学科分类极为复杂，以上概括不可能完全，仅作为研究参考。

（二）面向对象的城市结构分析方法

面向对象是软件开发方法，但是概念和应用已超越了程序设计和软件开发，成为一种对现实世界理解和抽象的方法。它用非常接近实际领域术语的方法把系统构造成“现实世界”的对象。如果把城市看作一个复杂开放的物理系统，那么建设智慧城市的过程也是设计构建一个整体的信息系统的过程。因此，我们创造性地把面向对象的信息系统设计方法移植到智慧城市设计过程中，并尝试运用这种方法来分析城市的结构，主要厘清城市的几大“对象”，并分析不同类别对象的“继承”属性，即其所拥有的子系统情况。

首先，确定城市系统中的四类对象，即信息化基础设施、政府、社会机构和市民四类，紧接着摸清四大类“对象”的具体职责和活动范畴，即对应面向对象系统设计中的“需求分析”。在此基础上，将不同对象的相同功能属性整合，形成一系列大型的管理平台，再以平台为单位，进一步细化出每项职能（即较大系统）对应的一系列子系统，完成智慧城市总体架构设计的主体部分。以下对城市系统的几类对象主体及功能属性进行详细论述。

1. 政府及其功能

政府，即国家权力机关的执行机关，是国家行政机关。从内容上看，政府具有政治、经济、文化与社会四大功能。其中，从契约论与马克思主义来看国家本质，政治职能是政府的核心职能，社会职能是政府实现政治统治的基本职能，经济职能与文化职能是建立在政府政治治理与社会服务之上，是促进社会发展的主要表现。因此，政府职责可以分别概括为治理、服务与发展三个方面。治理是对城市资源环境、基础设施和社会管理的综合指挥和调配；服务是对社会机构和市民提供的维持城市正常运行的服务；发展指政府统筹经济建设和促进文化发展。三个职责协调统一，共同构成政府的职责体系。

2. 社会机构及其功能

社会机构是指各种起不同作用的社会组织，如企业、学校、医院、行业组织、社区和农村等。达格·奥斯特尔伯格（Dag Osterberg）依据社会机构在社会中的不同职责将其划分为四种类型：第一种是是权力管理类型；第二种是生产类型，以达到理性目标为主；第三种是医疗类型，以提供照顾与服务为主；第四种是协调原则、价值观的社会机构。依据以上分类，本文将社会机构职责划分为管理、生产、服务与责任参与四个方面。社会机构通过管理职能协助政府进行城市社会管理，通过组织生产与服务落实与配合政府发展与服务的职能，通过责任参与推动政府社会管理水平的提高。

3. 市民及其功能

遵循以上分析思路，市民的活动分为生活、工作学习与责任参与三个方面。首先，市民通过工作与生活，促进自我发展，参与社会机构生产，配合政府发展职能实现；其次，市民通过业余生活，享受政府和社会机构提供的城市服务；最后，市民与社会机构共同参与推动政府社会管理水平的提高。

4. 信息化基础设施及其功能

城市信息化基础设施，主要包括基础网络、安全系统和政策环境等。城市信息化基础设施为智慧城市系统正常运转提供物理基础与运行环境，功能完善、使用安全便捷、技术先进可靠的高速互联传输网络是三大支撑公共平台与七大应用平台建设的基础，最终服务三大类主体，支撑其各项职责的正常履行。

三　新型智慧城市系统总体框架

（一）新型智慧城市系统框架概述

如图 4 所示，新型智慧城市系统框架由三大类主体、七大类应用平台、三大信息化应用支撑公共平台和城市信息化基础设施组成。

（二）主体框架的主要构成

1. 三大类主体及其职责

基于上一部分面向对象的城市结构分析方法，自上而下来看，第一层是智慧城市三大类主体，即政府、社会机构与市民。分别对三大类主体功能模块进行抽象归纳，形成三大类主体职责划分。

我们认为，不论政府、社会组织还是个人，每个主体都有对内的管理职责、对外的服务职责、前瞻的发展职责，以及一些基本社会义务和责任。分别来说，政府职责分为治理、发展和服务，社会机构职责分为管理、生产、服务与责任参与，市民职责分为生活、工作学习与责任参与。其中社会机构，应该包括企业，学校、医院等事业单位，以及以社团、联盟等为代表的社会组织等。

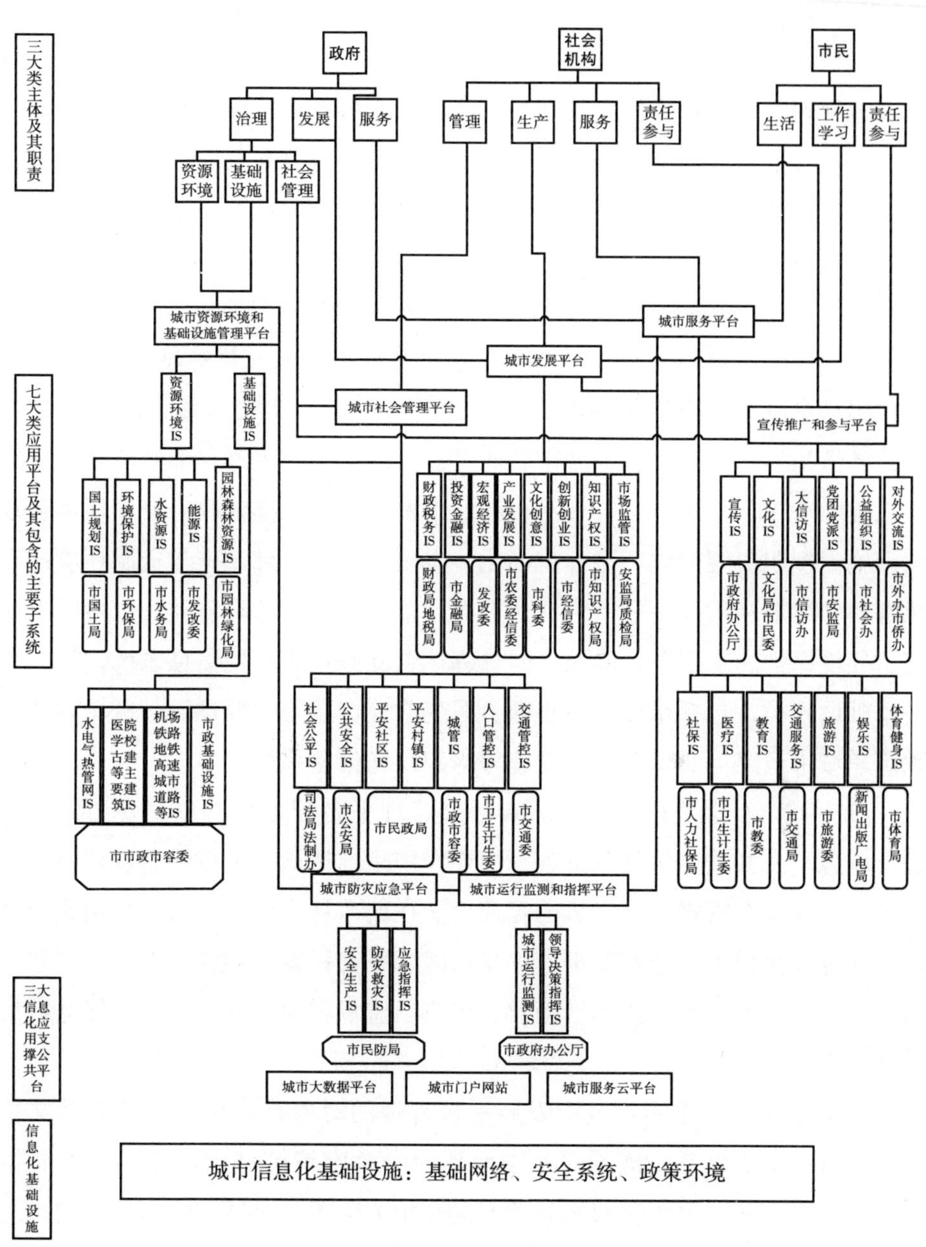

信息化基础设施

城市信息化基础设施：基础网络、安全系统、政策环境

图 4　新型智慧城市设计总体架构

注："IS"为信息系统（Information System）的英文缩写。

2. 七大类应用平台及其包含的主要子系统

在我们的总体框架中，包含七大类应用平台，分别为城市资源环境和基础设施管理平台、城市社会管理平台、城市发展平台、城市服务平台、宣传推广和参与平台、城市防灾应急平台及城市运行监测和指挥平台。应用平台的作用是：既是对象属性映射到具体子系统的中介平台，又是信息基础设施、数据等的支撑平台。

（1）城市资源环境和基础设施管理平台。城市资源环境和基础设施管理平台管理的对象主要是道路等城市基础设施和水电气热等城市资源环境。其作用是对城市基础部件和资源环境进行集中，并实行全覆盖的监测和管理，是最初的管理平台，为城市其他平台提供基础的资源与部件信息，包括城市服务平台、城市社会管理平台和城市发展平台，推动政府资源环境和基础设施治理职责明确化、过程流畅化，实现对城市基础设施与资源环境的有效管理和高效利用。该平台包括两大类，第一类是资源环境类，包括国土规划、环境保护、水资源、能源、园林森林资源等资源环境信息系统，第二类是基础设施类，包括水电气热管网、医院学校古建等主要建筑、机场铁路地铁高速城市道路等、市政基础设施等基础设施信息系统。

（2）城市社会管理平台。城市社会管理平台管理的对象主要为城市交通、应急、公共安全等领域事务，主要作用是维持城市关键管理领域的顺畅运转。政府社会管理与社会机构管理功能在城市社会管理平台上得到集中体现，通过社会公平、公共安全、平安社区、平安村镇、城管、人口管控和交通管控等子系统组织、协调、指导、规范、监督和纠正社会失灵，促进城市系统协调运转。

（3）城市发展平台。城市发展平台管理的对象是城市经济发展及文化发展领域的主要事务。该平台一方面从政府角度统筹城市产业经济发展情况，另一方面从市民角度归集与学习提升相关资源，对城市除基础功能之外的较高层次发展功能进行实现，主要将政府发展、社会机构生产和市民工作学习职责集中，实现城市社会经济和文化的发展繁荣。该平台主要下设财政税务、投资金融、宏观经济、产业发展、文化创意、创新创业、知识产权和市场监管等信息子系统。

（4）城市服务平台。城市服务平台管理的对象是城市为政府、社会机构、市民提供的所有服务事项的加总，同时也包括政府为社会机构提供的所有服务。城市服务平台整合城市所有服务资源，按主体不同提供多种类型服务，政府和社会机构的服务职能，以及市民日常生活都与服务平台紧密结合。通过这一平台，市民可以享受政府和社会机构共同为其提供的“一站式”服务，实现城市社会生活的极大便利化。下端信息子系统涵盖社会生活的各个方面，主要包括社保、医疗、教育、交通服务、旅游、娱乐和体育健身等。

（5）宣传推广和参与平台。与其他积累管理平台稍有差异，城市宣传推广和参与平台管理的事务较为抽象，管理对象可以看作与城市口碑相关的，以及与市民互动、市民感受度相关的抽象事务。该平台主要集中与城市形象、城市名片、市民互动、交流合作等相关信息，目的在于营造良好的社会氛围、积极向上的城市精神，社会机构和市民通过这一平台间接参与城市社会管理，民意经此平台形成强大的信息流，在政府与社会机构和市民之间形成双向流动，并影响城市管理、发展、服务、资源环境和基础设施管理等诸多方面。例如参加民主团体并与城市领导者进行利益协调、参与社会公益组织活动对城市弱势群体进行关怀等从而促进城市人口管理与城市发展。从内容上看，这一平台主要包括宣传、文化、大信访、党团党派、公益组织等信息子系统。

（6）城市防灾应急平台。城市防灾应急平台是整体性非常强的城市平台之一，管理对象为所有与城市安全、秩序、突发事件相关的事务。该平台通过统一接口与以上五个平台连接，在以上所有相关事务的有序性降低到一定程度时触发并发挥作用，实现城市灾情预测、防灾救灾和应急指挥功能。依据以上分析，该平台主要包括安全生产、防灾救灾和应急指挥三个信息子系统。

（7）城市运行监测和指挥平台。与防灾应急平台类似，城市运行监测和指挥平台也是覆盖城市全局的整体性平台，该平台与其他六个平台直接或间接链接，实时接收来自不同领域的事务信息，通过数据归集、分析和挖掘，对城市运行进行全方位实时监测和趋势性判断，为领导决策提供“预判性”的决策支撑。从平台结构来看，城市运行监测和指挥平台主要包括城市运行监测和领导决策指挥信息子系统。另外，七大平台通过统一接口实现基础数据和信息的传递，形成智慧城市各平台的协同和联动。

3. 三大信息化应用支撑公共平台

第三层是对七大类应用平台提供支撑的三大信息化应用支撑公共平台，即城市大数据平台、城市门户网站和城市服务云平台。三大支撑平台以城市信息化基础设施为硬件依据，城市门户网站直接对接城市主体具体需求，其需求在城市服务云平台进行远程数据调取、服务集成、身份管理和其他应用服务等，而城市大数据平台为服务云平台运行提供海量数据集成交换、质量整理、集群运维管理、业务模型挖掘分析、搜索引擎、可视化展现等数据支撑业务。

（三）新型智慧城市系统框架特征

1. 从整体的视角，多层次分析智慧城市核心构成

我们将城市作为一个整体对象进行分析。第一层明确了城市的三大类主体；第二层将城市基本功能划分成管控、服务、发展等元素，同时进行智慧交通、智慧社保、智慧城管等主要子系统的部署；第三层从 IT 整合的视角，以城市大数据平台、城市云服务平台、城市门户网站三大支撑平台对接第二层的七大类应用平台。

2. 采用面向对象的方法，融合城市架构与 IT 架构

我们采用面向对象的方法，自上而下将城市结构和 IT 结构进行有机融合，提出了新型智慧城市系统框架，这种分析方法有利于与智慧城市建设后期的具体软件工程接轨。

3. 多角度创新，赋予老概念新内涵

我们在搭建智慧城市系统架构时，赋予了一些老概念新内涵。从新型智慧城市设计总体架构可以看出，城市服务不仅包含政府提供的服务，更包含企业提供的服务，而这两类服务的整合将是未来趋势，这在一些采用“PPP”模式的项目中已经有所体现。除此之外，社会沟通的内涵也被扩大，从市民与市民、市民与社会机构的沟通扩展到市民、社会机构和政府三大主体之间的沟通。

附　　录

Appendices

B.10
附　录

附录1　ITU：《衡量信息社会报告2016》

（一）ICT 发展指数（IDI）——全球分析

ITU ICT 发展指数（IDI）是一个衡量世界各国 ICT 发展水平的综合评价指标。它从 ICT 的接入、使用和技能三个维度，选取 11 个指标加权计算得出。IDI 2016 反映了全球 175 个经济体的 ICT 发展情况，并通过与 IDI 2015 进行比较，展现全球信息社会的进步和持续存在的鸿沟。

与上一年相比，几乎所有国家的 IDI 值都得到了改善，但是拥有更多连接的国家与拥有更少连接的国家之间仍然存在巨大的差异。平均 IDI 值上升了 0.20 ~ 4.94（IDI 值最高为 10），在列表中处于最前列和最后的国家增长较小。而表现最好和最差的国家之间的差距——作为衡量数字鸿沟的一个变量——几乎保持不变，在 IDI 2016 中为 7.76。

韩国连续第二年位居 IDI 排名榜首。位于前十名的国家还包括亚太地区的其他两个经济体和 7 个欧洲国家。这反映了发达国家和高收入发展中经济体进行了高水平的 ICT 投资和创新。大多数表现好的国家都有着鼓励创新的开放、竞争的 ICT 市场。它们也有收入相对较高的人口和有效利用 ICT 所需的技能。

经济和 ICT 发展之间存在强烈的相关性，使最不发达国家处于特别不利的地位。尽管发展中国家 IDI 值的提高幅度比发达国家要大，但发达国家的平均 IDI 值（7.40）仍比发展中国家（4.07）高出 3.33 个点。拥有最少连接的国家、处于 IDI 2016 分布的最后 1/4 部分的国家和最不发达国家之间也存在强烈相关性。事实上，垫底的 27 个国家都是最不发达国家，而这些国家和表现更为优秀的发展中国家之间的 IDI 值差距在继续扩大。

ICT 使用比 ICT 接入有了更大的改进。ICT 使用分项指标平均上升了 0.37 个点，而 ICT 接入分项指标仅上升了 0.13 个点，使 ICT 使用成为 2015～2016 年 IDI 结果中的更大变化因素。ICT 使用分项指标的增长主要是全球移动宽带用户数量强劲增长的结果。在大多数地区，ICT 接入的增加主要与推动更多家庭上网所取得的进展有关，而在非洲，移动蜂窝普及率的改善对 ICT 接入分项指标的值有更大的影响。

世界各国 IDI 都得到强劲的改善。圣基茨和尼维斯取得的进步最大，从 2015 年的第 54 位上升到 2016 年的第 34 位。其他显示了 ICT 进步的国家还包括缅甸、阿尔及利亚和不丹。

（二）ICT 发展指数（IDI）——区域和国别分析

IDI 体现了国家和地区 ICT 发展水平与社会和经济发展水平之间存在密切的联系。尽管与 2015 年相比，区域 IDI 的整体值没有显著变化，但由于基础设施投资和政策及监管的变化，一些国家取得了显著进步。

欧洲继续在 ICT 发展中处于领先地位。在世界各地区中，欧洲的平均 IDI 值最高（7.35 分）。欧洲国家中只有阿尔巴尼亚略低于全球平均水平。这反映了该地区高水平的经济发展和 ICT 投资。欧洲国家通常放开了通信市场，具有高的 ICT 接入、使用和技能水平。

美洲一些国家的 IDI 表现大大提高。加勒比的三个岛屿国家——圣基茨和尼维斯、多米尼加和格林纳达，作为最富有活力的国家之一，其 IDI 值和排名有了显著改善。拉丁美洲的几个国家，特别是玻利维亚和墨西哥，在 IDI 表现方面也取得了明显进步。与其他地区类似，移动宽带用户的增长在其中发挥了特别重要的作用。

独立国家联合体（独联体）是 ICT 发展最均衡的区域。几乎所有独联体国家的 IDI 值都高于全球平均水平，并且由于移动蜂窝和移动宽带普及率的提升，该地区所有国家的 IDI 值都得到了提高。

相比之下，亚洲和太平洋地区是最参差不齐的。该地区前七大经济体的 IDI 值高于 7. 50，排在 2016 年 IDI 最前的 1/4 部分。该地区还有一些国家的 IDI 值和排名得到了显著的提高，包括不丹、缅甸和马来西亚。然而，该地区 34 个国家中有 9 个——包括几个人口众多的国家，是拥有连接最少的国家（LCC）。

阿拉伯国家的 ICT 发展呈现显著的多样性。阿拉伯国家地区五个表现最好的国家是富含石油的高收入经济体，但该地区还包括一些低收入国家，其中三个是低收入国家。这表明，该地区的 LCC 和更加繁荣的国家之间的数字鸿沟可能在加剧。

非洲是 IDI 表现最差的地区。非洲地区的 IDI 2016 年的平均值为 2. 48，略高于全球平均 IDI 水平的一半。IDI 2016 年中的 39 个非洲国家大多数是 LCC。这反映了该地区的经济发展水平较低，阻碍了 ICT 的发展。非洲出现的最大变化是，移动蜂窝用户数量增加了，与其他地区相比，其移动宽带用户数的增长最快。

投资、政策和法规会影响各国的表现。许多国家在 IDI 方面的排名出乎意料地高于其经济发展水平。在大多数地区，在短短的一年内许多国家大大提升了其 IDI 排名。

（三）ICT 在监测可持续发展目标实现中的作用

2015 年，联合国确定了 17 项可持续发展目标（SDG）和相关指标，将用于指导2015~2030年的全球发展。为了衡量实现SDG的进展情况，联合国统计委员会采纳了一个全球性的指标框架。若干可持续发展目标涉及ICT，并确定了若干ICT指标，以帮助跟踪SDG 4、5、9和17。

监测学校的计算机和互联网使用情况。SDG 4注重为所有人提供包容的、公平的教育机会，其目标之一是确保提供适当和包容的教育设施。现有数据表明，一些发展中国家的中小学可100%使用计算机，但多数国家达不到。

监测青少年和成人的ICT技能。SDG 4的另一个目标是提高就业、体面工作和创业所需的技能，这将通过具有一系列ICT技能的青少年和成人的比例来衡量。数据显示，在发达国家，具有特定ICT技能的人口比例比发展中国家高得多。

监测ICT在妇女赋权方面的作用。SDG 5关注妇女赋权，其目标之一是加强ICT的使用，以促进赋予女性平等的权利。有关拥有移动电话的男女比例的数据显示，在低收入和拥有较少连接的国家，手机拥有和使用方面的性别鸿沟较大。

监测ICT使用和互联网接入的增长。SDG 9呼吁更多地使用ICT，努力“使最不发达国家到2020年实现普遍和负担得起的互联网接入”。其目标之一集中在满足对增加ICT和互联网使用的需求，这一需求是由不同移动技术所覆盖人口的百分比来衡量的。2016年全球移动宽带网络覆盖的人口比例将达到84%，但在农村地区仅为67%。只有超过一半的全球人口有LTE或更高级的网络覆盖，其中几乎没有居住在农村地区的。

监测ICT对科技和创新的贡献。SDG 17关注振兴全球伙伴关系，以获得可持续发展。其目标之一是加强在科技和创新方面的合作。这将部分通过监测固定宽带用户的数量和速率来衡量。数据表明，发达国家和发展中国家之间，以及区域内部，在固定宽带用户占人口比例和为这些用户提供的接入速率方面，都存在实质性差异。虽然在一些国家，如韩国、丹麦和法国，固定宽带普及率达到约40%，并且高速宽带接入高于10 Mbps，但许多低收入经济体只有不到2%的固定宽带普及率和不足2 Mbps的低速连接。

监测 ICT 的使用。SDG 17 的另一个目标是加强社会对技术的使用，包括 ICT。这通过使用互联网的人口比例来衡量。2016 年，发达国家的互联网使用率是发展中国家的两倍，而发展中国家整体上是最不发达国家的两倍多。

（四）ICT 服务价格

许多人继续被排除在全球信息社会之外，而相对较高的 ICT 服务成本仍然是限制 ICT 使用的主要障碍之一。对 ICT 服务价格进行监测，对于制定旨在使所有人都能负担得起的 ICT 服务的政策而言至关重要。

移动蜂窝价格在 2015 年继续下降，并且下降速度比前几年更为剧烈。发展中国家移动蜂窝套餐（每月包括 100 条短信和 30 次移动电话呼叫）的平均费用占人均国民总收入（GNI）的比例首次低于 5%。最不发达国家（LDC）的移动蜂窝价格下跌了 20%，是五年来最大幅度的下降。价格下降与打包的短信和本地通话预付费套餐的不断增多有关。创新的资费计划，例如不断打折，也有助于使低收入群体能够享受负担得起的服务。

在所有地区中，亚太地区的移动蜂窝业务的平均 PPP 价格（以美元表示的购买力平价）最低。亚太地区包含了全球移动蜂窝套餐价格最低的两个国家：斯里兰卡和孟加拉国，其每月 PPP 价格分别为 2.45 美元和 4.14 美元。

固定宽带价格在 2015 年继续大幅下降，但在一些最不发达国家仍然是最高的，并且显然是难以担负的。在全球范围内，基本固定宽带连接的价格从 2008 年的每月 80 美元下降到了 2015 年的 25 美元，相应地，宽带资费占人均 GNI 的比例从超过 90% 降至 14%。在最不发达国家，每月最少 1GB 数据的固定宽带计划，其资费仍然超过人均 GNI 的 60%。这项业务在乌干达、乍得和中非共和国的销售价格超过每月 300 美元，并且在一些小的发展中岛国仍然非常昂贵，显然无法承受。

大多数低收入国家的人们由于经济原因只能获得更低速率和质量的宽带

服务。在发达国家，入门级固定宽带套餐的最低速度近年来大大提高。另外，发展中国家正在逐步升级宽带基础设施，以提供更高的接入速率。在2015年，没有一个发达国家提供的入门级宽带连接速率低于1 Mbit/s，但大多数最不发达国家则反之。可用速率的差异影响用户可以接入和受益的业务和应用程序的类型。移动宽带比固定宽带更便宜、更普及，但在大多数最不发达国家仍然没有部署。在全球范围内，基于手机的移动宽带价格从2013年每月平均PPP价格为29美元下降到2015年的18美元。仅有38%的最不发达国家提供移动宽带服务；而在提供移动宽带服务的国家，2012～2015年，基于手机的PPP价格下降了一半以上，该价格目前占人均GNI的11%。然而，移动宽带永远不能取代固定宽带互联网接入，特别是在商业部门，并且越来越多的应用需要更高的速度和更好的连接质量。

移动宽带价格的下降伴随着使用强度的增加。移动互联网流量数据显示，在大多数提供数据服务的国家，每个用户所消耗的数据量都在增加，这表明，移动宽带价格的下降不仅有助于连接更多的人，还有助于促进已经在线的用户能更深度地使用互联网。

（五）衡量移动电话的使用

对移动电话使用情况的监测很大程度上是基于移动蜂窝签约数，这是因为这些数据易于获取并且由监管机构和运营商定期收集和发布。截至2016年底，移动蜂窝签约数几乎与全球人口数量一样多，95%的全球人口居住区域都有移动蜂窝信号覆盖。然而，由于许多人拥有多个手机号码或设备，需要采用其他度量指标来准确评估移动电话的使用，比如手机用户或手机拥有者的数量。

许多人仍然没有手机或未使用手机。来自发展中国家的家庭数据表明，相当一部分人根本不使用移动蜂窝服务。在可以获得家庭数据的发展中经济体中，平均有近20%的人口仍然没有使用手机。拥有手机的比例甚至更低，特别是在大型发展中经济体，比如孟加拉国、印度、印度尼西亚和巴基斯坦，超过40%的人口没有手机。

没有或不使用移动电话的人中，绝大多数为年少者（5～14 岁）和 74 岁以上的老年人。这些年龄组中的使用和拥有普及率远低于其他人群。在可以获得数据的国家，在 15～74 岁年龄组中，85% 或更多的人口拥有或使用移动电话，但这一点正在改变。

在移动电话使用方面存在明显的性别鸿沟，移动电话拥有鸿沟大于移动电话使用鸿沟。发展中国家的许多妇女依靠别人的手机或 SIM 卡接入移动蜂窝业务。性别鸿沟与收入和教育程度的差异有关，也反映了其他方面的社会鸿沟。大多数没有或不使用手机的人收入和受教育程度较低。

生活在农村地区的人们拥有或使用移动电话的可能性低于城市人口。在几个发展中国家，城市和农村人口中有相当大的一部分尚未拥有或使用移动电话。虽然全球生活在农村地区的大多数人口都可以获得可用的移动基础设施，但农村人口往往收入较低，教育水平较低，这导致了较低的手机拥有率和使用率。

可负担得起是拥有移动电话的主要障碍。手机的成本，而不是服务本身的成本，通常被称为是拥有移动电话的主要障碍。另一个主要障碍是缺乏可感知的好处。在整体移动通信使用较低的社区中，移动电话的使用被认为具有较少的益处，因为较少的社区成员也使用这种通信模式。其他障碍包括网络质量差和缺乏通过移动电话访问互联网所需的 ICT 技能。

移动蜂窝业务的普遍使用还没有实现。发展中国家的政策制定者和电信业应当将重点放在能促进移动通信使用的针对性政策上。正如《2030 年可持续发展议程》中所承诺的，ICT 是一个强大的赋权工具，没有人应该由于经济、教育、社会或技术障碍而剥夺他们可获得的好处。

（六）互联网用户和行为趋势

2016 年，人们不再“上”网，他们本身就“在”网上。越来越无处不在的、开放、快速和内容丰富的互联网改变了许多人的生活、沟通和做生意的方式，为个人、政府、组织和私营部门带来巨大的好处。然而，许多人仍然没有使用互联网，许多用户没有充分利用其潜力。需要更好地了解谁在上

网而谁没有上网，以及人们如何使用互联网，以便创建一个更具包容性的信息社会。

全球仍然有一半以上的人口不能享受互联网带来的好处。全球有 39 亿人无法使用互联网——主要为女性、年长者、受教育程度较低人群、低收入人群和农村人口。要使更多的人能使用互联网，重要的是要注重减少整体社会经济不平等。教育和收入水平是人们是否使用互联网的重要决定因素。

大多数人都可以使用互联网服务，但许多人实际上并不使用它们。全球 3G 和 4G 网络的普及把互联网带给了越来越多的人。2016 年，移动宽带网络已覆盖全球 84% 的人口，而互联网用户普及率只有 47. 1%，互联网用户数仍然远低于移动网络接入人数。虽然基础设施部署至关重要，但高价格、低服务质量和其他障碍阻碍了更多人步入数字世界。

互联网的潜力尚未充分开发，特别是对于低收入和受教育程度较低的用户。具有较高教育水平的互联网用户比具有较低教育水平和收入的互联网用户更多地使用更先进的服务，例如电子商务、在线金融和政府服务，而后者则主要使用互联网进行通信和娱乐。这表明许多人没有从互联网的机遇中充分受益。事实上，互联网有可能加强现有的不平等，而不是解决它们。

接入互联网是不够的，政策制定者必须解决更广泛的社会经济不平等问题，并帮助人们获得充分利用互联网所需的技能。这符合更全面的发展方针，如《2030 年可持续发展议程》所采用的方法，其中强调发展、挑战是相互关联的，不能孤立地实现。

需要进行数据革命，以便更好地了解谁在使用互联网、在哪里使用和如何使用。目前许多发展中国家并不具备有关互联网使用的可靠和有效的数据，对最不发达国家而言，几乎没有这些数据。这种数据缺乏是 ICT 政策制定者、投资者和内容生产者面临的严重挑战。联合国呼吁利用新的数据来源，包括大数据，以补充官方统计数据。ITU 正在回应这一呼吁，并且最近启动了一个名为“用大数据衡量信息社会”的新项目，探讨 ICT 行业的大数据如何帮助加强数据收集、基准和方法，以用于衡量信息社会。

附录2 2016年联合国电子政务调查报告

附表 1 2016 电子政务国家排名（按 EGDI 值划分）

极高 EGDI 值（大于 0.75）	高 EGDI 值（0.50～0.75）		中等 EGDI 值（0.25～0.50）		低 EGDI 值（低于 0.25）
澳大利亚	阿尔巴尼亚	毛里求斯	阿尔及利亚	莱索托	阿富汗
奥地利	安道尔	墨西哥	安哥拉	利比亚	贝宁
巴林	阿根廷	摩纳哥	安地卡及巴布达 +	马尔代夫	布基纳法索
比利时	亚美尼亚	蒙古国	孟加拉国	马绍尔群岛	布隆迪
加拿大	阿塞拜疆	黑山	伯利兹	密克罗尼西亚	中非
丹麦	巴哈马 +	摩洛哥	不丹	纳米比亚	乍得
爱沙尼亚	巴巴多斯	阿曼	玻利维亚	瑙鲁	科摩罗
芬兰	白俄罗斯	秘鲁	博茨瓦纳	尼泊尔 +	刚果(布) -
法国	波黑 +	菲律宾 +	柬埔寨	尼加拉瓜	科特迪瓦
德国	巴西	波兰	喀麦隆	尼日利亚	刚果(金)
冰岛	文莱	葡萄牙	佛得角	巴基斯坦	吉布提
爱尔兰	保加利亚	卡塔尔	古巴	帕劳	赤道几内亚
以色列	智利	摩尔多瓦	朝鲜	巴拿马	厄立特里亚
意大利	中国	罗马尼亚	多米尼克	巴拉圭	冈比亚
日本	哥伦比亚	俄罗斯	多米尼加	卢旺达	几内亚
立陶宛 +	哥斯达黎加	圣基茨和尼维斯 +	埃及 -	圣卢西亚	几内亚比绍
卢森堡	克罗地亚	圣马力诺	萨尔瓦多	圣文森特和格林纳丁斯	海地
荷兰	塞浦路斯	沙特阿拉伯	埃塞俄比亚	萨摩亚	利比里亚
新西兰	捷克	塞尔维亚	斐济 -	塞内加尔	马达加斯加 -
挪威	厄瓜多尔	塞舌尔	加蓬	苏丹	马拉维
韩国	格鲁吉亚	斯洛伐克	加纳	苏里南	马里
新加坡	希腊	南非 +	危地马拉	斯威士兰	毛里塔尼亚
斯洛文尼亚 +	格林纳达	斯里兰卡	圭亚那	叙利亚	莫桑比克
西班牙	匈牙利	泰国 +	洪都拉斯	塔吉克斯坦	缅甸
瑞典	约旦	马其顿	印度	东帝汶	尼日尔
瑞士 +	哈萨克斯坦	特立尼达和多巴哥 +	印度尼西亚	多哥 +	巴布亚新几内亚
阿拉伯联合酋长国 +	科威特	突尼斯	伊朗	汤加	圣多美和普林西比

续表

极高 EGDI 值（大于 0.75）	高 EGDI 值（0.50 ~ 0.75）		中等 EGDI 值（0.25 ~ 0.50）		低 EGDI 值（低于 0.25）
英国	拉脱维亚	土耳其	伊拉克	土库曼斯坦	塞拉利昂
美国	黎巴嫩 +	乌克兰	牙买加	图瓦卢	所罗门群岛
	列支敦士登	乌拉圭	肯尼亚	乌干达	索马里
	马来西亚	乌兹别克斯坦 +	基里巴斯	坦桑尼亚	南苏丹
	马耳他	委内瑞拉	吉尔吉斯斯坦	瓦努阿图	也门 -
		越南 +		赞比亚 +	
				津巴布韦	

注：国家名后的“ + ”标记代表从较低 EGDI 指数升至较高指数，“ - ”标记代表从较高 EGDI 指数降至较低指数。

附表 2　世界电子政务发展领先国家（极高 EGDI）

国家	地区	在线服务指数（OSI）	人力资本指数（HCI）	电信基础设施指数（TII）	电子政务发展指数（BGDI）	电子政务发展指数水平	2016 年排名	排名趋势（2003 ~ 2016 年）
英国	欧洲	1.0000	0.9402	0.8177	0.9193	极高	1	
澳大利亚	大洋洲	0.9783	1.0000	0.7646	0.9143	极高	2	
韩国	亚洲	0.9420	0.8795	0.8530	0.8915	极高	3	
新加坡	亚洲	0.9710	0.8360	0.8414	0.8828	极高	4	
芬兰	欧洲	0.9420	0.9440	0.7590	0.8817	极高	5	
瑞典	欧洲	0.8768	0.9210	0.8134	0.8704	极高	6	
荷兰	欧洲	0.9275	0.9183	0.7517	0.8659	极高	7	
新西兰	大洋洲	0.9420	0.9402	0.7136	0.8653	极高	8	
丹麦	欧洲	0.7754	0.9530	0.8247	0.8510	极高	9	
法国	欧洲	0.9420	0.8445	0.7502	0.8456	极高	10	
日本	亚洲	0.8768	0.8274	0.8277	0.8440	极高	11	
美国	美洲	0.9275	0.8815	0.7170	0.8420	极高	12	
爱沙尼亚	欧洲	0.8913	0.8761	0.7329	0.8334	极高	13	
加拿大	美洲	0.9565	0.8572	0.6717	0.8285	极高	14	
德国	欧洲	0.8406	0.8882	0.7342	0.8210	极高	15	
奥地利	欧洲	0.9130	0.8396	0.7098	0.8208	极高	16	
西班牙	欧洲	0.9130	0.8782	0.6493	0.8135	极高	17	
挪威	欧洲	0.8043	0.9031	0.7276	0.8117	极高	18	
比利时	欧洲	0.7101	0.9712	0.6808	0.7874	极高	19	

续表

国家	地区	在线服务指数（OSI）	人力资本指数（HCI）	电信基础设施指数（TII）	电子政务发展指数（BGDI）	电子政务发展指数水平	2016年排名	排名趋势（2003～2016年）
以色列	亚洲	0.8623	0.8619	0.6175	0.7860	极高	20	
斯洛文尼亚	欧洲	0.8478	0.8952	0.5877	0.7769	极高	21	
意大利	欧洲	0.8696	0.8126	0.6469	0.7764	极高	22	
立陶宛	欧洲	0.8261	0.8717	0.6262	0.7747	极高	23	
巴林	亚洲	0.8261	0.7178	0.7762	0.7734	极高	24	
卢森堡	欧洲	0.7174	0.7750	0.8190	0.7705	极高	25	
爱尔兰	欧洲	0.7246	0.9218	0.6602	0.7689	极高	26	
冰岛	欧洲	0.6232	0.8940	0.7814	0.7662	极高	27	
瑞士	欧洲	0.6014	0.8579	0.7980	0.7525	极高	28	
阿拉伯联合酋长国	亚洲	0.8913	0.6752	0.6881	0.7515	极高	29	

附表3　非洲国家电子政务水平前10名

国家	地区	子地区	OSI	HCI	TII	EGDI	EGDI水平	2016年排名	排名趋势（2003～2016年）
毛里求斯	非洲	非洲东部	0.7029	0.7067	0.4596	0.6231	高	58	
突尼斯	非洲	非洲北部	0.7174	0.6397	0.3476	0.5682	高	72	
南非	非洲	非洲南部	0.5580	0.7253	0.3807	0.5546	高	76	
摩洛哥	非洲	非洲北部	0.7391	0.4737	0.3429	0.5186	高	85	
塞舌尔	非洲	非洲东部	0.4058	0.6861	0.4624	0.5181	高	86	
佛得角	非洲	非洲西部	0.4565	0.6031	0.3629	0.4742	中	103	
埃及	非洲	非洲北部	0.4710	0.6048	0.3025	0.4594	中	108	
博茨瓦纳	非洲	非洲南部	0.2826	0.6553	0.4215	0.4531	中	113	
利比亚	非洲	非洲北部	0.1087	0.7588	0.4291	0.4322	中	118	
肯尼亚	非洲	非洲东部	0.5580	0.5169	0.1808	0.4186	中	119	

注：排名趋势线显示国家排名，纵轴越高说明排名越低（最前的第1名在纵轴底部，最后的第193名在纵轴顶部）。因此，图上点的位置越低，排名越高。横轴代表联合国历次电子政务调查报告，分别是2003年、2004年、2005年、2008年、2010年、2012年、2014年和2016年，后表同。

附表 4　美洲国家电子政务发展水平前 10 名

国家	地区	子地区	OSI	HCI	TII	EGDI	EGDI 水平	2016 年排名	排名趋势（2003～2016 年）
美国	美洲	北美洲	0. 9275	0. 8815	0. 7170	0. 8420	极高	12	
加拿大	美洲	北美洲	0. 9565	0. 8572	0. 6717	0. 8285	极高	14	
乌拉圭	美洲	南美洲	0. 7754	0. 7820	0. 6137	0. 7237	高	34	
阿根廷	美洲	南美洲	0. 7101	0. 8802	0. 5031	0. 6978	高	41	
智利	美洲	南美洲	0. 7754	0. 8124	0. 4970	0. 6949	高	42	
巴西	美洲	南美洲	0. 7319	0. 6787	0. 5025	0. 6377	高	51	
哥斯达黎加	美洲	中美洲	0. 6377	0. 7436	0. 5129	0. 6314	高	53	
巴巴多斯	美洲	加勒比地区	0. 4420	0. 8113	0. 6397	0. 6310	高	54	
哥伦比亚	美洲	南美洲	0. 7899	0. 7000	0. 3813	0. 6237	高	57	
墨西哥	美洲	中美洲	0. 8478	0. 6993	0. 3114	0. 6195	高	59	

附表 5　亚洲国家电子政务发展水平前 10 名

国家	地区	子地区	OSI	HCI	TII	EGDI	EGDI 水平	2016 年排名	排名趋势（2003～2016 年）
韩国	亚洲	东亚	0. 9420	0. 8795	0. 8530	0. 8915	极高	3	
新加坡	亚洲	东南亚	0. 9710	0. 8360	0. 8414	0. 8828	极高	4	
日本	亚洲	东亚	0. 8768	0. 8274	0. 8277	0. 8440	极高	11	
以色列	亚洲	西亚	0. 8623	0. 8619	0. 6175	0. 7806	极高	20	
巴林	亚洲	西亚	0. 8261	0. 7178	0. 7762	0. 7734	极高	24	
阿拉伯联合酋长国	亚洲	西亚	0. 8913	0. 6752	0. 6881	0. 7515	极高	29	
哈萨克斯坦	亚洲	中亚	0. 7681	0. 8401	0. 5668	0. 7250	高	33	
科威特	亚洲	西亚	0. 6522	0. 7287	0. 7430	0. 7080	高	40	
沙特阿拉伯	亚洲	西亚	0. 6739	0. 7995	0. 5733	0. 6822	高	44	
卡塔尔	亚洲	西亚	0. 6739	0. 7317	0. 6041	0. 6699	高	48	

附表 6 欧洲国家电子政务发展水平前 10 名

国家	地区	子地区	OSI	HCI	TII	EGDI	EGDI 水平	2016 年排名	排名趋势（2003～2016 年）
英　国	欧洲	北欧	1.0000	0.9402	0.8177	0.9193	极高	1	
芬　兰	欧洲	北欧	0.9420	0.9440	0.7590	0.8817	极高	5	
瑞　典	欧洲	北欧	0.8768	0.9210	0.8134	0.8704	极高	6	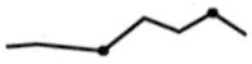
荷　兰	欧洲	西欧	0.9275	0.9183	0.7517	0.8659	极高	7	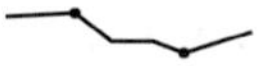
丹　麦	欧洲	北欧	0.7754	0.9530	0.8247	0.8510	极高	9	
法　国	欧洲	西欧	0.9420	0.8445	0.7502	0.8456	极高	10	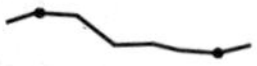
爱沙尼亚	欧洲	北欧	0.8913	0.8761	0.7329	0.8334	极高	13	
德　国	欧洲	西欧	0.8406	0.8882	0.7342	0.8210	极高	15	
奥地利	欧洲	西欧	0.9130	0.8396	0.7098	0.8208	极高	16	
西班牙	欧洲	南欧	0.9130	0.8782	0.6493	0.8135	极高	17	

附录3 2017年 ICF 评比的 Smart 21社区

2016 年 10 月，智能社区论坛（ICF）命名了世界上 2017 年的 Smart 21 社区，具体城市如附表 7 所示（按字母排序）。

附表 7 ICF 评比的 Smart 21 社区（2017 年）

单位：人

社区	国家(地区)	人口
阿斯塔纳	哈萨克斯坦	877719
嘉义	中国台湾	269992
埃德蒙顿	加拿大	899447
格雷县	加拿大	92568
伊普斯威奇	澳大利亚	190000
基隆	中国台湾	371878
布里斯托	英国	12267

续表

社区	国家(地区)	人口
墨尔本	澳大利亚	128980
莫斯科	俄罗斯	12330126
尼尔森市	加拿大	10532
新威斯敏斯特市	加拿大	71665
渥太华	加拿大	1111700
皮克林	加拿大	92000
南澳大利亚	澳大利亚	19955
纽约	美国	209802
萨尼亚	加拿大	129479
昆士兰	澳大利亚	287539
台南	中国台湾	1885541
桃园	中国台湾	2132854
旺格努伊	新西兰	43600
宜兰	中国台湾	457811

附录4 EIU：《2016 年全球最安全城市排行榜》

在恐怖主义危机四伏的当下，“安全保障”已经成为全球居民的最首要需求之一，经济分析智囊机构 EIU（Economist Intelligence Unit）便从个人安全、医疗保障、食品安全、数字安保、商业环境和基础交通建设等多元角度出发，通过打出综合分评选出了 2016 年“全球最安全城市”排行榜。其中前三名分别被东京、新加坡市和大阪三个亚洲城市霸占，而纽约、中国香港和中国台北则分列第 10 位、11 位和 13 位。

第十五名 巴塞罗那

巴塞罗那城市议会在三年前做出了决定，在城市及城市地铁站内增加警力，这个措施使巴塞罗那的犯罪率降低了 32%，起到了相当好的效果。

第十四名 蒙特利尔

EIU 的数据显示，加拿大城市蒙特利尔的商业环境和食品安全度排名也分别排在第 4 位和第 8 位，综合排名列第 14 位。

第十三名 中国台北

中国城市台北虽然在总排行榜上列第 13 位，在个人人身安全这一项的排名却高居第 4 位，这使它能够继续成为亚洲乃至西方游客心仪的目的地之一，也从侧面反映了该城市在教育、经济水平和就业率等问题上的成功。

第十二名 旧金山

2014 年，旧金山政府特别为城市成立了一个新的部门，专门从事移民人口密度调控以及气候变化研究监控等事宜，现在看来，这项工作完成得卓有成效。

第十一名 中国香港

亚洲经济最发达的城市之一香港本次列第 11 位，离前十仅一步之遥，但在网络安全这一项上列第 5 位，这体现了其技术上的发达，但是也反映了在其他的方面如安全问题上香港还需进一步努力。

第十名 纽约

美国经济中心，排名第 10 位的纽约在医疗保险这个问题上居亚军，这说明这个城市对于各种疾病问题总是做好了充足的准备。

第九名 墨尔本

连续 6 年被评为世界最宜居城市的澳大利亚城市墨尔本在基础设施建设的完善度上表现得尤为出众，这使交通事故这个减分项的发生在那里被最大限度地减少了。

第八名 多伦多

多伦多是移民加拿大人口最理想的居住地，不仅因为它的安全，还因为它相对较低的生活成本以及良好的商业环境。

第七名 苏黎世

苏黎世在基础设施建设和医疗问题上都列第 1 位，使它在总排名上达到了第 7 位。

第六名 悉尼

悉尼的最大亮点与墨尔本一样都是来自基础设施建设的完善度上，在交通安全问题上它排名第 3 位。

第五名 阿姆斯特丹

阿姆斯特丹是这个排行中人口最少的城市，相较于大城市来说，在安全问题的控制上可以更加便利，这使它被排在了第 5 的高位上。

第四名 斯德哥尔摩

在网络安全这一项中，斯德哥尔摩是唯一一个排在前十的欧洲城市。

第三名 大阪

日本城市大阪在个人安全方面排世界第 2 位，网络安全“仅”排名第 5 位。

第二名 新加坡市

亚洲城市新加坡市在个人安全和商业环境的排名都是第一，这也与它给我们的印象相符合，而在总排名上屈居第二只是因为第一名的综合实力实在过于强大。

第一名东京

在世界最安全城市的排行中日本城市独占两席，总分唯一超过 85 分的东京成了头名，鉴于这是一个总人口超过 3800 万、人口密度极大的城市，能够在各方面都取得良好的表现着实令人惊叹。

附录5 信息社会50人论坛：《2016年中国信息社会发展十件大事》

2016 年 12 月 27 日，信息社会 50 人论坛组织评选的《2016 年中国信息社会发展十件大事》，包括：新经济与分享经济上升为国家政策、人工智能取得新突破、跨境电商政策一波三折、多起事件凸显网络治理紧迫性、《国家信息化发展战略纲要》出台、网约车新政出台、《G20 数字经济发展与合作倡议》发布、互联网域名管理权被移交 ICANN、网络扶贫成为国家行动、《网络安全法》出台等。十件大事具体如下。

1. 新经济与分享经济上升为国家政策

2016 年 3 月，“新经济”和“分享经济”首次被写入政府工作报告。国务院总理李克强表示，当前我国发展正处于这样一个关键时期，必须培育壮大新动能，加快发展新经济。要推动新技术、新产业、新业态加快成长，以体制机制创新促进分享经济发展，建设共享平台，做大高技术产业、现代服务业等新兴产业集群，打造动力强劲的新引擎。

2. 人工智能取得新突破

2016 年 3 月，人工智能机器人 AlphaGo 战胜世界围棋冠军李世石。与此同时，智能制造、无人驾驶、机器学习、语音识别、人脸识别、虚拟现实、增强现实等取得较大进展，标志着人类在人工智能领域的研究进入了新阶段。

3. 跨境电商政策一波三折

2016 年 3 月，财政部会同海关总署、国家税务总局发布跨境电子商务零售进口税收新政策。4 月 8 日发布《跨境电子商务零售进口商品清单》。后经国务院批准，自 2016 年 5 月 11 日起给予一年的过渡期。11 月 15 日，商务部表示，为稳妥推进跨境电商零售进口监管模式过渡，过渡期限将延长至 2017 年底。

4. 多起事件凸显网络治理紧迫性

魏则西事件、徐玉玉等事件屡被曝光，不法分子利用互联网等信息技术手段违法犯罪引起社会广泛关注。

5.《国家信息化发展战略纲要》出台

2016 年 7 月，《国家信息化发展战略纲要》正式发布，这是规范和指导未来 10 年国家信息化发展的纲领性文件。

6. 网约车新政出台

2016 年 7 月，《网络预约出租汽车经营服务管理暂行办法》对外公布，明确了网约车的合法地位。随后，各地纷纷出台网约车新政执行细则，以北京、上海为代表的部分地方对于网约车运营人和车辆的要求较高，引发较大社会反响。

7.《G20数字经济发展与合作倡议》发布

2016 年 9 月，G20 峰会在杭州召开，通过《G20 数字经济发展与合作倡议》，这是全球首个由多国领导人共同签署的数字经济政策文件。“电子商务”电子世界贸易平台（eWTP）作为提升全球贸易的一种途径首次出现在公报中。

8. 互联网域名管理权被移交 ICANN

2016 年 10 月，美国将互联网域名管理权移交非营利性机构“互联网名称与数字地址分配机构”（ICANN），从而结束了对这一互联网核心资源近 20 年的单边垄断，对全球共建互联网治理体系影响深远。

9. 网络扶贫成为国家行动

2016 年 10 月，中央网信办、国家发改委、国务院扶贫办联合印发《网络扶贫行动计划》，明确实施“网络覆盖工程、农村电商工程、网络扶智工程、信息服务工程、网络公益工程”五大工程。11 月，国务院印发《“十三五”脱贫攻坚规划》，进一步明确将农村电子商务作为精准扶贫的重要载体。电商扶贫、网络扶贫成为国家扶贫工作的重要方式。

10.《网络安全法》出台

2016 年 11 月，全国人大表决通过《中华人民共和国网络安全法》。这是中国第一部网络安全的专门性综合性立法，提出了应对网络安全挑战这一全球性问题的中国方案。

附录6　2016年中国智慧城市大盘点

（一）十大政策

政策一：3 月 16 日，国家“十三五”规划纲要提出，建设一批示范性新型智慧城市。

政策二：5 月 23 日，由国家发改委、科技部、工信部、中央网信办制定的《“互联网 +”人工智能三年行动实施方案》提出，到 2018 年人工智能基础资源与创新平台、人工智能产业体系、创新服务体系、标准化体系基本建立。

政策三：6 月 21 日，国务院印发《关于促进和规范健康医疗大数据应用发展的指导意见》提出，到 2020 年，建成国家医疗卫生信息分级开放应用平台，实现与人口、法人、空间地理等基础数据资源跨部门、跨区域共享。

政策四：9 月 5 日，国务院印发《政务信息资源共享管理暂行办法》，对当前和今后一个时期推进政务信息资源共享管理的原则要求、主要任务和监督保障作出规定。

政策五：9 月 21 日，国家工信部、国家发改委印发《智能硬件产业创新发展专项行动（2016 ~ 2018 年）》的通知，夯实人工智能规模化应用和产业化发展基础，促进技术创新和模式创新，引导产业便民、惠民。

政策六：11 月 4 日，国家互联网信息办公室发布《互联网直播服务管理规定》，对互联网直播进行规范管理。

政策七：11 月 22 日，国家发改委、中央网信办、国家标准委联合发布《关于组织开展新型智慧城市评价工作务实推动新型智慧城市健康快速发展的通知》，同时下发《新型智慧城市评价指标（2016 年）》等相关附件，正式启动 2016 年新型智慧城市评价工作。

政策八：11 月 29 日，国务院印发《"十三五"国家战略性新兴产业发展规划》，对"十三五"期间我国战略性新兴产业发展目标、重点任务、政策措施等作出全面部署安排。其中把"推动信息技术产业跨越发展，拓展网络经济新空间"确定为八大发展任务之一，要求实施网络强国战略，加快建设"数字中国"，推动物联网、云计算和人工智能等技术向各行业全面融合渗透，构建万物互联、融合创新、智能协同、安全可控的新一代信息技术产业体系。

政策九：12 月 7 日，国务院常务会议审议通过的《"十三五"国家信息化规划》，把新型智慧城市建设列为优先行动之一。

政策十：12 月 8 日，国家工信部、财政部联合印发《智能制造发展规划（2016 ~ 2020 年）》，提出了智能制造"两步走"战略以及十个重点任务。

（二）十大事件

事件一：3 月 5 日，国务院总理李克强所做的《政府工作报告》提出，打造智慧城市，改善人居环境，使人民群众生活得更安心、更省心、更舒心。"智慧城市"再次出现在国务院政府工作报告中。

事件二：4 月 19 日，国家发改委提出在"十三五"时期，将有针对性地组织 100 个城市开展新型智慧城市"试点"，同时开展智慧城市建设效果评价工作。

事件三：10 月 9 日，习近平在政治局集体学习中强调"以推行电子政务、建设新型智慧城市等为抓手，以数据集中和共享为途径，建设全国一体化的国家大数据中心，推进技术融合、业务融合、数据融合，实现跨层级、跨地域、跨系统、跨部门、跨业务的协同管理和服务”，进一步对我国新时期新型智慧城市的建设和发展提出了要求。

事件四：10 月 13 日，国务院公布了《互联网金融风险专项整治工作实施方案》，对互联网金融风险专项整治工作进行了全面部署安排；专项整治工作已于 2016 年 4 月开始，计划至 2017 年 3 月底前完成。

事件五：10 月 18 日，在国家工信部信息化和软件服务业司以及国标委指导下，中国区块链技术和产业发展论坛编写的《中国区块链技术和应用发展白皮书（2016）》正式发布，区块链技术终于迎来了第一个官方指导文件。

事件六：10 月 22 日，国家卫计委为推进和规范健康医疗大数据的应用发展，确定福建省、江苏省及福州、厦门、南京、常州为健康医疗大数据中心与产业园建设国家试点工程第一批试点省市，这是国家首次将健康医疗大数据确定为重要的基础战略资源。

事件七：11 月 11 日，在国家发改委、中央网信办牵头的新型智慧城市建设部际协调工作组指导下，我国第一本国家层面的智慧城市年度综合发展报告《新型智慧城市发展报告 2015 ~ 2016》正式发布，对引导地方务实推进新型智慧城市建设具有重要参考价值。

事件八：11 月 16 ~ 18 日，在乌镇举行的第三届世界互联网大会发布了包括 IBM 的沃森（Watson）人工智能大脑、量子通信技术、微软 HoloLens 全息眼镜、中科院“量子通信技术”、“百度大脑”等 15 个最新科技研究成果。

事件九：11 月 22 日，由中科招商集团双创新生态核心成员企业中科乐创推出的国内首个人工智能创投机器人——阿尔妮塔正式在京上线，迅速吸引了金融、科技、创投与学术界近百位专家和权威人士的关注。它具备投资逻辑和判断力，通过算法来进行股权投资决策，并通过评级的概念来判定创投项目的“可投性”。它的评级基于大量数据样本训练和结果导向来复原的评级标准和权重，能够在最大限度上避免决策噪声和决策偏差。

事件十：12 月 6 日，招商银行发布国内银行业首个智能投资顾问产品“摩羯智投”，它运用机器学习算法，构建以公募基金为基础的、全球资产配置的“智能基金组合配置服务”，在客户进行投资期限和风险收益选择后，摩羯智投会根据客户自主选择的“目标—收益”要求、构建基金组合，由客户进行决策、“一键购买”并享受后续服务。

（三）七大关键词

关键词一：新型智慧城市

新型智慧城市的理念最早由中国电科在2015年第二届世界互联网大会上提出，其本质是以信息为主导、网络为支撑、数据为要义、服务为根本的网络信息体系。“新”主要体现在三个方面：一是打破信息“烟囱”，实现信息互联互通；二是实现跨行业大数据的真正融合和共享；三是构建城市信息安全体系，保障城市安全。包括中国电科、华为、中兴等在内的诸多厂商已经先行一步，投入新型智慧城市建设实践中。2016年以来，国家从政策上的顶层设计到试点落地以及评审验收进行了全方位的深入推进。

关键词二与关键词三：普惠民生、民众感受

12月2日，新型智慧城市评选工作专家座谈会在京召开，普惠民生和民众感受成为专家评选热词。中国行政体制改革研究会副会长、国家行政学院电子政务专家委员会副主任汪玉凯指出，智慧城市评价指标体系应紧紧围绕老百姓的“五感”即便捷感、安全感、获得感、公正感、幸福感和政府的“五种治理能力”即公共政策制定能力、城市社会治理能力、公共服务能力、应对各种危险的能力、根据城市经济转型的能力来实施，才能共同构成新型智慧城市的大目标。

关键词四：人工智能（AI）

Artificial Intelligence（简称AI）成为当之无愧的2016年热词，是计算机科学的一个分支，它企图了解智能的实质，并生产出一种新的能以人类智能相似的方式做出反应的智能机器，该领域的研究包括机器人、语言识别、图像识别、自然语言处理和专家系统等。企业、资本对此热情持续高涨，认定人工智能就是下一个大风口。特别是AlphaGo打败李世石之后，人工智能得到前所未有的关注与讨论，机器学习、深度学习的理论开始被众多硬件公司运用。亚马逊 Echo 智能音箱一炮而红，谷歌也忙不迭推出自家的语音操控助手 Google Home，微软也把互动问答的小冰研发到了第三代。

关键词五：虚拟现实（VR）

2016 年被业界认为是 VR 的元年，它是由美国 VPL 公司创建人拉尼尔（Jaron Lanier）在 20 世纪 80 年代初提出的。其具体内涵是综合利用计算机图形系统和各种现实及控制等接口设备，在计算机上生成的、可交互的三维环境中提供沉浸感觉的技术。虚拟现实技术实现的载体是虚拟现实仿真平台，即（Virtual Reality Platform，简称 VRP）。2017 年，随着行业的快速前进，其终将以全新体验改变人们的网络生活方式。

关键词六：无人驾驶

回顾全球巨头在 2016 年智能硬件领域的一致性大动作，无疑便是无人车。在特斯拉凭借无人驾驶技术赚足噱头，并渐渐培育起市场之后，谷歌、百度也都在加紧研制自家的无人车。2016 年乌镇大会上，百度无人车高调亮相，风头鹊起。作为人人出行必备的刚性需求，汽车绝对是一个万亿级大市场。利用新兴技术手段，这些互联网大佬有望对传统车企实现弯道超车。此外，一旦将全球市场的汽车接入无人驾驶网络，它所能带来的海量大数据和潜藏的社交互动价值，绝不亚于再造一个 BAT。

关键词七：智慧家居

2016 年智慧家居的博览会和论坛在深圳、上海、北京等一线城市从南到北相继举办过若干场，智能家居的确成为新的风口闯入智慧城市的视野，尽管目前仍面临很多如产品同质化严重、兼容标准不一、价格偏贵、系统不稳定等问题，但毫不影响其风头正盛的发展趋势。

附录7　智慧城市评价指标体系总体框架

（一）智慧城市评价指标体系框架模型

智慧城市评价指标体系框架模型，如附图 1 所示。该模型说明，智慧城

市评价指标体系由能力类指标和成效类指标组成；智慧城市评价指标既包括来自不同分领域的、带有领域特色的指标项，也包括适用于城市整体评价、不属于特定领域的通用指标项。

其中，能力类指标往往是客观性的指标，体现建设、管理与应用水平，主要包括信息资源、发展机制、网络安全、创新能力共四个方面的保障水平；成效类指标反映智慧城市建设的主要目标和方向，体现在给市民、企业、政府等用户带来的实际影响和用户的主观感受，主要包括基础设施智能化、公共服务便捷化、社会管理精细化、生活环境宜居化及产业体系现代化共五个方面的城市建设成效。

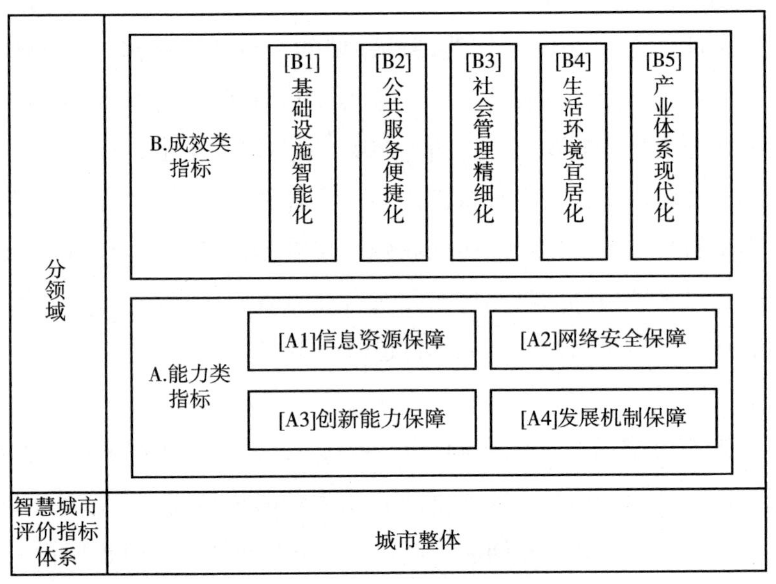

附图1　智慧城市评价指标体系框架模型

（二）智慧城市评价指标体系总体框架

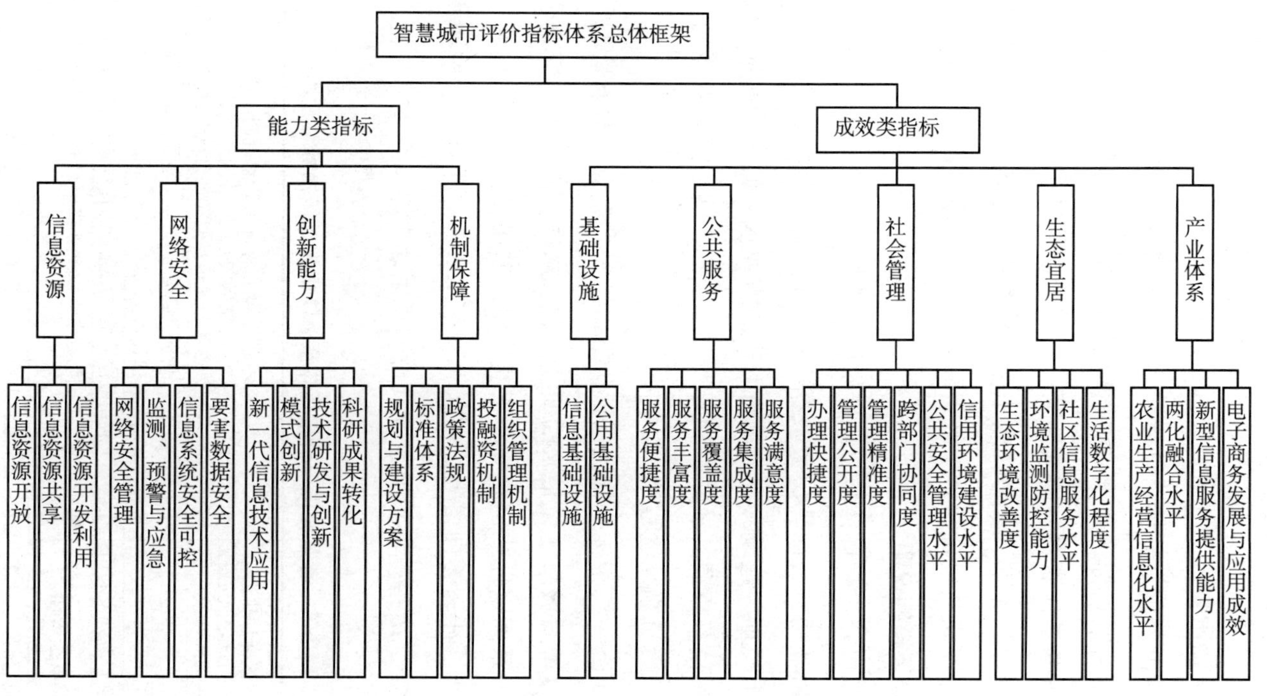

附图 2　智慧城市评价指标体系总体框架

（三）总体框架说明

1. 总体框架组成

在智慧城市评价指标体系总体框架中，能力类及成效类指标所涉及的各个方面均作为一级指标，每个一级指标下包含若干二级指标评价要素，每个二级指标评价要素代表对一级指标某一个侧重面的考量依据。各分项制定中可根据领域特性和需求，参考二级指标评价要素确定相应的二级指标项。总体而言，总体框架共包含 9 个一级指标、37 个二级指标评价要素。

2. 总体框架指标说明

在智慧城市评价指标体系总体框架中，能力类 4 个一级指标是指用于评价城市运用物联网、云计算、大数据、空间地理信息集成等新一代信息技术，进行城市规划、建设和提升城市管理、服务水平的一系列定性或定量的要素项，包括信息资源开放共享和开发利用水平、网络安全保障能力、技术创新能力及发展机制完善程度。

成效类 5 个一级指标是指用于评价城市居民、企业及政府管理者本身所感受到的通过智慧城市建设带来的便捷性、宜居性、舒适性、安全感、幸福感等相关的一系列定性或定量的要素项，包括基础设施智能化程度、公共服务便捷化程度、社会管理精细化程度、生态环境宜居化程度、产业体系现代化程度。37 个二级指标评价要素及其说明见附表 8。

附表 8　智慧城市评价指标体系总体框架各级指标及说明

一级指标（分类）	二级指标评价要素	二级指标评价要素说明
信息资源	信息资源开放	城市公共、基础数据和相关信息资源向社会开放的范围和水平
	信息资源共享	城市跨部门信息共享机制健全程度和应用成效，以及城市公共信息平台和应用体系建设水平
	信息资源开发利用	社会力量应用政府开放的信息资源提供新型信息服务水平
网络安全	网络安全管理	网络安全管理机制健全性以及重要信息系统设计、实施、运行全过程的网络安全保障水平
	监测、预警与应急	网络安全重大事件的实时监测、预警和应急
	信息系统安全可控	重要信息系统和涉密信息系统的安全防护水平
	要害数据安全	重要信息使用管理和安全评价机制健全性以及个人信息保护水平

续表

一级指标（分类）	二级指标评价要素	二级指标评价要素说明
创新能力	新一代信息技术应用	物联网、云计算、大数据等新一代信息技术在城市各行业、领域的应用水平
	模式创新	城市运营、管理、投融资与服务等模式的创新与实践效果
	技术研发与创新	城市新技术研发能力与技术创新体系水平
	科研成果转化	国家相关科研技术攻关成果在城市智慧城市建设中的转化应用程度
机制保障	规划与建设方案	城市智慧城市规划与建设方案的完善性及与其他规划衔接性水平
	标准体系	城市实施国家智慧城市标准体系的程度以及制定、推广地方智慧城市关键标准水平
	政策法规	城市所制定的促进智慧城市建设的配套政策和法规健全性
	投融资机制	城市所建立的智慧城市建设市场化投融资机制完善性及应用水平
	组织管理机制	城市所制定的智慧城市建设配套组织管理机制和管理办法健全性
基础设施	信息基础设施	构建城乡一体的宽带网络，推进下一代互联网和广播电视网建设，全面提升三网融合水平
	公用基础设施	城市水、能源（包括水电气）、交通等基础设施通过采用信息技术手段达到的智能管理水平
公共服务	服务便捷度	城市居民、企业能够通过多渠道、多方式快速获得和使用城市各类公共服务的程度
	服务丰富度	城市居民、企业能够获得的城市各类公共服务的类别、形态和内容的多样化程度
	服务覆盖度	城市各类公共服务所能被城市居民、企业访问和使用的范围
	服务集成度	城市居民、企业所需的城市重要公共服务或城市各类应用的整合程度
	服务满意度	城市居民、企业对城市公共服务能满足其个性化、定制化需求以及价格合理性、使用便捷性的程度
社会管理	办理快捷度	城市居民、企业以及城市管理者感受到的城市社会管理各项事务办理周期缩短、办理手段方便的程度
	管理公开度	城市居民、企业以及城市管理者感受到的城市政府管理机制、流程、状态的开放、透明程度
	管理精准度	城市居民、企业以及城市管理者感受到的城市管理内容和管理手段的精细化程度以及解决问题的科学性和针对性水平
	跨部门协同度	城市居民、企业以及城市管理者感受到的城市通过采用信息化手段，提升城市政府部门间跨部门协作的能力和水平
	公共安全管理水平	城市社会治安防控体系、城乡公共安全保障体系以及城市应急保障体系建设水平及应用效果
	信用环境建设水平	城市信贷、纳税、履约、产品质量、参保缴费和违法违纪等信用记录管理水平

续表

一级指标（分类）	二级指标评价要素	二级指标评价要素说明
生态宜居	生态环境改善度	城市生态环境的宜居水平和改善成效
	环境监测防控能力	城市环境信息智能分析系统、预警应急系统和环境质量管理公共服务系统建设水平和应用成效
	社区信息服务水平	城市社区居民获取家政、养老、社区照料和病患陪护等综合信息服务水平
	生活数字化程度	城市家庭获取医疗、教育、安防、政务等社会公共服务设施和服务资源的便捷性和水平
产业体系	农业生产经营信息化水平	城市物流配送体系和城市消费需求与农产品供给紧密衔接的新型农业生产经营体系建设水平
	两化融合水平	大型工业企业深化信息技术的综合集成应用水平、中小企业公共信息服务平台建设水平以及工业互联网新型业态应用水平
	新型信息服务提供能力	基于云计算、大数据、位置服务、移动互联网等新一代信息技术为城市居民、企业和政府管理者提供方便、实用的生活服务和知识加工型服务的信息服务企业发展水平
	电子商务发展与应用成效	城市利用电子商务促进各领域应用和发展的水平

附录8　腾讯研究院：《中国“互联网+”指数（2016）》

（一）2016年中国“互联网+”总指数城市100强

附表9　2016年中国“互联网+”总指数城市100强及排名

排　名	城　市	指　数	排　名	城　市	指　数	排　名	城　市	指　数
1	北京	10.191	35	中山	0.464	69	济宁	0.223
2	深圳	6.809	36	惠州	0.450	70	梅州	0.221
3	广州	5.980	37	金华	0.426	71	潮州	0.217
4	上海	5.280	38	珠海	0.410	72	赣州	0.216
5	杭州	2.156	39	贵阳	0.384	73	扬州	0.206

续表

排名	城市	指数	排名	城市	指数	排名	城市	指数
6	成都	1.966	40	嘉兴	0.377	74	沧州	0.205
7	重庆	1.880	41	汕头	0.363	75	银川	0.204
8	武汉	1.452	42	海口	0.344	76	河源	0.201
9	长沙	1.267	43	常州	0.343	77	三亚	0.201
10	福州	1.255	44	台州	0.340	78	丽水	0.200
11	南京	1.239	45	保定	0.339	79	漳州	0.200
12	西安	1.209	46	徐州	0.328	80	新乡	0.196
13	天津	1.164	47	乌鲁木齐	0.322	81	阳江	0.194
14	郑州	1.135	48	江门	0.314	82	衡阳	0.194
15	厦门	1.134	49	绍兴	0.310	83	南阳	0.190
16	东莞	1.071	50	唐山	0.291	84	云浮	0.189
17	苏州	1.048	51	南通	0.290	85	莆田	0.189
18	佛山	0.957	52	潍坊	0.289	86	桂林	0.188
19	青岛	0.808	53	兰州	0.285	87	汕尾	0.188
20	沈阳	0.680	54	湛江	0.284	88	阜阳	0.186
21	南宁	0.671	55	揭阳	0.283	89	柳州	0.186
22	昆明	0.660	56	临沂	0.265	90	淄博	0.185
23	合肥	0.655	57	烟台	0.264	91	泰州	0.184
24	济南	0.627	58	德阳	0.260	92	镇江	0.184
25	温州	0.606	59	肇庆	0.258	93	聊城	0.180
26	哈尔滨	0.593	60	廊坊	0.250	94	衢州	0.178
27	石家庄	0.592	61	清远	0.249	95	菏泽	0.177
28	宁波	0.582	62	邯郸	0.248	96	邢台	0.173
29	大连	0.565	63	茂名	0.245	97	淮安	0.171
30	无锡	0.557	64	洛阳	0.237	98	株洲	0.171
31	泉州	0.526	65	韶关	0.235	99	绵阳	0.171
32	太原	0.508	66	盐城	0.231	100	运城	0.169
33	南昌	0.499	67	呼和浩特	0.228			
34	长春	0.491	68	湖州	0.226			

（二）“互联网＋智慧城市”分指数城市100强及省级排名

附表 10 “互联网＋智慧城市”分指数城市 100 强及排名

排名	城市	指数	排名	城市	指数	排名	城市	指数
1	深圳	2.3041	35	无锡	0.5498	69	南昌	0.3416
2	广州	2.1692	36	郑州	0.5440	70	徐州	0.3390
3	长沙	1.3997	37	汕尾	0.5432	71	常州	0.3353
4	佛山	1.3484	38	丽水	0.5386	72	文昌	0.3317
5	北京	1.2316	39	潮州	0.5371	73	儋州	0.3246
6	上海	1.1285	40	衢州	0.5342	74	临高县	0.3243
7	重庆	1.0214	41	云浮	0.5239	75	琼海	0.3216
8	成都	0.9916	42	绍兴	0.5206	76	漳州	0.3158
9	武汉	0.9849	43	金华	0.5131	77	万宁	0.3144
10	青岛	0.9287	44	海口	0.5046	78	保定	0.3122
11	厦门	0.9268	45	舟山	0.5023	79	石家庄	0.3060
12	杭州	0.8449	46	泉州	0.4937	80	济南	0.3058
13	德阳	0.7794	47	湖州	0.4923	81	东方	0.3017
14	南京	0.7177	48	台州	0.4842	82	扬州	0.2975
15	惠州	0.6943	49	宁波	0.4583	83	贵阳	0.2943
16	韶关	0.6911	50	天津	0.4574	84	莆田	0.2926
17	东莞	0.6893	51	鹰潭	0.4517	85	五指山	0.2922
18	中山	0.6565	52	哈尔滨	0.4509	86	玉溪	0.2842
19	汕头	0.6542	53	福州	0.4483	87	泰州	0.2840
20	温州	0.6376	54	沈阳	0.4424	88	龙岩	0.2813
21	江门	0.6317	55	大连	0.4409	89	宿迁	0.2784
22	西安	0.6176	56	乌海	0.4207	90	赣州	0.2780
23	三亚	0.6158	57	长春	0.3872	91	淮安	0.2760
24	苏州	0.6139	58	合肥	0.3709	92	三明	0.2727
25	珠海	0.6135	59	铜陵	0.3648	93	宁德	0.2712
26	揭阳	0.6030	60	昆明	0.3533	94	南平	0.2680
27	湛江	0.6018	61	太原	0.3525	95	衡阳	0.2680
28	清远	0.6018	62	银川	0.3513	96	连云港	0.2636
29	嘉兴	0.5961	63	盐城	0.3482	97	镇江	0.2623
30	梅州	0.5929	64	南宁	0.3481	98	潍坊	0.2608
31	茂名	0.5911	65	屯昌	0.3466	99	唐山	0.2563
32	肇庆	0.5905	66	南通	0.3443	100	洛阳	0.2532
33	河源	0.5770	67	定安	0.3439			
34	阳江	0.5512	68	澄迈	0.3438			

附图 3 “互联网 + 智慧城市”分指数省级排名

（三）单项智慧城市服务月活跃用户数前十名城市

附表 11 单项智慧城市服务月活跃用户数前十名城市名单

排名	交管	医疗	人社	公积金	户政治安	公共交通	文化生活	出入境
1	北京	广州	广州	深圳	杭州	深圳	广州	广州
2	广州	深圳	北京	广州	广州	广州	上海	深圳
3	深圳	武汉	长沙	成都	温州	成都	东莞	上海
4	上海	重庆	东莞	无锡	宁波	佛山	深圳	东莞
5	重庆	佛山	佛山	青岛	厦门	重庆	长沙	佛山
6	长沙	成都	惠州	银川	泉州	东莞	佛山	武汉
7	武汉	长沙	青岛	厦门	福州	青岛	厦门	厦门
8	厦门	北京	乌海	德阳	金华	银川	惠州	惠州
9	杭州	厦门	珠海	乌海	台州	中山	宁波	泉州
10	东莞	杭州	梅州	玉溪	绍兴	海口	中山	重庆

B.11
参考文献

Annalisa Cocchia, "Smart and Digital City: A Systematic Literature Review," in *Smart City*, 2014.

Arkaitz Zubiaga et al., "Analysing How People Orient to and Spread Rumours in Social Media by Looking at Conversational Threads," *PLos One*, 2016, 11 (3).

Helena Webb et al., "Digital Wildfires: Propagation, Verification, Regulation, and Responsible Innovation," *Journal of ACM Transactions on Information Systems* (*TOIS*), 2016, 34 (3).

IBM Institute for Business Value, *How Smart is your city? Helping cities measure progress*, 2009.

Institute of Information Sciences Shanghai Academy of Social Sciences, Ranking of Smart Global Cities, 2014.

ISO/IEC, *Smart cities Preliminary Report*, 2014.

Karima Kourtit, Peter Nijkamp, "Special Issue: Smart Cities in The Innovation Age," *The European Journal of Social Science Research*, 2012, 25 (2).

MarkDeakin, "Special Issue: Creating Smart-er Cities," *Journal of Urban Technology*, 2011, 18 (2).

Pietro Leo, Smarter Cities and AI-A glimpse into the future of "Cognitive Cities", XIII Conference of the Italian Association for Artificial Intelligence, Dec 2013.

RudolfGiffinger, Christian Fertner, Robert Kalasek, Evert Meijers, *Smart cities*: *Ranking of European medium-sized cities*, 2007.

Taewoo Nam & Theresa A. Pardo, Conceptualizing Smart City with Dimensions of Technology, People, and Institutions. In Proceedings of the 12th Annual International Conference on Digital Government Research, 2011.

CNNIC:《第 37 次中国互联网络发展状况统计报告》, 2016。

CNNIC:《专车市场发展研究专题报告》, 2015。

蔡瑞定:《中医学视角对健康城市设计研究的启示》,《华中建筑》2014 年第 11 期。

戴汝为、操龙兵:《Internet——一个开放的复杂巨系统》,《中国科学》(E 辑) 2003 年第 33 期。

戴汝为:《数字城市——一类开放的复杂巨系统》,《中国工程科学》2005 年第 7 期。

方创琳:《将城市看作自然有机体》,《经济日报》2016 年 1 月 8 日。

郝晓斌、章明卓:《沙里宁有机疏散理论研究综述》,《山西建筑》2014 年第 35 期。

彭聃龄:《普通心理学》(第 4 版), 北京师范大学出版社, 2012。

上海发展战略研究所课题组:《上海城市发展的内生基因研究》,《科学发展》2014 年第 8 期。

《城市是有机体, 规划以人为本》,《文汇报》2011 年 11 月 14 日。

周干峙:《城市及其区域——一个典型的开放的复杂巨系统》,《交通运输系统工程与信息》2002 年第 2 期。

周干峙:《城市及其区域——一个开放的特殊复杂的巨系统》,《城市规划》1997 年第 2 期。

周干峙:《城市及其区域——一个典型的开放的复杂巨系统》,《城市规划》2002 年第 2 期。

《系统科学与城市学——解读城市这个"复杂巨系统"》, 中国城市网, 2016 年 1 月 27 日。

朱勍:《从生命特征视角认识城市及其演进规律的研究》, 同济大学博士学位论文，2007。

国家标准委、中央网信办、国家发改委：《关于开展智慧城市标准体系和评价指标体系建设以及应用实施的指导意见》，2015。

国家发改委等：《关于促进智慧城市发展的指导意见》，2014。

国家工业信息安全发展研究中心智慧城市实验室：《国内智慧城市发展趋势和特点》，2016。

国家工业信息安全发展研究中心智慧城市实验室：《国外智慧城市发展趋势和特点》，2016。

国家工业信息安全发展研究中心智慧城市实验室：《新型智慧城市》，2016。

国家工业信息安全发展研究中心智慧城市实验室：《新型智慧城市系统总体结构研究》，2016。

国家工业信息安全发展研究中心智慧城市实验室：《河北省信息化发展研究》，2016。

曹凑贵：《生态学概论》，高等教育出版社，2002。

廖淮扣、高晓雷、李刚：《结构化方法、面向对象方法和形式方法的比较和结合》，《计算机工程与科学》1999年第4期。

谢储晖：《系统分析方法评述》，《华东地质学院学报》1995年第2期。

夏书章：《市政学》，高等教育出版社，2002。

中国社科院信息化研究中心、国脉互联智慧城市研究中心：《2015年（第五届）中国智慧城市发展水平评估报告》，2015。

朱铁臻：《城市现代化研究》，红旗出版社，2002。

Abstract

"Annual Report on the Development of World Smart City (2016 – 2017)" is an annual review report on the smart city development. From 2012 to 2013, the report was published by ETIRI and Xinhua, from unique perspectives, and with detailed cases, first-hand information and authoritatice interpretation, which have caused extensive concertration from the industry.

In 2016, with data analysis, case studies and predictive analytics, the report focuses on the concept, strategies, relevant policies, technology, applications, industry development and other areas, trying to give representitve and authoritative summary and analysis on smart city development. The report includes 3 sections and 9 chapters, which are General Report, Key Areas Reports and Topic Research Reports respectively. The General Report conecntrates on the analysis and prediction of the overall international smart city development status, the Key Areas Reports selects 5 hot topics including top-level design, industrial economy, city safety, srandards evealuation and technical development, giving in-depth analysis and interpretation. The Topic Research Reports make analysis on emerging hot problems such as concept, evaluation. The reports has a comprehensive and systematical interpretation on smart city development, with highly guidance and readability.

Contents

Ⅰ General Report

Abstract: 2016 was the opening year of China's 13th Five Year Plan. There have been new Smart City Strategies introduced by different Countries, the concept of Smart City has stepped into rational developing period from rapid developing period. In the meantime, different countries put greater effort on top-level design and standardization of Smart City Construction. The application of big data and the Internet popularized rapidly, and the concept of economy, safety, and green played an important position in Smart City. For China, the pattern of the integration between cities and information technologies has been changed, the New Smart City will become the new developing way in the future.

Keywords: New Smart City ; Big Data ; "Internet + "

Ⅱ Key Areas Reports

B. 2 Development and Forecast of Smart City Top-level Design

Chu Yuyan, *Mo Jiayin* / 033

Abstract: In 2015 −2016, with the construction of smart city spreading and deepening both at domestic and international level, national coordination has been increased, and the degree of multi-agent cooperation has constantly developed. The scientific research, the application popularization, the basic environmental optimization, the urban demands and other aspects have become the focuses of policy investment. In addition, relevant industry investment and export are both attached great importance, and the smart city is deeply comprehended all round the world. The human-oriented and green sustainable concepts are continually reinforced.

Keywords: Smart City; The Top-level Design Policy

B. 3 Development and Forecast of Smart City Industry

Zhang Yu, *Xu Jie* / 063

Abstract: Smart city industry mainly includes the support industry of city construction, such as information infrastructure, system integration, software development, platform operation, data center, cloud service outsourcing, etc. , and the industry derived in the process of urban construction, such as smart healthcare, online education, smart transportation and city management, the application of E-government and public services and other related form of new industries. In 2016, the development of smart city industry turns on a new look. Many countries take the opportunity of smart city construction, set a series of industrial policies and arouse the vigour of market innovation, on the basis of further consolidating its industrial advantages. Meanwhile, the smart city construction promotes industry integration and has given rise to new forms, with new participants being accelerated to breed and new forms being created. Smart city industry chain and the technological innovation will continue to be improved and iterated, in the process of smart city construction.

Keywords: Smart City Industry; Industrial Technology; Industrial Policy; New Formats

Abstract: To ensure the safety of city is something inherent in smart city construction. From 2015 to 2016, the application of the new generation of information technology has been deepened in the field of urban safety. The protection of traditional infrastructure has achieved innovative breakthrough, on the basis of the deployment of perception facilities and information network integration. Production safety, represented by the industrial safety has become a hot topic in the urban security areas. Meanwhile, with the global anti-terrorism situation increasingly grim and the risks in information security increased, a number of countries has strengthened the response to the public safety and cyberspace security.

Keywords: City security; Infrastructure Protection; Industrial Safety; Public Security; the Network Space Safety

Abstract: With the developing of Smart City Building all over the world, the standardization and evaluation of Smart City attracted more attention.

International standards agencies including International Standard Organization (ISO), International Telecommunication Union (ITU), and national standard research institutes such as British Standards Institution (BSI), National Institute of Standard and Technology (NIST), Standardization Administration of China, as well as standard research institute build by Smart City leading cities such as Beijing, Shanghai in China all introduced relevant research achievements of smart city evaluation.

Keywords: Smart City; 5G; Standardization and Evaluation

B. 6 Development and Forecast of Smart CityTechnologies

Sun Qianwen, Zhao Qian / 152

Abstract: In 2016, Smart City developed rapidly all over the world, and relevant ICT skills and its application also developed fast. Basic network technology and Gigabit broadband technology have got access to application. Big data technology became maturity, and IoT application kept improving with different kinds of integrated, platform type solutions introduced. The application of future computing, AR/VR and other emerging technologies stepped into the primary stage, but most of the emerging technologies still need 5 to 10 years to enter the mainstream application period.

Keywords: Mobile Internet; Future Computing; Artificial Intelligence; 5G

Ⅲ Topic Research Reports

B. 7 Research on Concept of New Smart City

Tian Qijia, Sun Qianwen and Gao Huan / 174

Abstract: In regard to the research of Informatization and Information Technology Application, an early Chinese informatization inaugurator has raised three classical questions "What, Why and How" and pointed out the reality that we barely knew anything about them, and an expert expressed that what we had mastered about the information technology application is merely a tip of an iceberg. Nowadays, as the most cutting-edge part of information technology, construction practice of smart city is flowering. However, the theoretical research of smart city is still unitary and undeveloped, practical guidance calls for more knowledge of it. The research of "What, Why, and How" about smart city is still at the primary stage. Therefore, based on the current construction and research, this research tries to rethink and explore its concept, intension and development direction of smart city. Moreover, according to the pattern "What, Why, and How", this research also proposes a theoretical model of new smart city and explains its concept characteristics, structure characteristics and operating characteristics. Besides, the conceptual framework of new smart city will be illustrated by the case of Beijing city informatization and the forecast about Beijing new smart city construction will be done according to this framework. Finally, future research direction of Beijing new smart city construction will also be put forward.

Keywords: New Smart City Concept; Meta-synthesis; Digital City

Abstract: The scientific evaluation research about smart city has a great influence on its development, and it can be explained from three perspectives "Front, Middle, and Back". "Front" means that the evaluation framework and index can provide the city which prepares to build smart city with a forward-looking guidance about development target and project layout. "Middle" demonstrates that the evaluation framework and index can facilitate decision makers to adjust projects in time, correct errors and play an important role in standard optimization for the city which is building smart city. Last but not least, "Back" implies that it can scientifically measure the level of smart city, learn from the best cases and lessons, optimize the construction projects and easily improve by making good use of the results for the city which has achieved a certain effect of the smart city construction.

Keywords: New Smart City; Evaluation Index; Six Connect

Abstract: Smart city construction like build a building. The conceptual model has been clear about the architectural style, basic structure and the external framework. However, the design the overall system structure is to more clearly depict the internal system, such as the electric power system, ventilation system, drainage system etc, laying the foundation for further construction. Previous practice and research, therefore, put forward some design architecture for smart city. Some is about the overall urban architecture, and the other is about the design architecture of the key systems, such as smart government, smart economics, smart services, and smart traffic etc. However, these architecture have some defects. First is that the architecture is not comprehensive and has not covered the overall city situation. Second is that particle degree of the system module is inconsistent. Based on the existing research about various smart city architecture, we innovatively use an object-oriented method to understand unban structure, and put forward a new design framework for smart city.

Keywords: New Smart city; System Structure; Object-oriented

Ⅵ Appendices

皮书起源

“皮书”起源于十七、十八世纪的英国，主要指官方或社会组织正式发表的重要文件或报告,多以“白皮书”命名。在中国,“皮书”这一概念被社会广泛接受,并被成功运作、发展成为一种全新的出版形态，则源于中国社会科学院社会科学文献出版社。

皮书定义

皮书是对中国与世界发展状况和热点问题进行年度监测，以专业的角度、专家的视野和实证研究方法，针对某一领域或区域现状与发展态势展开分析和预测，具备原创性、实证性、专业性、连续性、前沿性、时效性等特点的公开出版物，由一系列权威研究报告组成。

皮书作者

皮书系列的作者以中国社会科学院、著名高校、地方社会科学院的研究人员为主，多为国内一流研究机构的权威专家学者，他们的看法和观点代表了学界对中国与世界的现实和未来最高水平的解读与分析。

皮书荣誉

皮书系列已成为社会科学文献出版社的著名图书品牌和中国社会科学院的知名学术品牌。2016 年，皮书系列正式列入“十三五”国家重点出版规划项目；2012~2016 年，重点皮书列入中国社会科学院承担的国家哲学社会科学创新工程项目;2017 年,55 种院外皮书使用“中国社会科学院创新工程学术出版项目”标识。

S 子库介绍

Sub-Database Introduction

中国经济发展数据库

涵盖宏观经济、农业经济、工业经济、产业经济、财政金融、交通旅游、商业贸易、劳动经济、企业经济、房地产经济、城市经济、区域经济等领域，为用户实时了解经济运行态势、 把握经济发展规律、 洞察经济形势、 做出经济决策提供参考和依据。

中国社会发展数据库

全面整合国内外有关中国社会发展的统计数据、 深度分析报告、 专家解读和热点资讯构建而成的专业学术数据库。涉及宗教、社会、人口、政治、外交、法律、文化、教育、体育、文学艺术、医药卫生、资源环境等多个领域。

中国行业发展数据库

以中国国民经济行业分类为依据，跟踪分析国民经济各行业市场运行状况和政策导向，提供行业发展最前沿的资讯，为用户投资、从业及各种经济决策提供理论基础和实践指导。内容涵盖农业，能源与矿产业，交通运输业，制造业，金融业，房地产业，租赁和商务服务业，科学研究，环境和公共设施管理，居民服务业，教育，卫生和社会保障，文化、体育和娱乐业等 100 余个行业。

中国区域发展数据库

对特定区域内的经济、社会、文化、法治、资源环境等领域的现状与发展情况进行分析和预测。涵盖中部、西部、东北、西北等地区，长三角、珠三角、黄三角、京津冀、环渤海、合肥经济圈、长株潭城市群、关中—天水经济区、海峡经济区等区域经济体和城市圈，北京、上海、浙江、河南、陕西等 34 个省份及中国台湾地区 。

中国文化传媒数据库

包括文化事业、文化产业、宗教、群众文化、图书馆事业、博物馆事业、档案事业、语言文字、文学、历史地理、新闻传播、广播电视、出版事业、艺术、电影、娱乐等多个子库。

世界经济与国际关系数据库

以皮书系列中涉及世界经济与国际关系的研究成果为基础，全面整合国内外有关世界经济与国际关系的统计数据、深度分析报告、专家解读和热点资讯构建而成的专业学术数据库。包括世界经济、国际政治、世界文化与科技、全球性问题、国际组织与国际法、区域研究等多个子库。

法律声明